Daniela Reisch

Bayerischer Jura

Wandern für die Seele

20 Wohlfühlwege

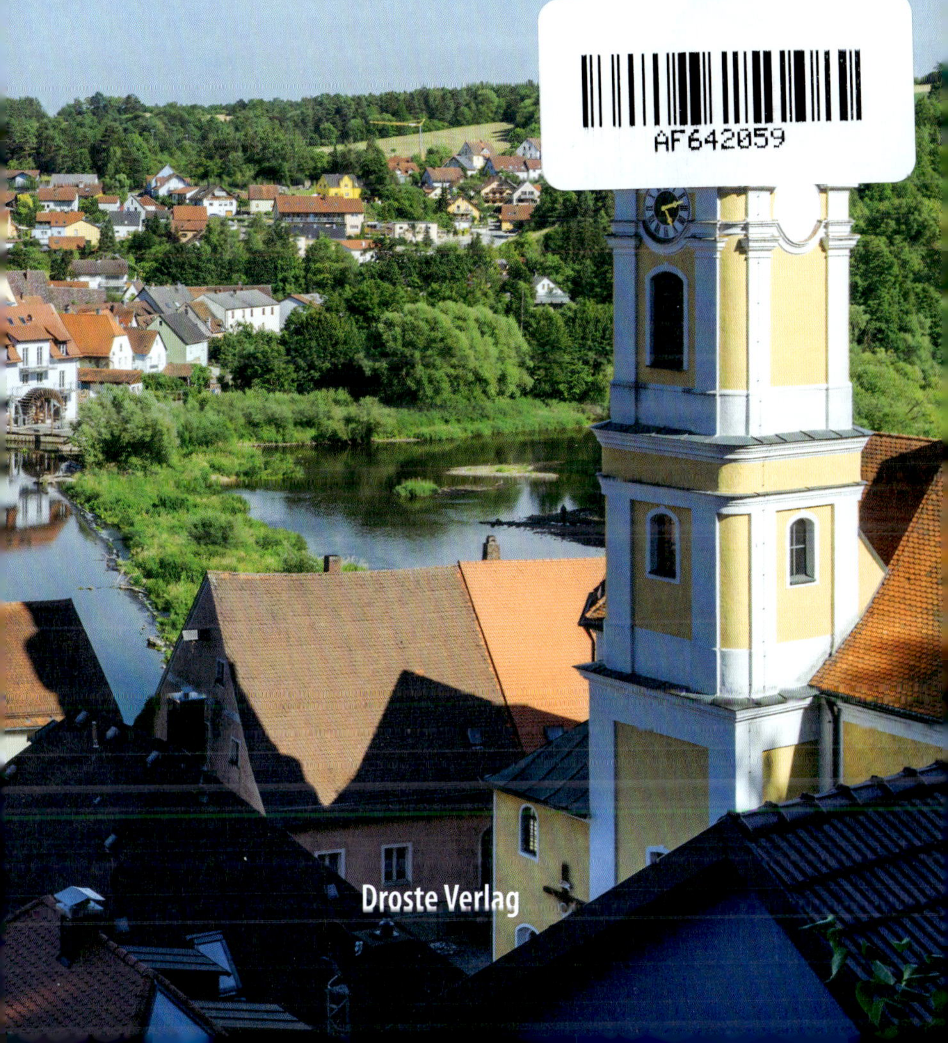

Droste Verlag

ALLE WANDERUNGEN AUF EINEN BLICK

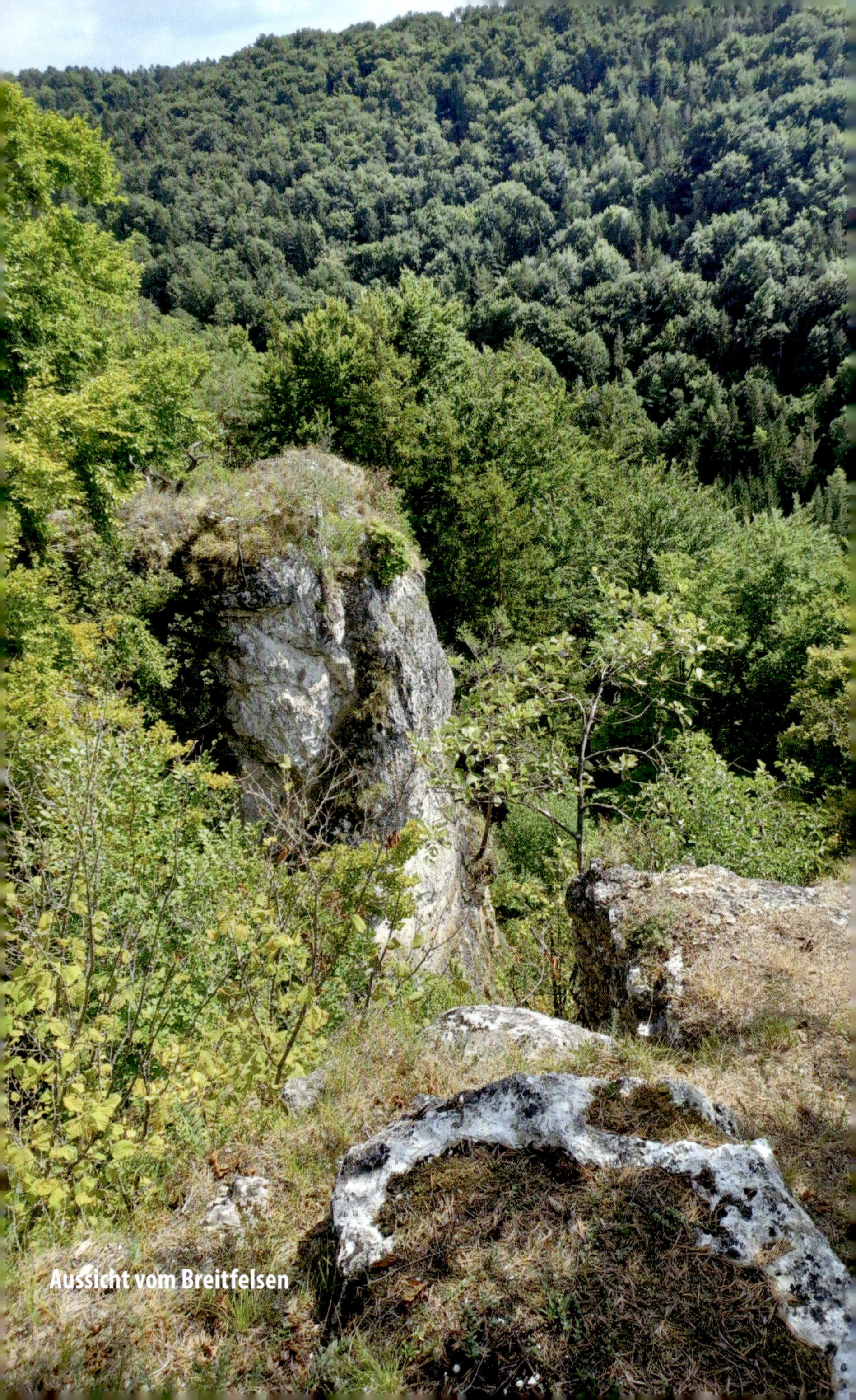
Aussicht vom Breitfelsen

Liebe Wanderer und Naturfreundinnen,

die Landschaft des Bayerischen Jura wird bestimmt von natürlich mäandernden Flüssen zwischen bewaldeten Felskuppen, mageren Wacholderheiden, Burgruinen und malerischen Orten.

Feuer und Eisenerz haben den Norden des Gebietes bei Auerbach und Sulzbach-Rosenberg geprägt. Aus den Bruchfeldern wurden wertvolle Lebensräume für Fauna und Flora.

Naturwunder präsentiert uns die Karstlandschaft bei Neumarkt mit Tropfsteinhöhlen, der Steinernen Rinne und einem Kalktuffwasserfall. Die Zeugenberge bieten grandiose Aussichten und Blicke zurück in die Keltenzeit. Hier wurde einer der berühmten Goldhüte gefunden.

Die naturbelassenen Flüsse Vils, Lauterach und Schwarze Laber mäandern durch Auen an träumenden Burgen vorbei: die Klosterburg Kastl, die Höhlenburg Loch oder die berühmte Burg Wolfsegg, wo die Weiße Frau umgeht.

Die farbenfrohen Orte Kastl, Kallmünz und Hohenburg lassen südliches Flair aufkommen.

Unsere Seele kommt zur Ruhe auf den einsamen Waldwegen bei Vilseck, Dietfurt und im Hirschwald. Sie hält Zwiesprache mit sich selbst auf beeindruckenden Kreuzwegen, die zu abgelegenen Wallfahrtskirchen führen.

Ich wünsche Ihnen viel Freude beim Erwandern dieser außergewöhnlichen Gegend!

Ihre Daniela Reisch

NATUR-INFO

KULTUR-INFO

TOUREN-/EVENT-INFO

GENUSS-INFO

KRÄUTER-INFO

- 16,5 Kilometer
- 280 Höhenmeter
- 5 Stunden
- Rundweg

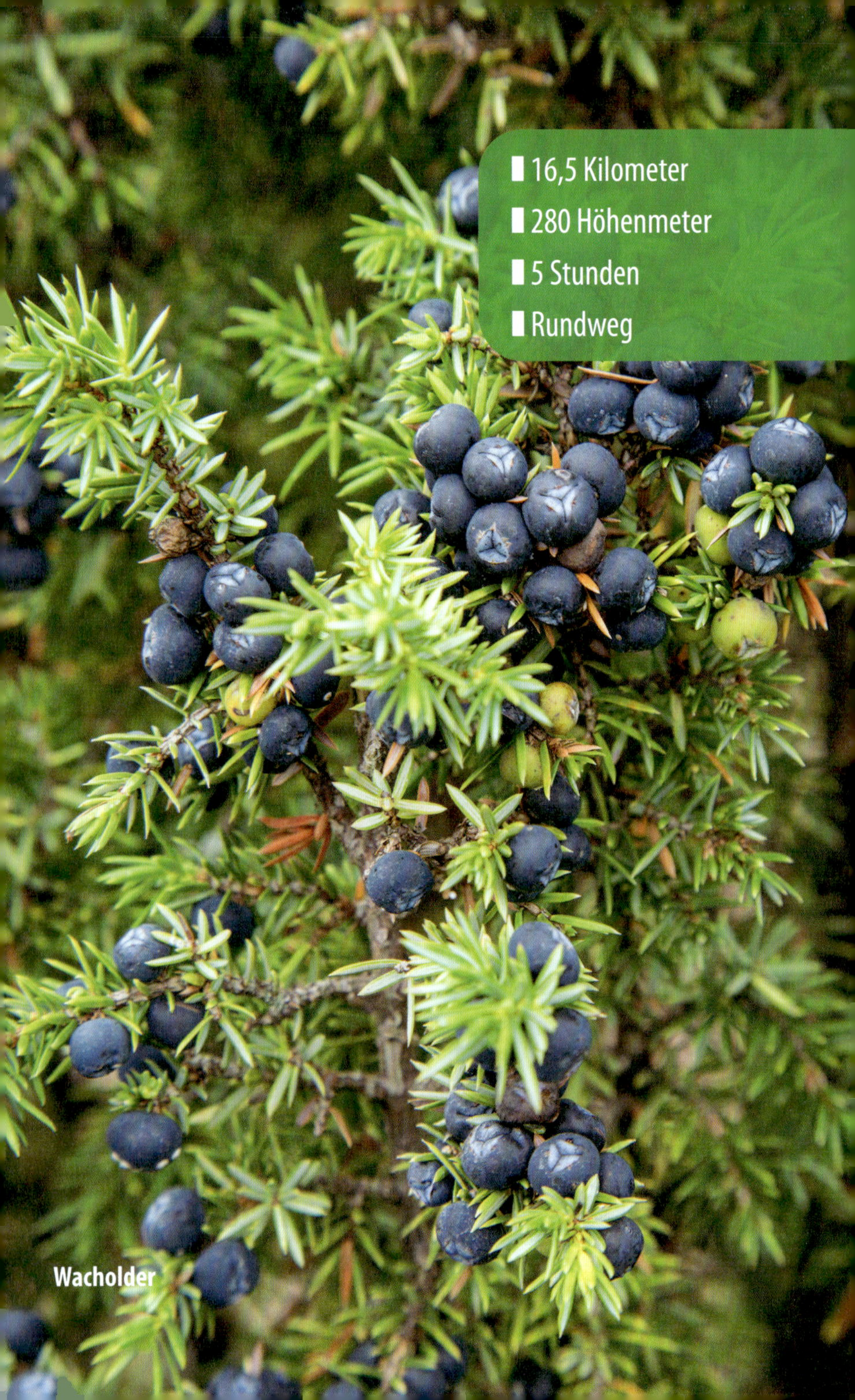

Wacholder

Wacholderwiesen

Durchs Lauterachtal

Unsere Rucksäcke sind für den heutigen Tag gut gepackt, mit ausreichend Getränken und Brotzeit, Wanderkarten und aufgeladenen Handys. Es warten 16,5 Kilometer auf meist menschenleeren Wegen auf uns, es gibt keine Einkehr oder gar Einkaufsmöglichkeit. Wir freuen uns auf einen ganzen Tag pure Natur und Auszeit.

Start ist die Kirche St. Peter in **Adertshausen.** Das Örtchen im Lauterachtal gehört zum Markt Hohenburg und fand schon im 9. Jahrhundert Erwähnung. Besiedelt wird das Gebiet bereits seit der Stein- und Hallstattzeit, wie Knochen- und Werkzeugfunde in der 500 Meter südöstlich gelegenen **Pfaffenhänghöhle** bezeugen.

Wir befinden uns am südlichen Rand des kleinen **Naturparks Hirschwald,** auf der anderen Flussseite beginnt der Truppenübungsplatz Hohenfels.

Zunächst grüßen wir die **Lauterach ❶.** 23 Mühlen hat das Flüsschen bis zum großen Mühlensterben betrieben und es gilt als das schönste Forellengewässer Deutschlands. Daneben fühlen sich dort Biber, Groppe, Steinkrebs und Bachneunauge wohl.

Auf der Talstraße biegen wir links ab. Bei der Hausnummer 15 zweigt ein unmarkierter Pfad nach rechts am Hang des Sandberges ab. Sofort sind wir im Wacholderparadies. Es duftet nach Thymian und Salbei, Schmetterlinge wie das Schachbrett und der Ameisenbläuling flattern im Sonnenlicht.

Nach wenigen Metern stoßen wir auf den „Wacholderwanderweg", dem wir eine kurze Strecke westwärts

*Die **Jakobsmuschel** war ein Pilgerzeichen und Beweis für die erbrachte Buße. Auf dem Heimweg und in der Heimat sollte sie den Pilger schützen – und war ein praktischer Alltagsgegenstand zum Wasserschöpfen.*

*Den **Breitwegerich** treffen wir – wie der Name schon andeutet – auf viel begangenen Wegen. Seine breiten Blätter passen perfekt zwischen Wandersocke und Fußsohle, wo sie durch Reibung eine kühlende und erfrischende Wirkung entfalten.*

der Lauterach entlang folgen, bis der Jakobsweg kreuzt. Seiner Markierung, der weißen Jakobsmuschel auf blauem Grund, folgen wir rechts entlang (Norden) bis zum Tagesziel, der Ruine Roßstein. Westwärts blickend erkennen wir die Ruine Hohenburg oberhalb der gleichnamigen Ortschaft auf dem Schlossberg.

Wir verlassen jetzt das **FFH-Gebiet Lauterachtal ②** mit seinen unterschiedlichen Gewässern sowie Feuchtigkeits- und Trockenbiotopen im Wechsel mit zahlreichen anderen Lebensraumtypen.

Durch Nadelwald geht es stetig, aber moderat bergauf. Auf der Hochfläche queren wir die **Verbindungsstraße Adertshausen–Allertshofen** und tauchen auf der anderen Seite wieder in schattigen Wald ein. Die Jakobsmuschel lotst uns zuverlässig am Hunds- und Sailerberg vorbei in eine offene Feld- und Wiesenlandschaft mit Blick auf die Ortschaft Mendorferbuch.

Eine abwechslungsreiche Landschaft aus sanft gewellten, durch Hecken getrennte Wiesen breitet sich vor uns aus. Wir genießen die völlige Abgeschiedenheit, die Ruhe in unsere Gedanken bringt.

Vor dem Dorf **Egelsheim** mit seiner Dreifaltigkeitskapelle muss etwas Landstraße bewältigt werden, danach geht es ostwärts sanft bergab ins **Taubenbachtal ③.** Das Bächlein entspringt unterhalb der Ortschaft Hirschwald und fließt südwärts direkt auf die Lauterach zu, in die es bei der Schwarzmühle mündet. In der Ferne leuchtet gelb das denkmalgeschützte Forsthaus Taubenbach, erbaut 1803 und seit 2014 ein privater Wohnsitz.

Im Örtchen **Spieshof** grüßt links des Weges Maria aus einem Kapellenbildstock aus dem 18./19. Jahrhundert, bevor es durch Buchenwald noch mal 200 Meter sanft bergauf zur **Burgruine Roßstein ④** geht. Im Frühjahr sind die alten Steine von einem Meer aus Leberblümchen und blühendem Immergrün umgeben.

Erhalten sind noch die Schildmauer und der Übergang zur Ringmauer, Teile vom Saalgeschoss im Wohn-

Für die Seele

Die Einsamkeit in der Landschaft, die Ruhe und der weite Blick ins Grüne und Blaue – wir genießen das absolute Ungestörtsein als großen Luxus.

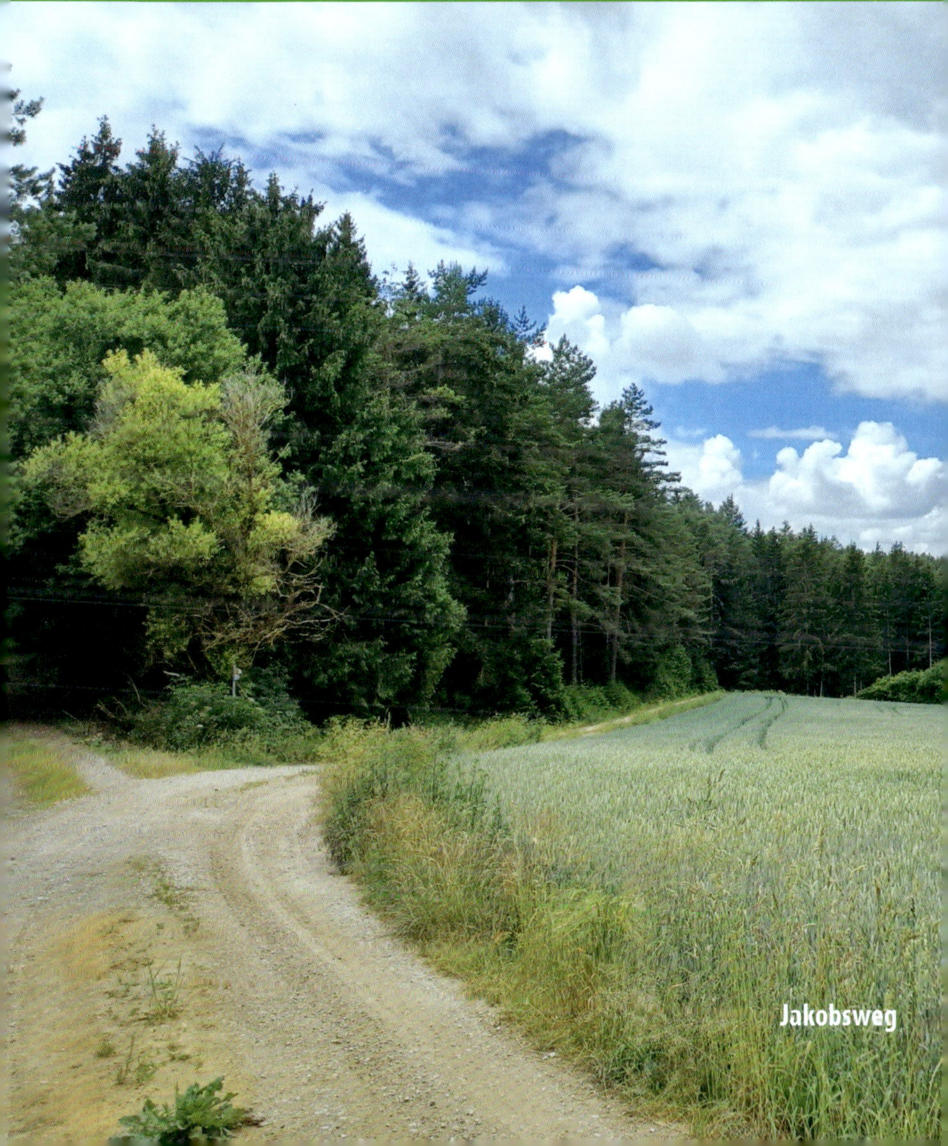

Jakobsweg

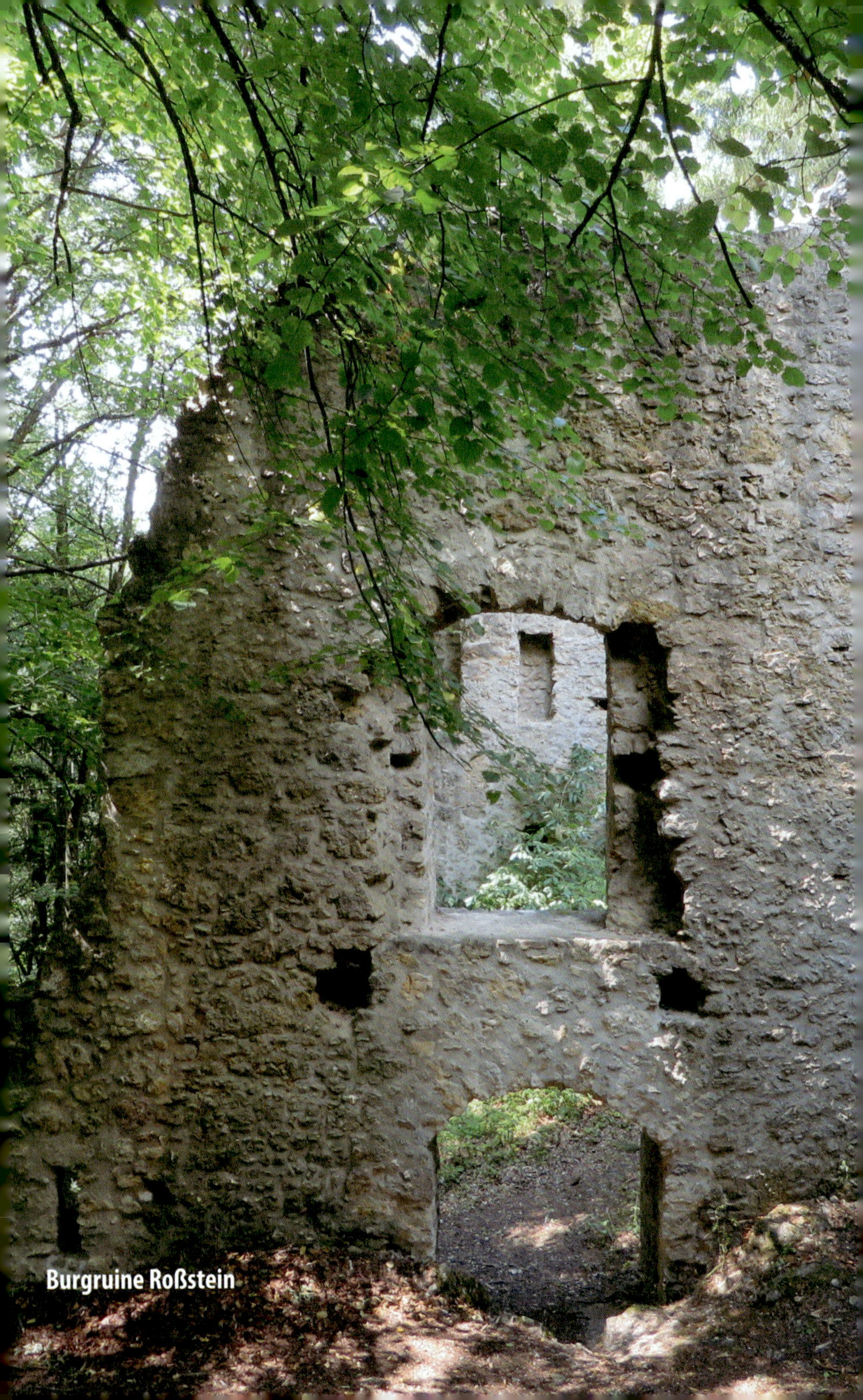
Burgruine Roßstein

turm und ein Tor zum Wehrgang. Die Ruine sitzt auf einem Felssporn, der nach drei Seiten steil und damit schwer einnehmbar abfällt. Im westlichen Hinterland sind noch ein Halsgraben und zwei Steinwälle erahnbar.

Hier verlassen wir den Jakobsweg und folgen dem Wanderweg Nr. 14 (weiße Ziffer auf Grün) auf seinen Windungen durch lichten Kiefernwald entlang des Taubenbachtals, queren eine Teerstraße, umrunden den Weiler Zanklberg und lassen uns weiter auf schmalen Waldpfaden ins Lauterachtal zurückführen.

Auf der anderen Talseite ist der Gebäudekomplex der Schwarzmühle, früher Mühle am Schwarzen Berg genannt, zu erkennen. Einst schliff man hier Glas aus dem Bayerischen Wald zu Spiegeln.

Wir biegen an der Talstraße rechts ab und wechseln auf den Wacholderwanderweg. Er misst insgesamt 31 Kilometer vom Start in Schmidmühlen bis zu seinem Ziel in Kastl. Er begleitet meist die Lauterach mit ihren kargen, durch Schafbeweidung entstandenen Wacholderhängen. Vor allem im Frühling zur Blüte der Küchenschelle ist er ein Hochgenuss.

Die Aufgabe der einsamen ***Burg Roßstein*** *war es wahrscheinlich, die Grenze zwischen der Regensburger Herrschaft Hohenburg, der Pfalz und Bayern zu sichern. Sie stand außerdem an einer strategisch wichtigen Kreuzung alter Handelswege wie der Eisenstraße und der Alten Straße.*

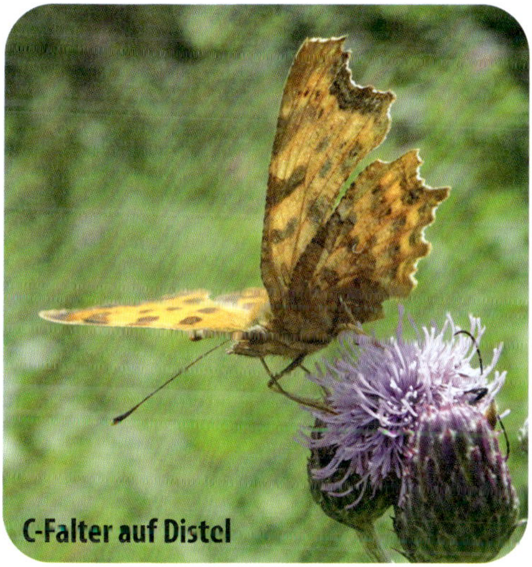

C-Falter auf Distel

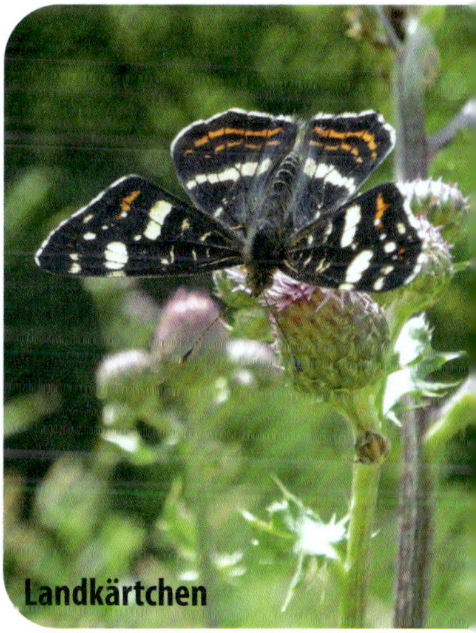

Landkärtchen

Auszeittour 1

Gin *mit einem Anteil Wacholderweg-Wacholderbeeren ist erhältlich bei der Pension Stauber in Hohenburg, Marktplatz 28, 92277 Hohenburg.*

Die Wacholderhänge lassen Botanikerherzen höherschlagen. Wir finden hier viele an den trockenen Standort angepasste Pflanzen, auch sehr seltene wie verschiedene Enziane, zum Beispiel den Kreuzenzian, Knabenkräuter (Orchideen) und Silberdisteln. Mit etwas Glück sonnt sich eine Schlingnatter auf einem Felsen oder ein Neuntöter sitzt im Gebüsch. Bestimmend für das Landschaftsbild sind die zerzausten, abweisend bestachelten Wacholder.

Am Eingang zum **Pirzertal** lohnt sich ein Blick südwärts zum Schwarzen Berg, der auch der Mühle ihren Namen gegeben hat. Auf seiner Kuppe befindet sich ein noch heute sichtbarer Ringwall aus der Bronzezeit.

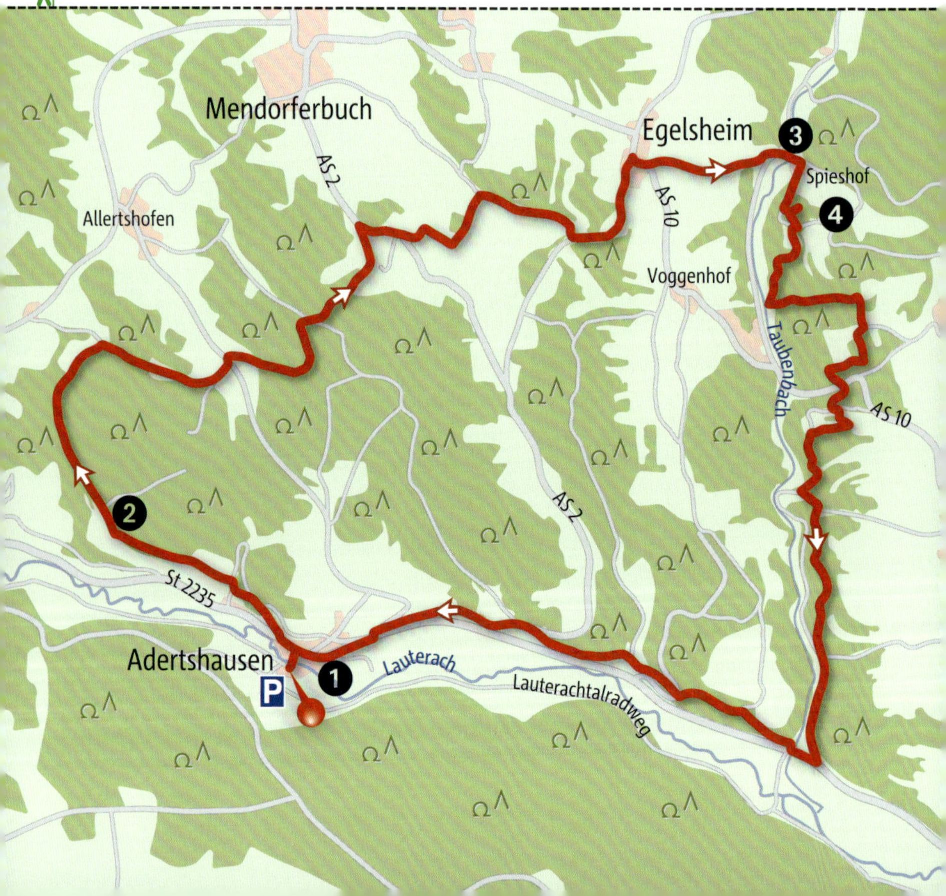

Alles auf einen Blick

Entspannung ✸✸✸✸✸
Genuss ✸✸✸✸✸
Romantik ✸✸✸✸✸

WIE & WANN:
Naturbelassene Wald- und Wiesenwege, viel offene Landschaft ohne Schatten. Deshalb am besten im Frühling (blühende Wacholderhänge) oder Herbst losgehen.

HIN & WEG:
Auto: Parkplatz vor der Kirche St. Peter, 92277 Adertshausen-Hohenburg (GPS: 49.287066, 11.834594)
ÖPNV: Keine Anbindung an den öffentlichen Nahverkehr.

ESSEN & ENTSPANNEN:
Bitte an Rucksackverpflegung denken.

ENTDECKEN & ERLEBEN:
Lauterach ❶
FFH-Gebiet Lauterachtal ❷
Taubenbachtal ❸
Burgruine Roßstein ❹ Spieshof 2, 92277 Hohenburg

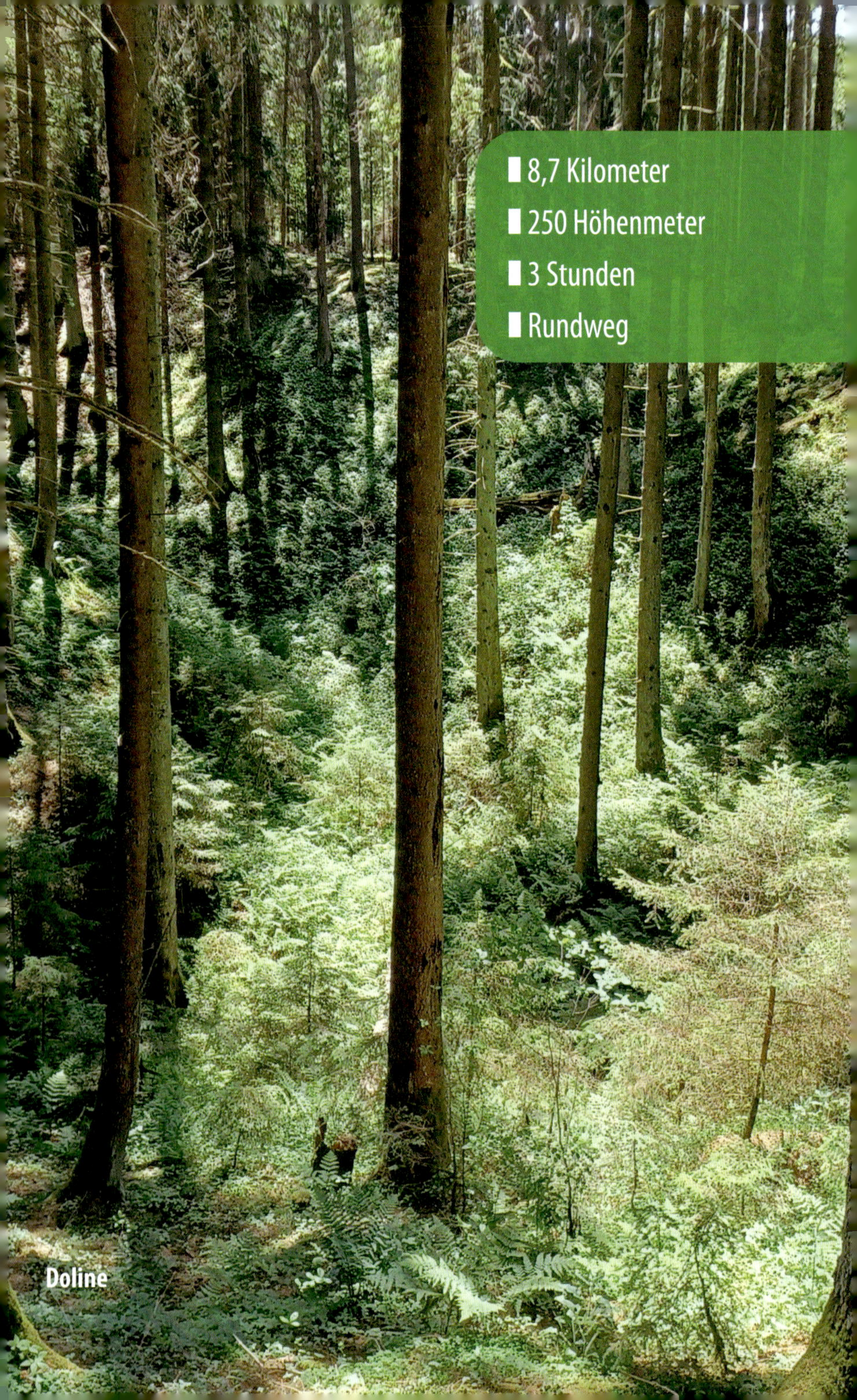

Doline

Tor zur Unterwelt

Mühlbachquellhöhle bei Dietfurt

Das Neumarkter Land hat eine unterirdische Perle zu bieten. Bei dem Pfarrdorf **Mühlbach,** einem Gemeindeteil von Dietfurt, liegt die Mühlbachquellhöhle, eines der größten Höhlensysteme Deutschlands. Die Höhle wird wissenschaftlich erforscht und ist nicht zugänglich – dafür gibt es einen höhlenkundlichen Wanderweg oberhalb des Gangsystems. Dieses Gebiet werden wir heute erkunden.

Ein guter Einstieg ist ein Besuch des **Jurahaus-Ensembles Obermühle ❶.** Es besteht aus vier Gebäuden im typischen Baustil der Jurahäuser: massive dicke Mauern, kleine quadratische Fenster und flache Satteldächer. Sie passen perfekt in die steinige, karge Landschaft der Oberpfalz und zählen zum Besten, was bäuerliche Architektur in Europa hervorgebracht hat.

Um zum oberschächtig betriebenen Mühlrad zu kommen, umrunden wir zunächst das Hauptgebäude und betreten den Holzvorbau. Wasser aus dem Quellteich dreht das eiserne Rad, das früher aus Holz bestand. Heute treibt es einen Stromgenerator an.

Im frei zugänglichen **Steinstadel** befindet sich die Dauerausstellung „Stein.Wasser.Höhle“. Wir geben gerne den Eintritt in die aufgestellte Kasse und streben auf die Gewölberäume zu, wo die Höhlenforscher der Karstgruppe Mühlbach e.V. ihre Forschungsergebnisse aus der Mühlbachquellhöhle präsentieren.

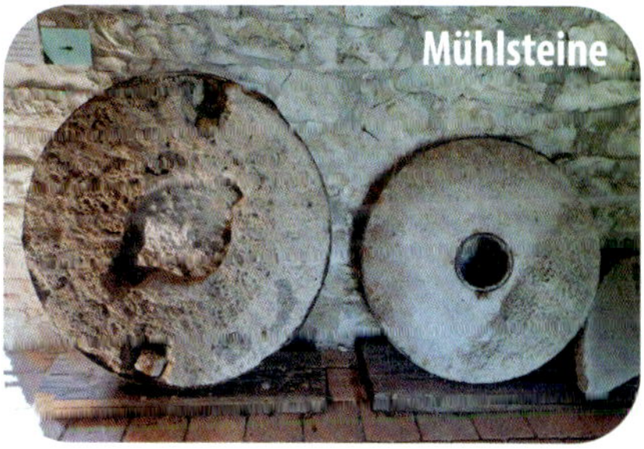

Mühlsteine

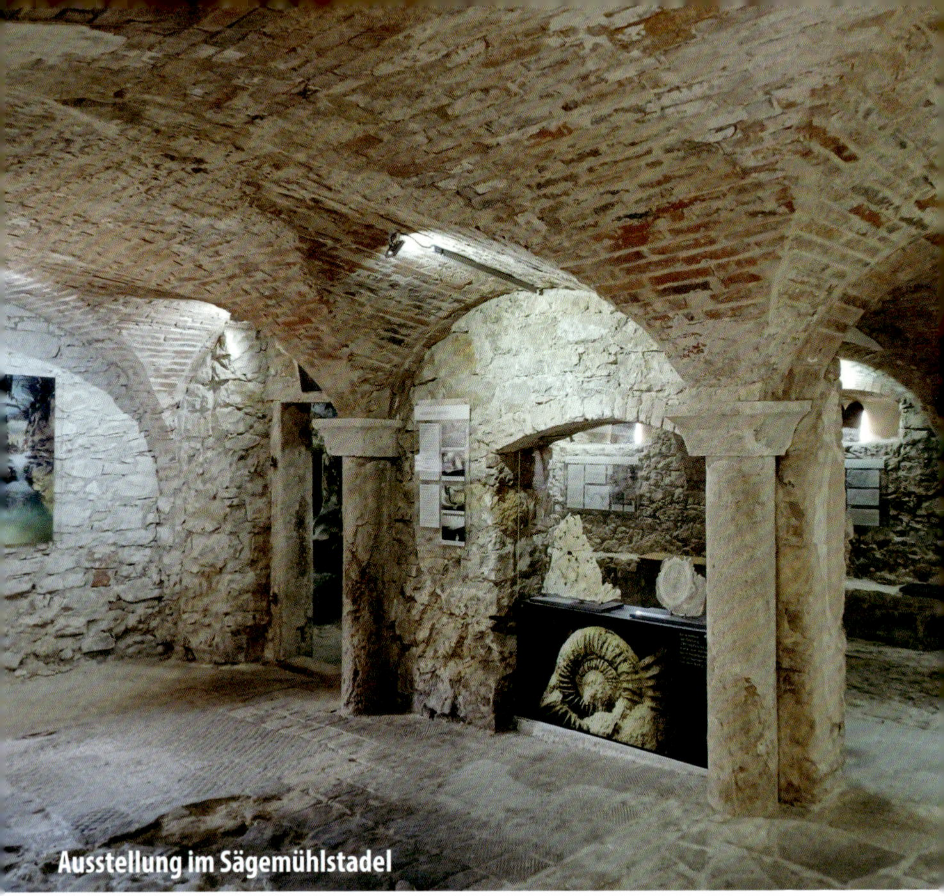

Ausstellung im Sägemühlstadel

*Die ganzjährig gleichbleibende Temperatur ermöglicht es einer speziellen Fauna und Flora, am **Quellteich** zu leben. So finden hier besondere Schnecken und Insektenlarven auch im Winter Nahrung.*

Vor gut 20 Jahren gelang dem Höhlenverein der Durchbruch und die Entdeckung der ersten Flusshöhle in der Fränkischen Alb. Das Gangsystem der **Mühlbachquellhöhle** ❷ misst mehr als 10 Kilometer und ist in weiten Teilen von Wasser durchflossen. Höhlenseen und Unterwassersiphons machen diese Welt nur für Profis zugänglich, die immer weitere Gänge und fossile Fundstücke entdecken. Beim Anblick der großformatigen Fotos von deren Arbeit – imponierend, faszinierend und unheimlich – sind wir gar nicht mehr traurig, draußen bleiben zu müssen.

Der nächste Stopp ist der **Mühlbachquellteich** ❸, liebevoll bewacht von Maria in einer Felsgrotte. Bereits im Mittelalter wurde er angelegt, um die vielen Hangschuttquellen am Berghang zu sammeln. Diese

Für die Seele

Wir sehen der Landschaft nicht an, welches Wunder sich unter ihr verbirgt und sie formt. Können wir diese Erkenntnis auf unsere Mitmenschen übertragen?

kommen aus der Mühlbachquellhöhle, die das Felsmassiv östlich des Pfarrdorfes durchzieht. Unterirdisch fließt das Wasser in den Teich, der ganzjährig 9 Grad hat. Die Schüttung beträgt zwischen 300 Liter pro Sekunde bis 1200 Liter pro Sekunde bei starken Regenfällen. Die Quelle speist den Mühlbach, der bald den nahe gelegenen Main-Donau-Kanal erreicht.

Noch sind wir keine nennenswerten Meter gelaufen, dafür sind wir ausführlich über die Wunder informiert, über die wir jetzt wandern werden. Unsere Markierung ist der „Höhlenkundliche Wanderweg Nr. 6" Richtung Kopffelsen. Die Markierung führt uns durch einen von Buchenwald beschatteten Hohlweg stetig bergauf. Weiter oben erfahren wir, dass wir gerade eine Erosionsschlucht oder auch ein Trockental durchlaufen haben, gegraben vom uralten Mühlbach.

Im Flur **Kochholz** angekommen, biegt Weg Nr. 6 zweimal scharf rechts ab und strebt der Dolomitfelsgruppe an der Hangkante zu. Das **Naturdenkmal Kopffelsen** ❹ lädt mit einer Aussichtsbank zum Bewundern der Landschaft ein: Wald, Wald, Wald, unter uns Mühlbach und das Mühlbachtal, im Süden erahnen wir den Main-Donau-Kanal, gegenüber lockt der Wolfsberg zu einer weiteren Wanderung an einem anderen Tag. Bei dieser exponierten Lage wundert es nicht, dass auch hier einst eine Burg stand.

*Die kleine **Burg** war von drei Seiten durch Steilhänge geschützt, nach Osten zur ebenen Hochfläche wurden ein Haupt- und Vorwall angelegt, deren Reste wir bei genauem Hinschauen noch erkennen können.*

Die folgende Wegetappe führt im Zickzack – immer den Höhlengängen unter unseren Füßen folgend – durch ein ausgedehntes und völlig straßenverkehrsfreies Waldgebiet östlich von Mühlbach. So wird Wan-

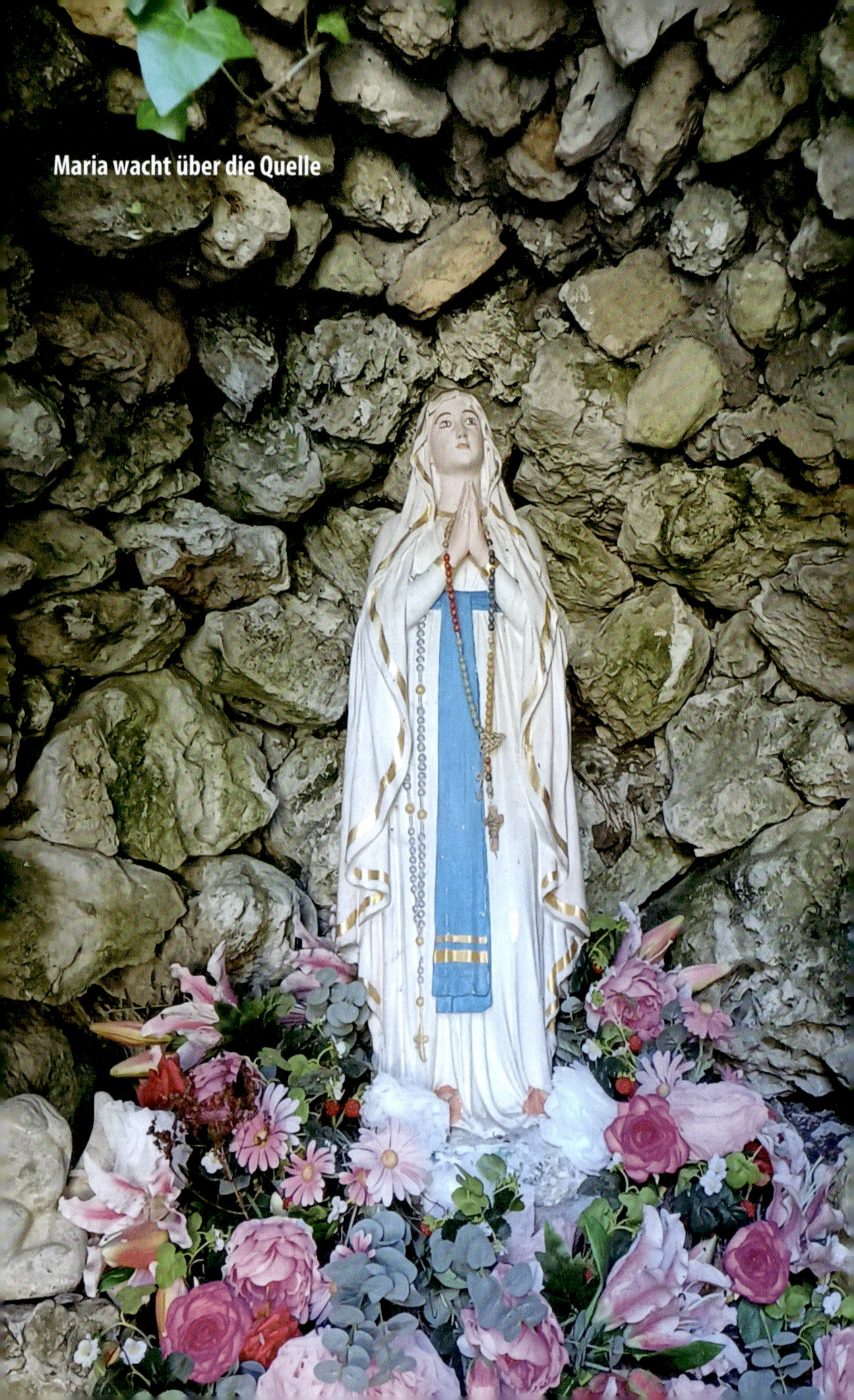

Maria wacht über die Quelle

dern zur reinen Entspannung und die vielbeschworene Entschleunigung setzt ein. Der Buchenwald weicht weitläufigen Nadelholzbeständen. Manchmal macht die Nr. 6 überraschende Knicks, um uns auf unterirdische Highlights hinzuweisen.

Die Infotafeln vermitteln karstkundliches Fachwissen über die Landschaft und Höhlenentstehung, die Fotos der Höhle rund 100 Meter unter uns verursachen wohlige Schauer. Wir sehen Höhlenforscher durch Schlamm kriechen, durch Röhren tauchen, auf Schlauchbooten unter Sintervorhängen über Höhlenseen paddeln. Aber auch beeindruckende Tropfsteinhallen. Wie schön, hier oben im Sonnenlicht auf weicher Walderde zu stehen und diese Unterwelt nur im Geiste zu bereisen.

An diversen Kletter-, Kriech- und Durchquetschstationen können Kinder testen, ob sie eine Zukunft als Höhlenforscher hätten. So wird der Wanderweg familientauglich.

Die Nr. 6 führt uns zuverlässig durch das Herrenholz zum Wastelbauernholz. Der Weg beschreibt einen Bogen um das **Dolinenfeld ❺.** Was dem Unkundigen auf den ersten Blick wie Bombentrichter erscheint, ist eine extreme Häufung von Erdfällen, teils von beeindruckender Größe.

Dolinen sind immer ein Hinweis auf unterirdische Höhlen. In diesem Fall stellen sie direkte Verbindungen zum unterirdisch fließenden Mühlbach dar. Auf der Hochfläche gibt es keine Quellen oder Wasserläufe. Die Niederschläge fließen durch die Dolinen ab und treten im Quellteich wieder zutage. Forscher gehen davon aus, dass am Grunde jeder Doline eine Kleinhöhle in die Mühlbachquellhöhle führt. Allerdings sind die schmalen Felsröhren mit Schlamm und Sedimenten überlagert und viel zu eng für eine menschliche Begehung.

Nr. 6 geleitet uns sicher wieder auf den Forstweg bis zu einer Wegkreuzung. Hier satteln wir um auf die

Im Spätsommer/Frühherbst finden wir an Kiefernstämmen oft die an einen Badeschwamm erinnernde ***Krause Glucke.*** *Dieser Speisepilz besticht durch seine feste Konsistenz und sein nussigharziges Aroma.*

Das ***Wort Doline*** *kommt aus dem Slowenischen und bedeutet „kleines Tal". Das sind trichterförmige Hohlformen im Karst. Es gibt Lösungsdolinen (Sedimente werden durch Wasser aufgelöst) und Einsturzdolinen (Höhlendach bricht ein).*

Auszeittour 2

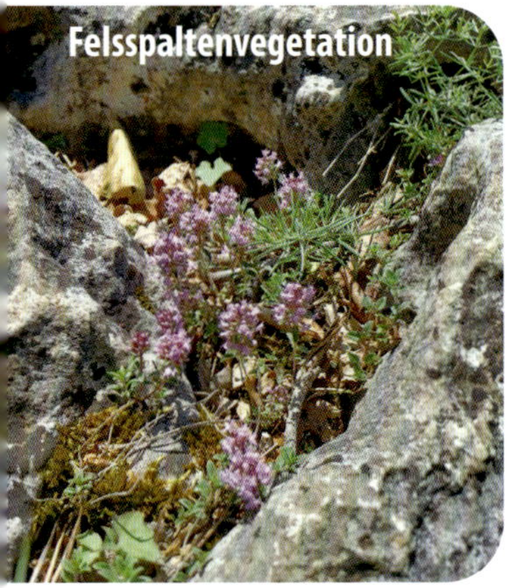

Felsspaltenvegetation

Schlaufe Nr. 5, die Richtung Norden auf den **Aussichtspunkt Breitfelsen** ❻ zusteuert.

Wir machen Rast im Schatten der knorrigen, verwachsenen Eiche, packen die Brotzeit aus, nehmen eine Nase voll Thymianduft und genießen einen ähnlichen Blick wie vom Kopffelsen auf die umliegenden Bergkuppen und das Mühlbachtal.

Nr. 5 geht auf demselben Weg einige Meter zurück, dann zweigen wir rechts (Richtung Osten) ab und laufen gemütlich auf das Trockental vom Tourenbeginn zu, das uns wieder zurück nach **Mühlbach** bringt.

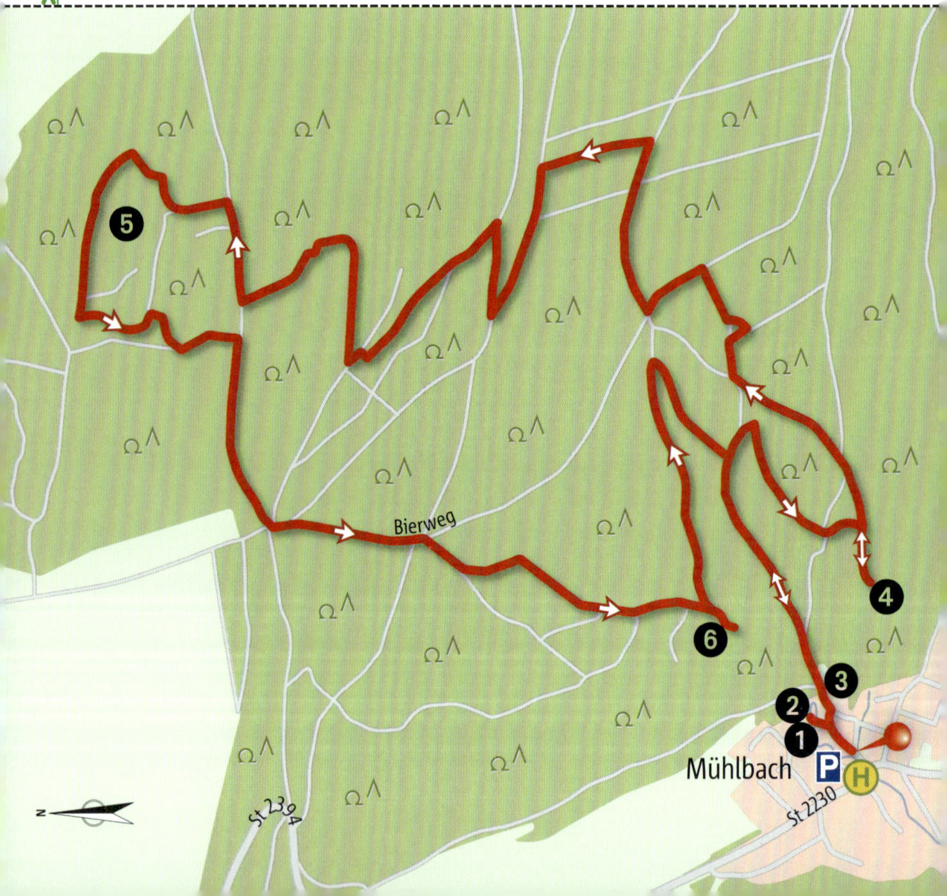

Entspannung ✱✱✱✱✱
Genuss ✱✱✱✱✱
Romantik ✱✱✱✱✱

WIE & WANN:
Fast zu 100 Prozent schattige Waldwege. Zu jeder Jahreszeit mühelos begehbar, besonders zu empfehlen an heißen Sommertagen oder im Winter.

HIN & WEG:
Auto: Am Straßenrand Obermühlenweg bei der Kirche Maria Heimsuchung, 92345 Dietfurt-Mühlbach (GPS: 49.022161, 11.617484)
ÖPNV: Bus 6022 von Bahnhofstraße/Dietfurt bis Mühlbach

ESSEN & ENTSPANNEN:
Bitte an Rucksackverpflegung denken.

ENTDECKEN & ERLEBEN:
Jurahaus-Ensemble Obermühle ❶ Obermühlenweg 3, 92345 Dietfurt-Mühlbach, Tel. (0 84 64) 6 42 69 67
Mühlbachquellhöhle ❷ 92345 Mühlbach
Mühlbachquellteich ❸ bei der Obermühle
Naturdenkmal Kopffelsen ❹
Dolinenfeld ❺
Aussichtspunkt Breitfelsen ❻

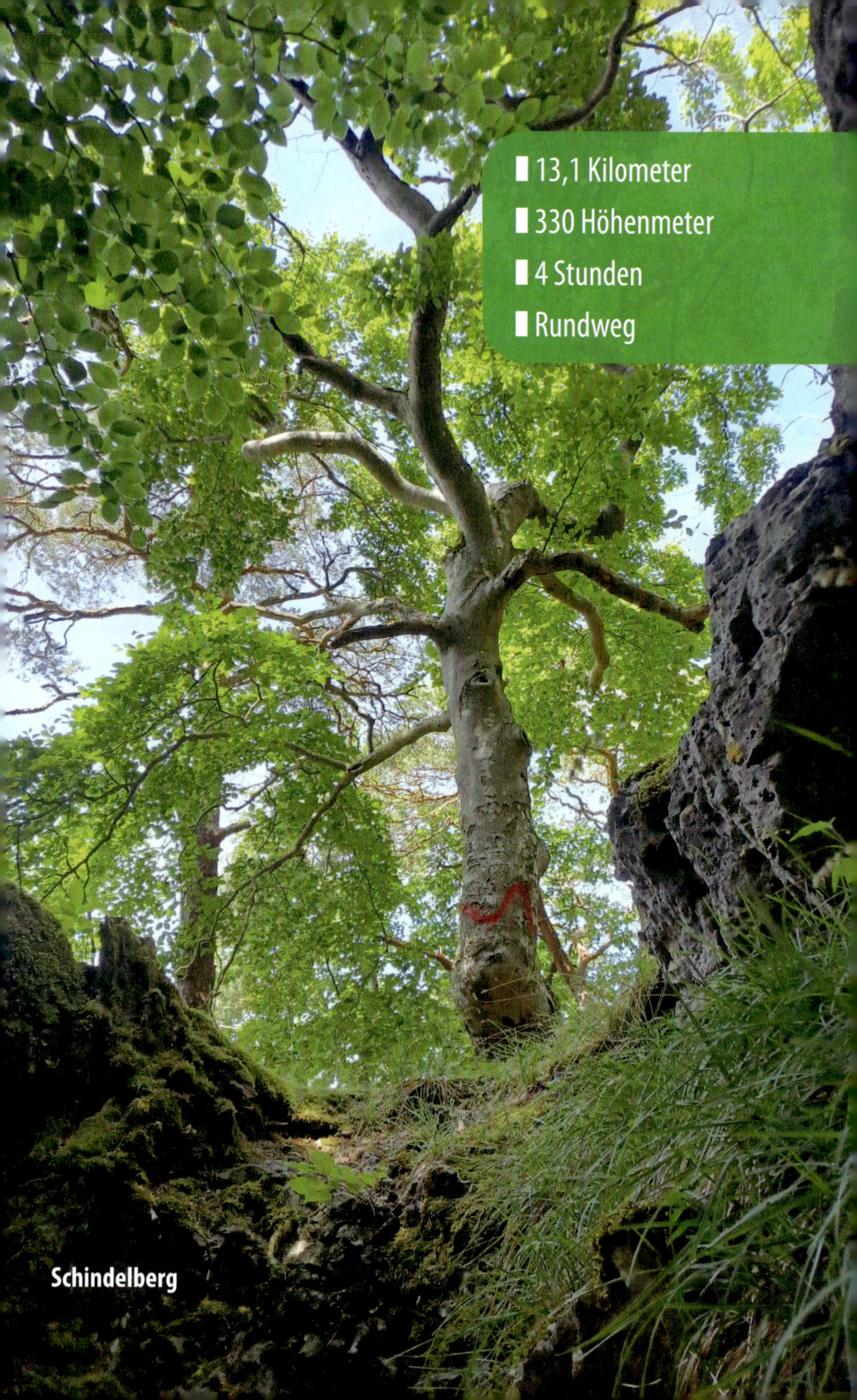

Schindelberg

Die sieben Berge

Die Kuppenalb bei Parsberg

Zwischen Neumarkt und Regensburg liegt eingebettet in der Kuppenalb und idyllisch an der Schwarzen Laber das Städtchen **Parsberg.** Den Parsberger Burgberg sowie die umliegenden Dolomitkuppen des Brennerberges, Schindelberges, Buchberges, Hammermüllerberges, des Oberen Katzenberges und des Kalvarienberges wollen wir heute erwandern.

Die Rucksäcke sind mit Getränken und Brotzeit gut bepackt, denn eine Einkehr ist erst nach Zweidrittel der Tour in Parsberg möglich. Gutes Schuhwerk und eine gewisse Trittsicherheit sind empfehlenswert, denn es geht die ganze Zeit über buchstäblich auf und ab.

Start ist der Parkplatz am Wellenfreibad Jura Mare, wo auch eine Wanderwegetafel eine erste Orientierungshilfe ist. Unsere Markierung wird bis nach Parsberg der „Gschichtenweg“ sein.

Der Weg verläuft zunächst angenehm eben durch den Mischwald des Vorderen und **Hinteren Hatzengrün.** Zum Teil überschneidet er sich mit dem Waldlehrpfad, dessen Stationen unser Wissen über das Ökosystem Wald ausbauen. Ein schmaler, wurzeliger Pfad verläuft unterhalb der **Brennerbergfelsen** entlang.

Achtung: Richtung Waldrand wird die Beschilderung des Gschichtenweges lückenhaft und etwas verwirrend. Wir nehmen als Alternative die Markierung „gelber Querstrich“, die uns über die Verbindungsstraße Darshofen–Parsberg lotst, an einer Neubausiedlung vorbei, dann nimmt unser Gschichtenweg den Faden wieder auf und erzählt am Fuß des **Schindelberges** die erste Geschichte.

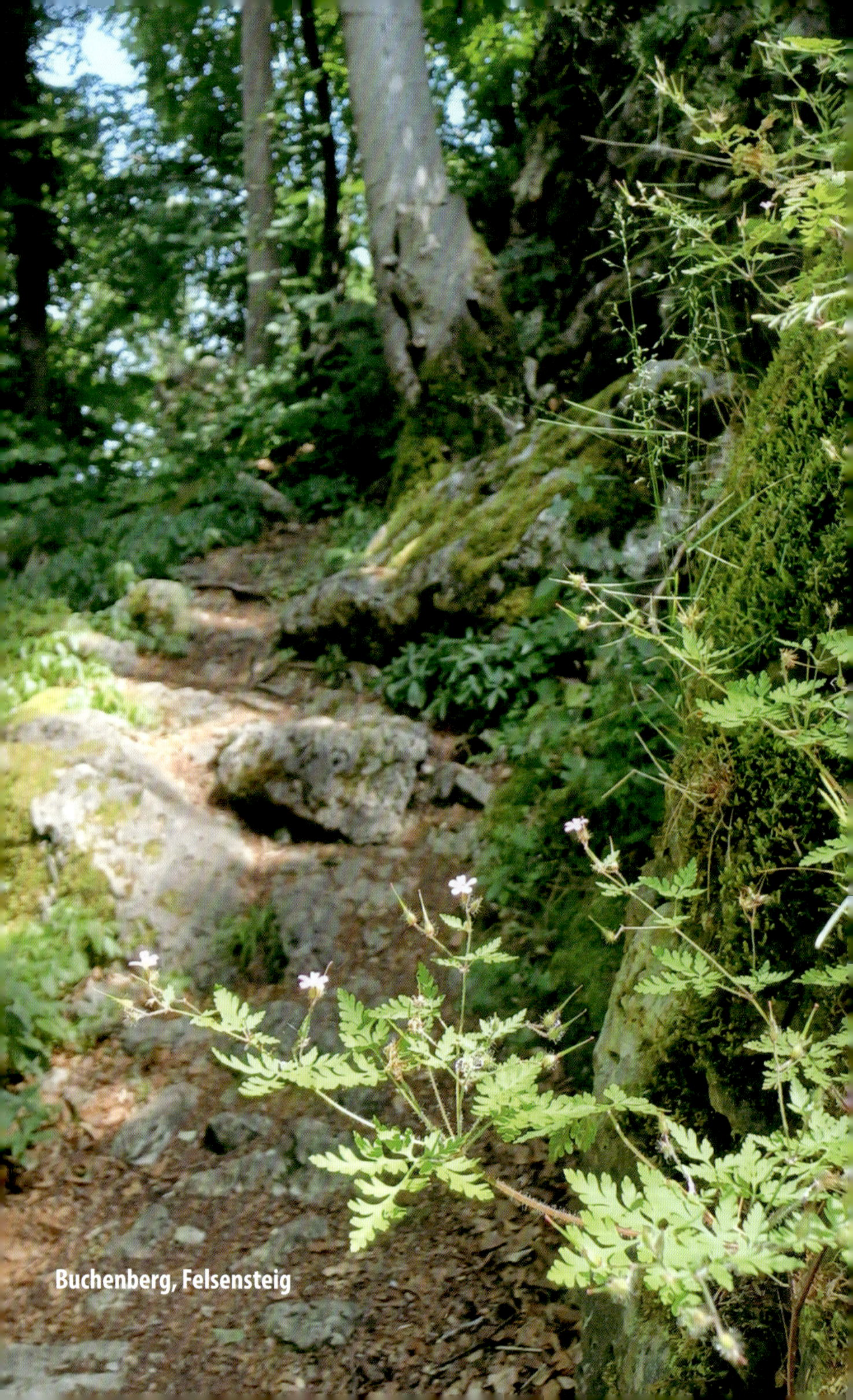
Buchenberg, Felsensteig

Für die Seele

Der wilde, einsame Steig und die Stille lassen uns völlig vergessen, dass die umtriebige Stadt nie weit entfernt ist.

Wenn wir mit dem Blick dem Straßenverlauf nach Darshofen folgen, erhebt sich dahinter eine bewaldete Dolomitkuppe mit der Ruine Adelburg. Hier hausten im 15. Jahrhundert echte Raubritter, die Händler auf ihrem Weg von Nürnberg nach Regensburg plünderten. Es soll einen geheimen, unterirdischen Gang geben, der irgendwo im Wald in einem Erdloch endet und dazu führte, dass der letzte Raubritter überwältigt werden konnte.

578 Meter über NN verzeichnet der höchste Punkt des Schindelberges, den wir jetzt ersteigen. Der Untergrund wird steiniger und rechts des Weges erheben sich bizarre Felswände. Oben angekommen lädt ein lauschiger **Aussichtspunkt** ❶ zu einer kleinen Rast mit Blick ins Tal der Schwarzen Laber ein. Dort, wo die Autobahn das Tal überspannt, fließt der Frauenbach auf die Schwarze Laber zu. Am Frauenbach soll es spuken, ein Stöhnen und Schreien und Krachen sei dort in manchen Nächten zu hören.

Wie schön, dass es heller Tag ist und wir die nächste Etappe durch die Felskronen des Schindelberges genießen können.

Wieder neigt sich die Streckenführung Richtung Parsberg und einer Straße zu, was wir vermeiden wollen. Deshalb verlassen wir den Gschichtenweg am Fuß des Berges zugunsten des Main-Donau-Weges, dem wir nach links (Norden) ein paar Hundert Meter folgen, um dann rechts auf einen unmarkierten Feldweg abzubiegen (forstlich markierte Buche), der an einer Landstraße endet. Von rechts kommt wieder

*Im 12./13. Jahrhundert lebte mit **Engelhart von Adelnburg** ein echter Minnesänger auf der Burg, vom dem noch ein Lied und ein Spruch im Codex Manesse, einer Sammlung von Liederhandschriften aus dem Mittelalter, enthalten sein sollen.*

der Gschichtenweg daher, um den Buchenberg zu umrunden.

Der **Buchenberg** ❷ birgt unter seinem Blätterdach gleich mehrere Besonderheiten. Auf seiner Kuppe sind die Reste eines **Ringwalls** aus der Mittleren Bronzezeit (1600–1400 v. Chr.) erkennbar, ihren Höhepunkt hatte die keltische Siedlung in der späten Bronzezeit. Berühmtester Fund ist die Parsberger Maskenfibel aus Bronze, die im Germanischen Museum in Nürnberg ausgestellt ist, eine Replik davon befindet sich im Burgmuseum Parsberg.

Rotbuchen dürfen ungehindert auf dem Dolomitgestein wachsen, alt werden und zerfallen. Der Wald mit seinem Unterwuchs aus Orchideen und Waldmeister gehört zum deutschlandweiten Netzwerk der Naturwälder.

__Naturwälder__ sind naturnahe Wälder mit besonderer Bedeutung für die Biodiversität. Es findet hier keine Bewirtschaftung und keine Holzentnahme statt. Das grüne Netzwerk ist noch jung und soll bis 2023 fertiggestellt werden.

Ein Förster Lehmeier hat unterhalb der beeindruckenden Felsen einen kurzweiligen Wanderpfad erschlossen. Der „Lehmeier-Steig“ führt durch eine verwunschen wirkende Felslandschaft mit Kleinhöhlen

Burg Parsberg

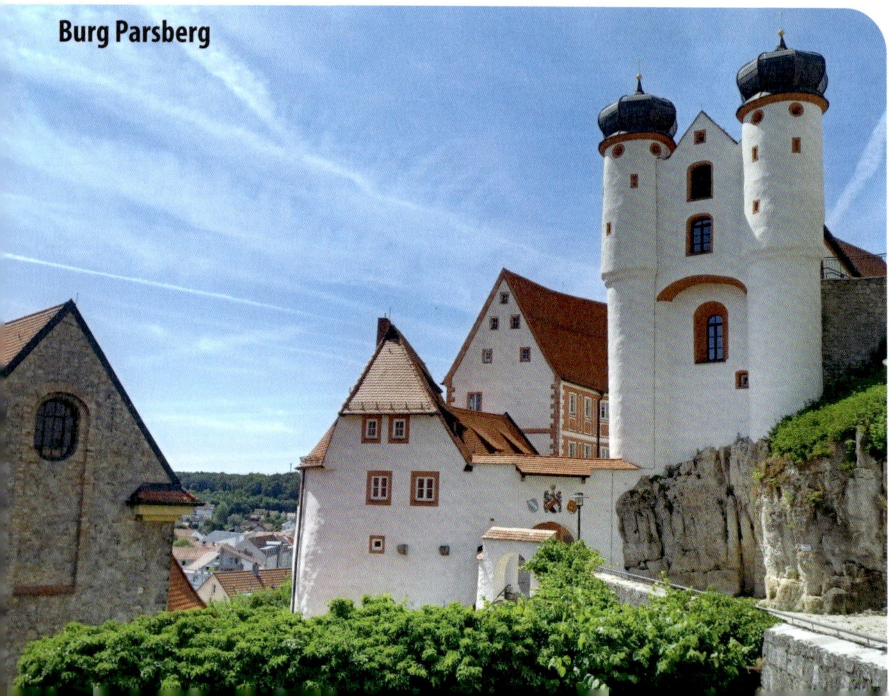

und imposanten Felstürmen, Moosen und Farnen unter dem smaragdfarbenen Licht der Rotbuchenblätter.

Unsere Markierung lenkt ihre Schritte den Osthang des Buchenberges hinunter Richtung Schwarze Laber. Wir biegen rechts ab auf den kombinierten Fahrrad- und Wanderweg und genießen den ebenen Weg unter den Füßen. Am Wetterschutzpavillon leisten wir den hölzernen Gestalten Gesellschaft und folgen deren Blick auf den Fluss. Taucht dort eine Art Medusa auf, deren Blick uns verholzt?

Unter Linden wandern wir zum Gebäudekomplex der alten Hammermühle, queren eine Teerstraße und spazieren am Fuß des **Hammermüllerberges** weiter. Genauso entspannt und ohne nennenswerte Steigungen umrunden wir den **Oberen Katzenberg.**

Über das offene Feld geht es auf eine vielbefahrene Straße zu, die die Parsburg umrundet und der wir einige Meter bis zum Kreisverkehr folgen müssen, um dann ins Stadtgebiet einzutreten. Vom Gschichtenweg verabschieden wir uns, um erst Richtung Bahnhof abzubiegen und später der Beschilderung „Hallo Ritter Wonnebold!" zur **Burg Parsberg** zu folgen.

Wir nähern uns der Burg mit den fotogenen Renaissancetürmen von Osten durch den Stadtpark. Auffällig sind die Felsbänke aus ungewöhnlich dickbankigem Dolomit neben dem Burgtor, die als geologische Besonderheit gelten. Mit der Burg Parsberg erleben wir weder eine Ruine oder Halbruine noch eine reine Sehenswürdigkeit mit schönem Ausblick. Sie ist vielmehr der kulturelle Mittelpunkt der Stadt, Wahrzeichen und Veranstaltungsort für Konzert, Theater, Tagung und Hochzeit. Daneben beherbergt sie noch ein modernes Museum und ein **Burgcafé** ❸. Das hat leider nur sonntags geöffnet, weshalb wir uns über Treppen und Treppchen abwärts schrauben, an der **Pfarrkirche St. Andreas** vorbei bis zum Ortskern, wo wir uns mit Kaffee und Kuchen für den letzten Anstieg auf den Kalvarienberg stärken.

*Der zitronige Geschmack des **Waldsauerklees** erfrischt müde Wanderer für die nächsten Kilometer. Dieser Klee wächst nur im Wald und ist die schattenverträglichste Pflanze Mitteleuropas.*

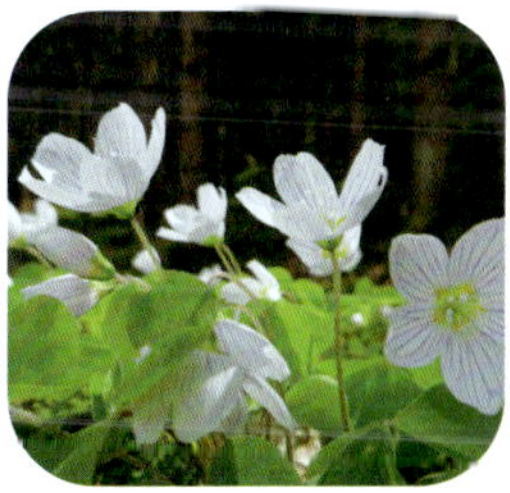

Auszeittour 3

Kalvarienberg *bezeichnet ursprünglich die Hinrichtungsstätte Jesu Christi vor den Toren Jerusalems, in weiterer Auslegung dann auch Nachbildungen der Kreuzigungsszene. Besonders in der Nähe von Wallfahrtsorten wurden Kalvarienberge auf Hügeln erschaffen, die häufig über Kreuzwegstationen erreichbar sind.*

Auf der Marktstraße halten wir uns südlich, biegen rechts in **Am Anger** ab, der in die Pfarrer-Fischer-Straße übergeht. Am Zentrum für Betreuung treffen wir wieder auf den Gschichtenweg, der uns über einen von Robinien beschatteten Kreuzweg auf den **Kalvarienberg** **4** zur Jesu-Kapelle führt.

Mit 589 Metern über NN ist der Kalvarienberg der höchste Parsberg umgebende Berg, was uns einen herrlichen Fernblick Richtung Süden beschert in eine waldige, dünn besiedelte Landschaft, von der wir noch viel erwandern werden.

Über den Nordwesthang des Berges führt uns der Gschichtenweg zuverlässig wieder zurück zum Ausgangspunkt.

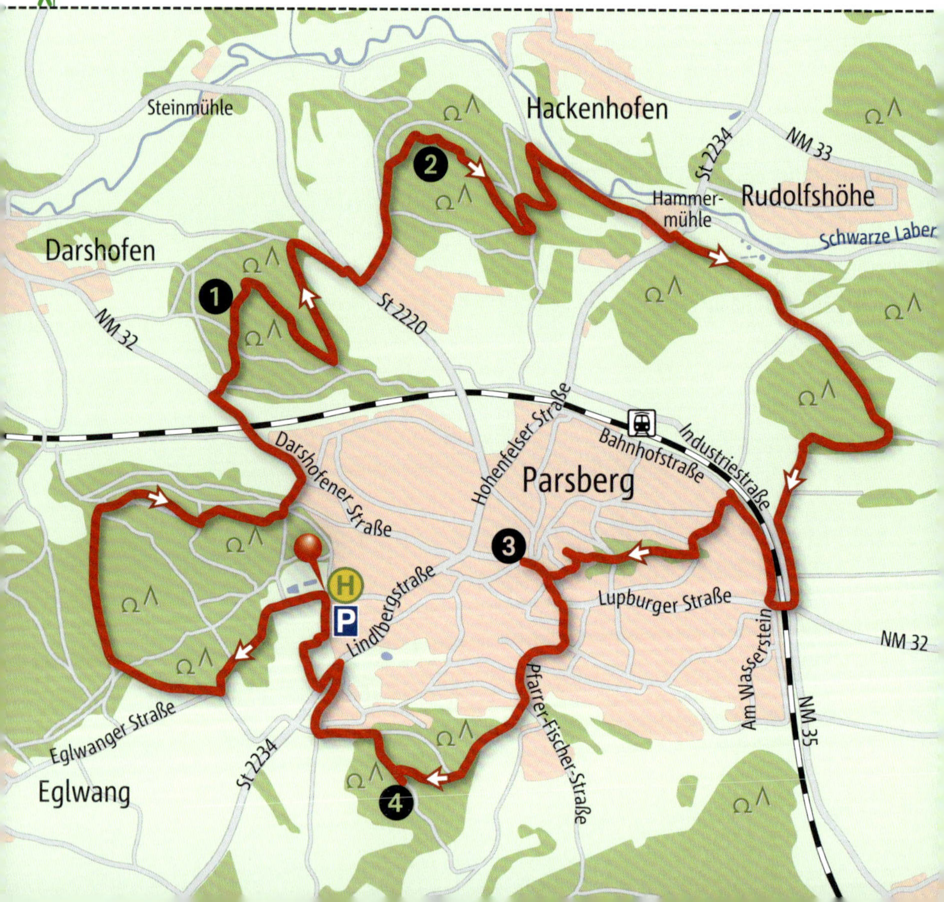

Alles auf einen Blick

Entspannung ★★★★☆
Genuss ★★☆☆☆
Romantik ★★★☆☆

WIE & WANN:
Überwiegend schattige Waldwege und Felssteige, besonders schön im Herbst. Im Winter teilweise Trittsicherheit notwendig.

HIN & WEG:
Auto: Parkplatz gegenüber dem Wellenfreibad Jura Mare, Jahnstraße, 92331 Parsberg (GPS: 49.158309, 11.708177)
ÖPNV: Bus 536 von Parsberg Hbf bis Parsberg Freizeitzentrum

ESSEN & ENTSPANNEN:
Burgcafé Parsberg ❸ Burgstraße 24, 92331 Parsberg, Tel. (0 94 92) 61 12, www.burgcafe-parsberg.de
Verschiedene Einkehrmöglichkeiten in Parsberg.

ENTDECKEN & ERLEBEN:
Aussichtspunkt Schindelberg ❶
Buchenberg ❷
Kalvarienberg ❹

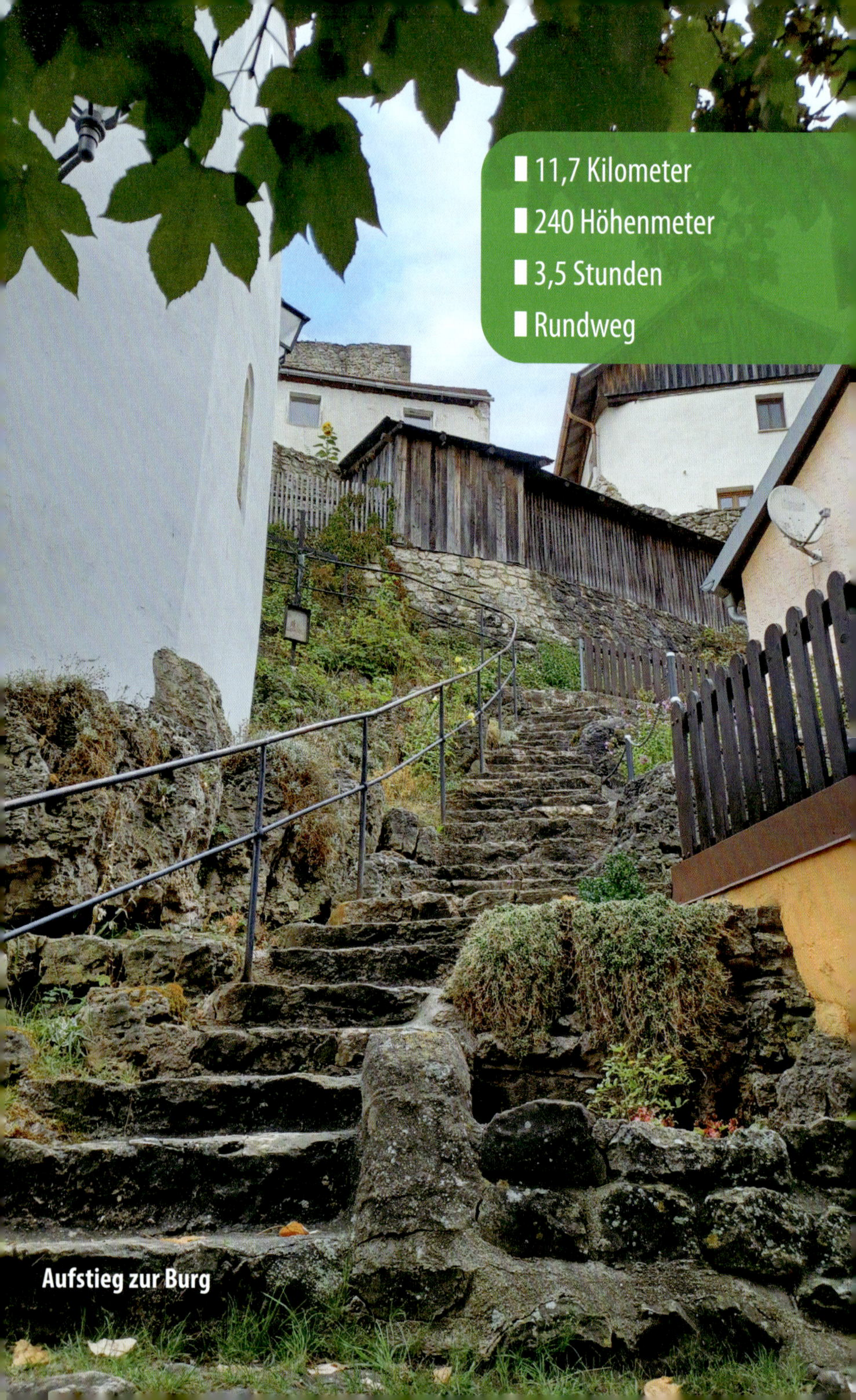

- 11,7 Kilometer
- 240 Höhenmeter
- 3,5 Stunden
- Rundweg

Aufstieg zur Burg

Die Weiße Frau

Von der Naab zur Burg Wolfsegg

Kurz vor Regensburg steuert die Naab zielstrebig auf die Donau zu, umrahmt von bewaldeten Berghängen und steilen Felskuppen. An ihrem Ufer hat sich ums Kloster Pielenhofen eine Ortschaft entwickelt, etwas weiter oben thront die trutzige Burg Wolfsegg. Diese Gegend wollen wir heute mit einer entspannten Wanderung erkunden.

Wir parken in **Pielenhofen** auf der rechten Naabseite. Die **Klosteranlage Pielenhofen** ❶ mit ihren zwei barocken Türmen erstreckt sich mächtig am anderen Ufer. Wir queren die Naab und statten der Klosterkirche einen Besuch ab. Das Kloster gehörte zur Diöszese Regensburg und ist Maria Himmelfahrt geweiht. Es blickt seit seiner Gründung 1240 auf eine wechselhafte Geschichte zurück, bewohnt von Nonnen verschiedener Orden, reformiert, zur Pfarrkirche heruntergestuft und zum Zentralkloster herauf. Es diente als Lyzeum für höhere Töchter, beherbergte die Regensburger Domspatzen und birgt aktuell eine Realschule und eine Fachoberschule für Gestaltung.

Die geräumige Kirche prunkt in dunklem Spätbarock. Besonders ist das der Heiligen Dreifaltigkeit gewidmete Deckengemälde, das sich über drei Kuppeln verteilt und ein Gnadenbild, das laut seiner früheren Besitzer aus dem 18. Jahrhundert Tränen vergießen kann.

Von der wechselhaften Geschichte des Gebäudes inspiriert kehren wir um, gehen am Parkplatz links vorbei und biegen rechts ein in die **Dettenhofer Straße.** Bevor die letzten Häuser aufhören, weist uns die Mar-

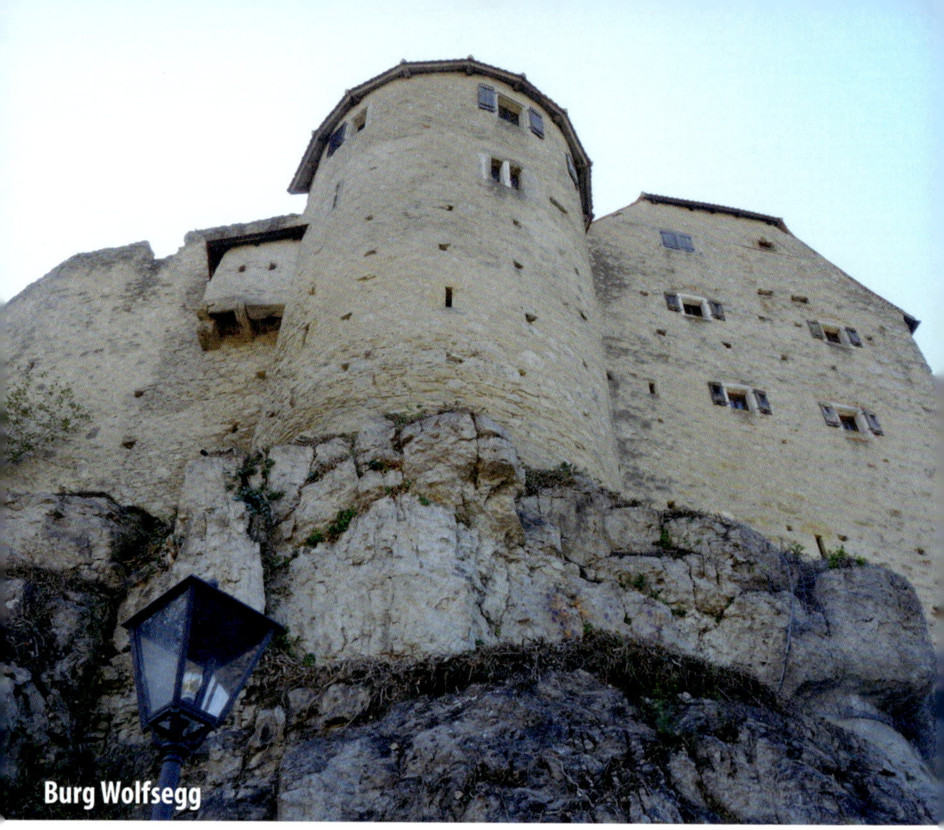
Burg Wolfsegg

kierung „Jurasteig“ (gelbes Symbol auf blauem Grund) nach links den Hang zum Pielenhofener Berg hoch. Schnell sind wir im Laubwald verschwunden.

Aufgepasst: Nach wenigen Metern geht die Markierung einmal geradeaus und macht gleichzeitig einen scharfen Linksknick. Den Knick nehmen wir mit, denn wir laufen im Uhrzeigersinn zum Ziel. Der zweite Knick folgt kurz darauf, hier bitte nicht der gelbgrundigen Jurasteig-Markierung folgen, sondern auf Blau bleiben. Es folgt eine Etappe durch den wildreichen Wald, der vor über 3000 Jahren schon die ersten Siedler zum Bleiben verlockte. Uns stellt sich kein Wild in den Weg, nach einem Stück Wiesen- und Feldweg erreichen wir den Weiler **Käfersdorf.** Am Ende des Dorfes bietet ein baumstarker Kerl Brennholz an und ein anderer Baum in seinem Inneren lebensfrohe Karten für Glück und Gesundheit.

Für die Seele

Können sich die Gefühle einer Person wirklich als eine Art Energie in bestimmten Räumen erhalten und über längere Zeiträume für uns spürbar sein?

Noch ein kurzes Stückchen Buchenwald, dann streben wir auf sonnigen Feld- und Wiesenwegen der Ortschaft Wolfsegg mit gleichnamiger Burg zu, die trutzig und kompakt auf dem **Burgberg** ❷ sitzt. In Stetten biegt der Jurasteig rechts ab und bewältigt etwas Straße, ehe es links durch die Felder geht und an der Kirche vorbei. In der Ortschaft **Wolfsegg** ist der Weg zur Burg gut ausgeschildert.

Die **Burg Wolfsegg** ❸ hat es in sich. Sie vereint alle Ansprüche, die wir an eine wildromantische, fast vergessene, von tragischen Geschichten und wilden Abenteuern geprägte Ritterburg stellen.

Über steile Steinstufen erklimmen wir den Burgberg zunächst bis zur Kapelle. Der Burgberg wird im Umweltatlas Bayern als Geotop geführt. Um den Inselberg herum hat sich die Ortschaft Wolfsegg angesiedelt, auf ihm die Burg. In ihm verbirgt sich ein **Höhlensystem,** das sich über mehrere Etagen bis zum Grundwasser und mehrere 100 Meter Länge zieht. Der Zugang befindet sich innerhalb der Burgmauern, ist jedoch außer für Höhlenforscher und Fledermausschützer nicht zugänglich. Geistergeschichten ranken sich um diese Höhle, die sich in früheren Jahrhunderten Wilderer zunutze machten, um dort ihre Beute zu verstecken.

Vermessungen und Ausgrabungen in den 1980er-Jahren haben jede

__Burg Wolfsegg__ ist ihr eigenes Biotop. Die Spalten und Fugen in den geschichtsträchtigen Mauern werden von mehreren Turmfalkenpaaren bewohnt, deren Rufe wir schon von Weitem hören.

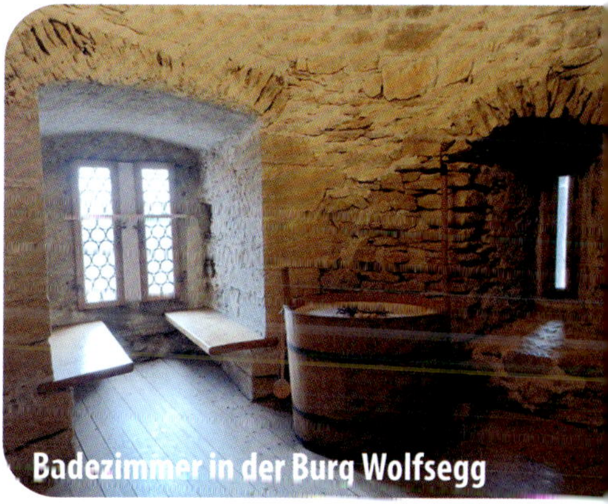
Badezimmer in der Burg Wolfsegg

Menge Tierknochen zutage befördert, darunter die vom Höhlenbären. Heute nutzen verschiedenste Fledermausarten die Höhle zum Überwintern. Mehr über die immer noch nicht zur Gänze erforschte, faszinierende Höhle erfahren wir später im Höhlenmuseum der Burg, das im Landsknechtkeller eingerichtet ist.

Zu Recht zählt die Burg Wolfsegg zu den schönsten und am besten erhaltenen Burganlagen der Oberpfalz. Konsequent schlicht, kompakt und gotisch sind Hauptburg, Wohnburg und Ringmauer um einen Dolomitfelskopf angeordnet, der fast den gesamten Innenhof einnimmt. Skurriles Detail: Es wurden nie Anstrengungen unternommen, diesen eigentlich sehr störenden Felsen zu entfernen.

*Im Mittelalter verlieh man den Speisen den Geschmack weniger mit Salz als mit **Würzkräutern,** wie z. B. Dost, Schafgarbe und Beifuß, die sich auch im Kräuterstrauß am Herd finden.*

Wir machen eine Zeitreise durch die Burg, die zum begeh- und erlebbaren Museum umgebaut wurde: steigen hoch zum Rittersaal, sind beeindruckt vom mittelalterlichen Badezimmer, entdecken die originale Mittelaltertoilette auf dem Weg zu einer gemütlichen Stube im Turm, in der uns ein Kaffee gut schmecken würde. Die Ringmauer ist fast komplett begehbar und eröffnet einen herrlichen Blick über die waldreiche Landschaft.

Alle Räume werden von lebensgroßen, authentisch gewandeten Figuren bewohnt. Das Erzählen übernehmen für sie Bildschirme, Leinwände und Lautsprecher, die geschickt in die Einrichtung integriert wurden. Es bleibt keine Frage über das Leben im Mittelalter offen und Freunde des Rittertums kommen hier voll auf ihre Kosten. Uns beeindruckt besonders die Küche – gerade Linien kannte die Innenarchitektur damals noch nicht – mit Herd und Kräuterstrauß zwischen Pfannen und Töpfen.

*In Bayern gibt es mindestens 13 sogenannte **Weiße Frauen** in verschiedensten Burgen. Die erste Erwähnung einer Weißen Frau fand im 13. Jahrhundert auf der Plassenburg bei Kulmbach statt. Sie scheiden entweder mit großer Schuld oder großem Schmerz und abrupt aus dem Leben.*

Im Wohn- und Schlafraum der Burgherrin, Treffpunkt und Zentrum der Frauen und Mädchen, erzählt uns die alte Frau am Fenster die traurige Sage von der Weißen Frau. Dabei handelt es sich um den unerlösten Geist einer unglücklichen Burgherrin, die im 14. Jahr-

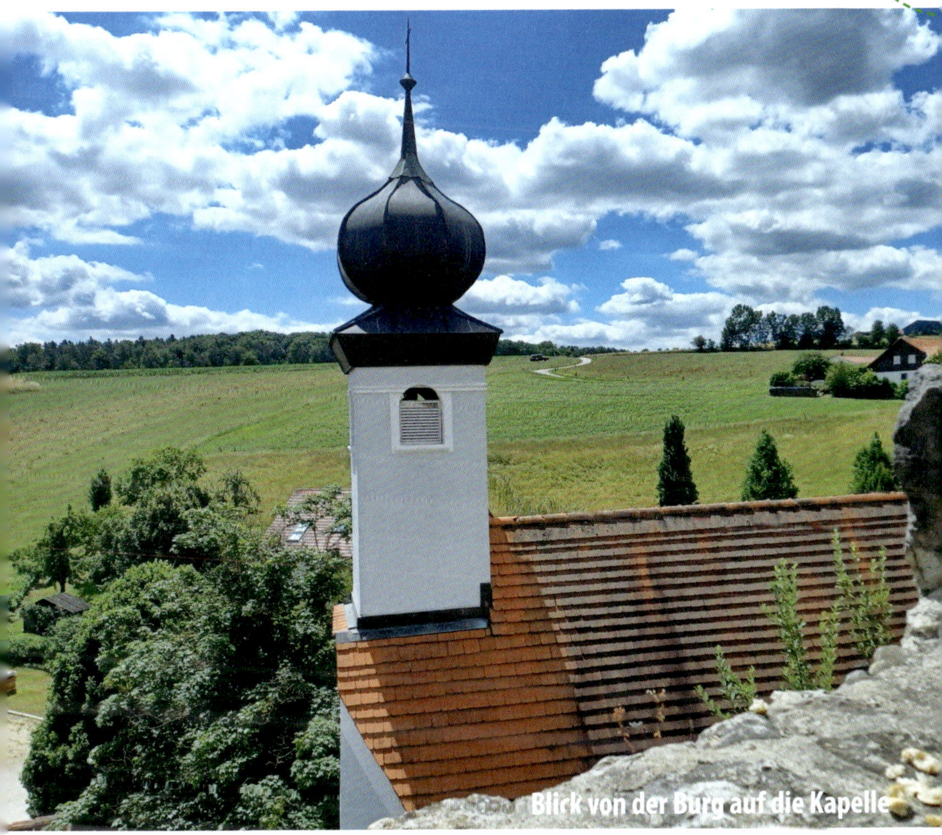

Blick von der Burg auf die Kapelle

hundert von ihrem Ehemann der Untreue bezichtigt und von Auftragsmördern beseitigt wurde. Seitdem wird ihre umherwandernde, weiß leuchtende Gestalt immer wieder von Wolfseggern gesichtet, sogar ein Parapsychologe und ein Medium bestätigen das.

Uns begegnet sie leider nicht, wir hätten ihr gerne ein paar erlösende Worte mit auf den Weg gegeben.

Wir verlassen die gastfreundliche Burg und suchen an ihrem Fuß die griechische **Taverne Pirgos** **4** zwecks Stärkung auf.

Der Rückweg trennt sich vor dem Friedhof vom Hinweg. Wir nehmen die Kirchstraße links, Markierung „Jurasteig + rotes Dreieck“, die uns über die Flurgemarkung Vogelherd durch das Dörfchen Wall mit seiner 1000 Jahre alten romanischen Kirche führt.

Danach nimmt uns wieder schattiger, wildreicher Mischwald auf. Links von uns liegt die sanfte Kuppel des Käferberges, auf dem mehrere Dutzend frühzeitliche Grabhügel entdeckt wurden. Das rote Dreieck verlässt uns nach rechts, unser Weg führt leichtfüßig und weich entlang eines Trockentals, bis wir wieder auf die Straße nach **Pielenhofen** treffen.

Mit wenigen Schritten sind wir am Ausgangspunkt zurück und verabschieden uns mit einem letzten Blick auf das sich in der Naab spiegelnde Kloster von dieser wunderschönen Landschaft.

*„**Vogelherd**“ in Orts- und Flurnamen ist ein Hinweis darauf, dass hier in früheren Zeiten Vögel, meist Singvögel wie Eichelhäher und Amseln, mit Netzen oder Leimfallen gefangen wurden.*

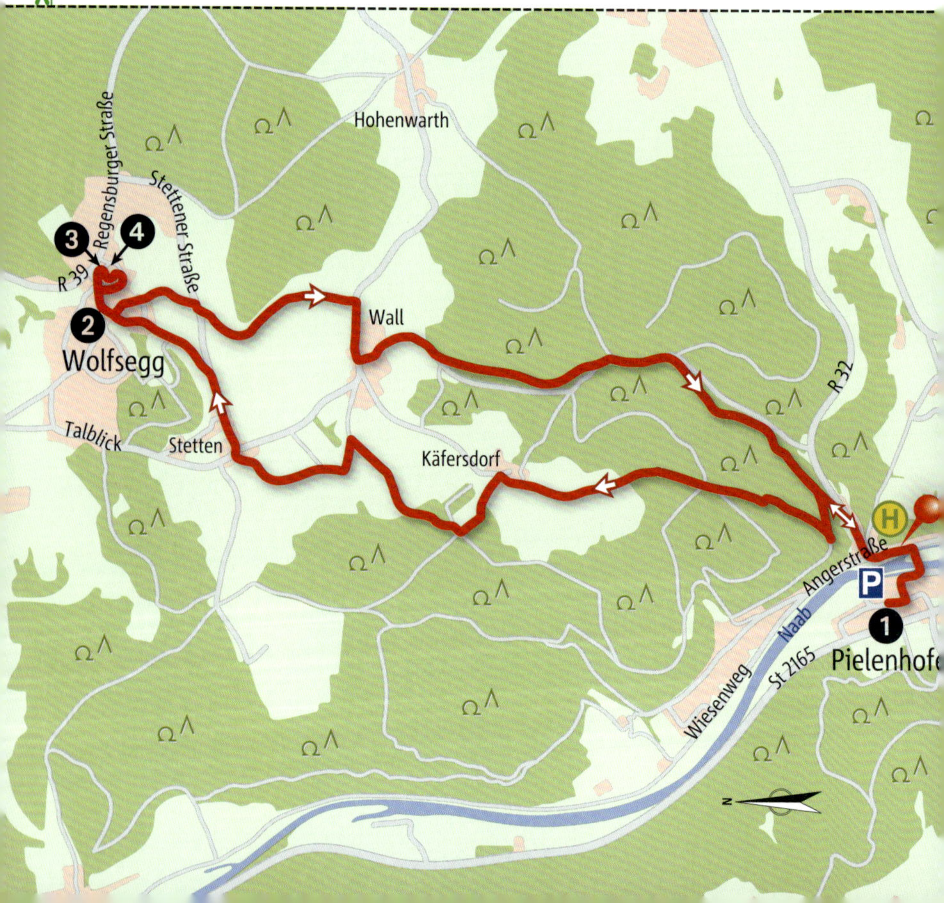

Entspannung ✱✱✱✱✱

Genuss ✱✱✱✱✱

Romantik ✱✱✱✱✱

WIE & WANN:
Gut ausgeschilderte Wald- und Feldwege (etwa Hälfte/Hälfte). Zu jeder Jahreszeit ein schönes Erlebnis.

HIN & WEG:
Auto: Parkplätze an der Bushaltestelle Angerstraße, 93188 Pielenhofen (GPS: 49.073609, 11.959172)
ÖPNV: Bus 12 von Regensburg Hbf bis Angerstraße/Pielenhofen

ESSEN & ENTSPANNEN:
Taverne Pirgos ❹ Leonhard-von-Eck-Straße 5, 93195 Wolfsegg, Tel. (0 94 09) 85 97 35

ENTDECKEN & ERLEBEN:
Klosteranlage Pielenhofen ❶
Burgberg in Wolfsegg ❷
Burg Wolfsegg ❸ Burggasse 7, 93195 Wolfsegg

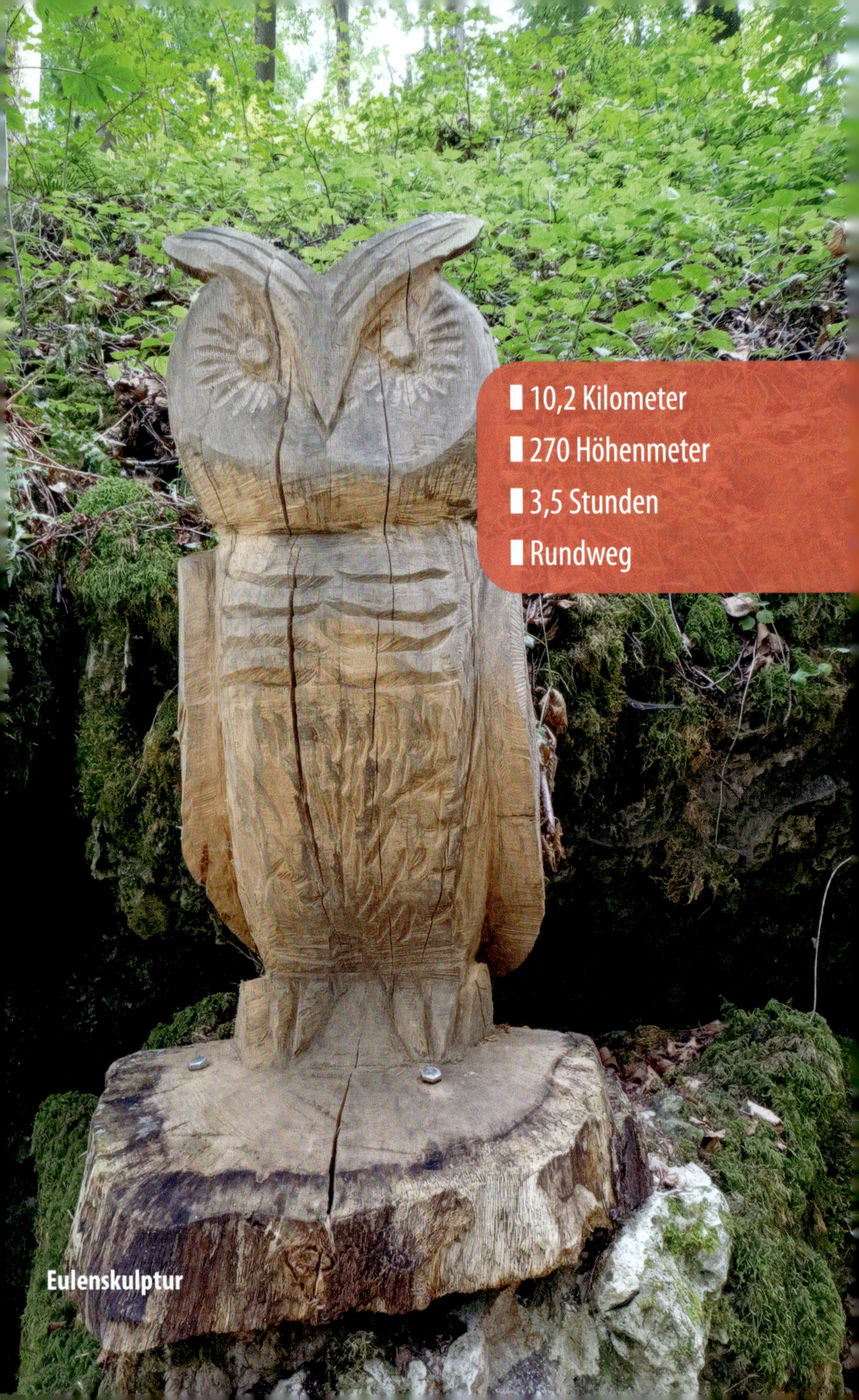

- 10,2 Kilometer
- 270 Höhenmeter
- 3,5 Stunden
- Rundweg

Eulenskulptur

Weit im Norden des Bayerischen Jura liegt der Markt **Königstein** im Amberg-Sulzbacher Land. Hier finden wir mit dem Ossinger den höchsten Berg der Hersbrucker Alb und mit dem Steinberg östlich der Ortschaft eine märchenhafte Felslandschaft, die wir heute erkunden wollen.

Zwergenreich

Im Labyrinth bei Königstein

Wir parken kostenfrei gegenüber dem Naturbad, das übrigens von einer natürlichen Quelle gespeist wird und entsprechend erfrischend ist. Um zu unseren Wanderwegen zu kommen, durchqueren wir den Ortskern von Königstein mit seinen vielen Gasthäusern Richtung Norden. Königstein wurde erstmalig 1130 als „Chungstein" = Königsburg erwähnt. Tatsächlich gibt es Reste des alten Schlosses neben der evangelischen Kirche St. Georg am Marktplatz. 2018 erhielt der Markt die Auszeichnung als einer von 100 Genussorten in Bayern.

Unsere Markierung ist zum Einstieg die „18" (weiß auf rotem Grund). Ein paar Meter Straße ohne Bürgersteig und dann zweigt unsere Markierung als Feldweg nach rechts ab. Nach etwa 100 Metern lohnt sich ein Blick rückwärts auf die in einer Polje gelegene Marktgemeinde.

Vor einer Wegbiegung empfängt uns eine Gruppe altehrwürdiger Rotbuchen. Wir erinnern uns: Die Rotbuche ist Baum des Jahres 2022 und die mitteleuropäischen Rotbuchenwälder zählen zum UNESCO-Weltnaturerbe. Auch heute werden wir weite Strecken im Buchenschatten wandern.

*Eine **Polje** ist eine große, geschlossene Hohlform im Karst mit unterirdischer Entwässerung. Das heißt, Königstein liegt in einer großen, ovalen Senke ohne Gewässer, was wir aus einiger Distanz sehr schön erkennen können.*

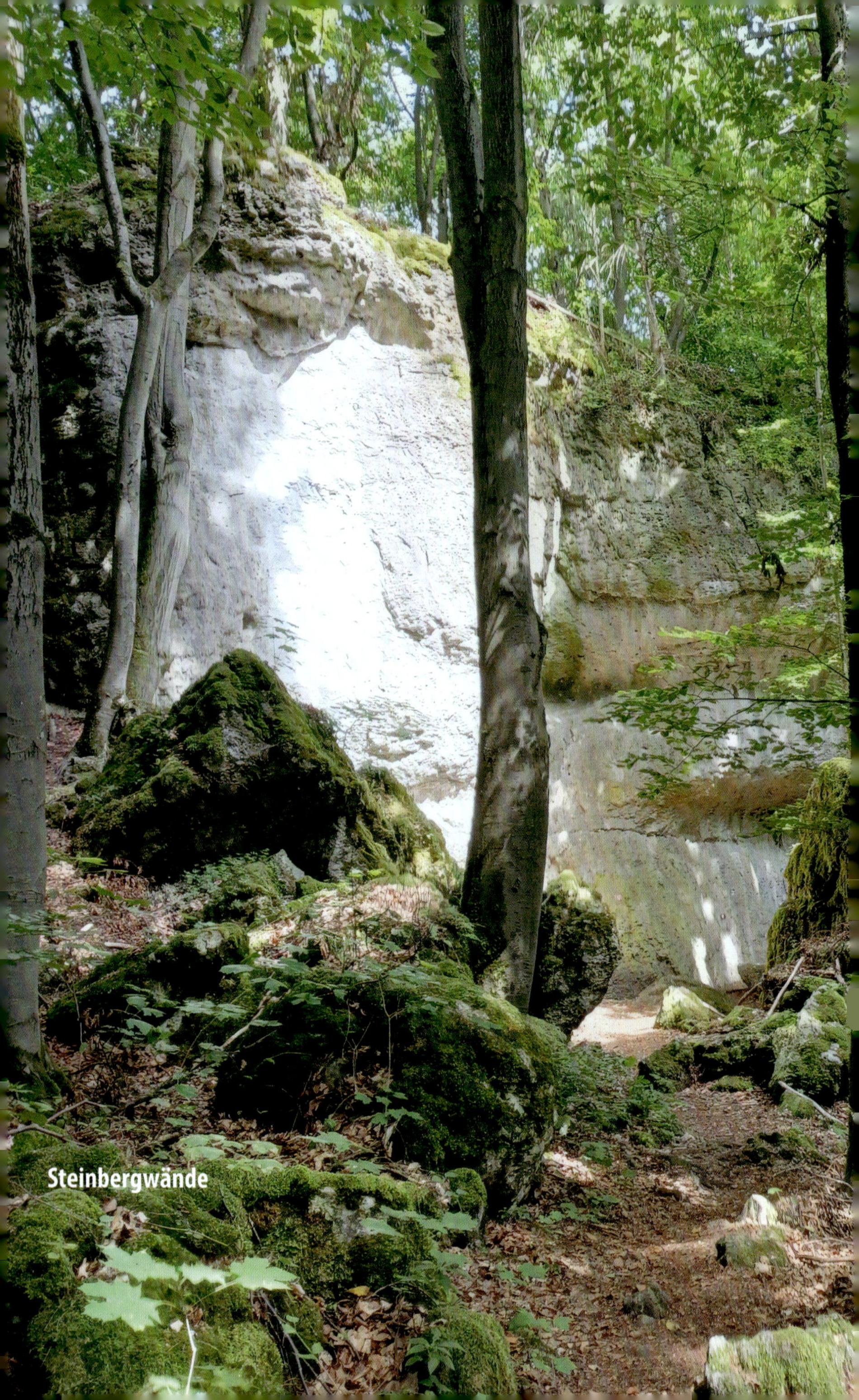

Steinbergwände

Die 18 lotst uns zum Einstieg ganz harmlos durch die Felder und dann in den Wald des Steinberges. Es geht sanft bergauf, dann zweigt die Markierung „20“ nach links Richtung Teufelsstuhl und Loch ab. Natürlich nehmen wir diesen Bogen mit. Kurz vor der Felsturmlandschaft des Teufelsstuhls macht ein Schild

Für die Seele

Das Felsenlabyrinth des Steinberges als Sinnbild des Lebens: Es geht selten nur geradeaus, der Weg macht unerwartete Biegungen, hat Höhen und Tiefen.

auf den **Aussichtspunkt Locher Felsen 1** aufmerksam. Etwa 500 Meter folgen wir der Markierung „blauer Querstrich", die oberhalb einer markanten Felswand und der kleinen Ortschaft Loch endet. Wir genießen einen herrlichen Blick über die Königsteiner Polje. Am Fuß des Hangs liegt eine verzweigte Spalthöhle, allerdings auf Privatgrund und nicht zugänglich. Die Höhle gab dem Örtchen seinen Namen.

Wir kehren um und umrunden den markanten **Dolomitfelsen Teufelsstuhl 2,** stoßen unten wieder auf die 18, die zusammen mit dem blauen Querstrich hinauf zu den nächsten Dolomitblöcken führt. Willkommen im **Steinberglabyrinth 3!**

Die nächsten paar Hundert Meter folgen wir aufmerksam dem blauen Querstrich. Manchmal sind die schmalen Pfade ausgesetzt, bei Nässe können sie rutschig sein. Unter dem Dach der Rotbuchen geht es kreuz und quer durch eine absolut faszinierende und märchenhafte Felslandschaft, jede Wegbiegung eröffnet neue Blicke. Wenn man Landschaften Fabelwesen zuordnen würde, dann wäre das hier das Reich der Zwerge, ganz klar. Lang gestreckte, lochrige Fel-

Am Osthang des Steinberges fallen uns größere Bestände des ***Silberblattes,*** *auch Mondviole genannt, auf. Die Art ist selten und geschützt. Ihre Blüten duften nachts nach Flieder und locken Nachtfalter an.*

Der ***Truppenübungsplatz Grafenwöhr*** *ist Übungsplatz der US-Streitkräfte und grenzt im Süden unter anderen an Königstein. Für die Bevölkerung ist er nach Siemens der zweitwichtigste Arbeitgeber der Region.*

sen, Kleinhöhlen und Felsdächer, Felsnadeln und Versturzblöcke, alles mit Moosen und Farnen bewachsen – ein Paradies für Zwerge.

Zwischendurch wird der Weg ruhiger, geht abwärts in einen forstlichen Lehrpfad über. Wir lernen Neues über die Eibe, den Bergahorn und die Arbeit der Förster, bevor der Blaustrich uns im engen Zickzack wieder den Steinberg hochjagt.

Achtung: Oben angekommen, weist der Blaustrich nach rechts. Wir wissen es besser, laufen nach links und treffen wieder auf die 18, der wir nach rechts durch eine hohe Felsgasse folgen. Auf der anderen Seite erstrecken sich rechts und links imposante weiße Felswände aus Frankendolomit, teils mit Überhängen aus Efeu. Unser Weg führt direkt an den Felswänden entlang. Uns fallen Hinweise des Naturparks auf, in denen Kletterer zu mehr Rücksichtnahme auf Natur und Anwohner aufgefordert werden. Über Jahrzehnte war das Steinberglabyrinth ein Geheimtipp in der Gegend – das hat sich dank der sozialen Medien offensichtlich geändert. Wir haben Glück und einen stillen Werktag für unsere Tour erwischt.

Am Ende der Riffkette will der Blaustrich einen Rechtsbogen um die Felsen machen, wir folgen ab hier dem roten Andreaskreuz, das uns mit wenigen Schritten aus dem Wald hinausführt, und laufen auf die Kapelle Breitenstein zu. Wenn wir unseren Blick nach links schweifen lassen, sehen wir ausgebreitet einen Teil des Truppenübungsplatzes Grafenwöhr, schauen wir nach rechts, ragt der Aussichtspunkt des Ossingers aus dem fernen Blätterdach, eines unserer Ziele des Tages.

Auf einem Felssporn liegt die romanische **Doppelkapelle Breitenstein ❹,** die normalerweise geöffnet ist. Falls nicht, erhalten wir den Schlüssel beim Wohnhaus am Fuß der Treppe.

Die Kapelle ist der Rest einer Burg aus dem Jahr 1100. Ihre Doppelfunktion entstand Anfang des

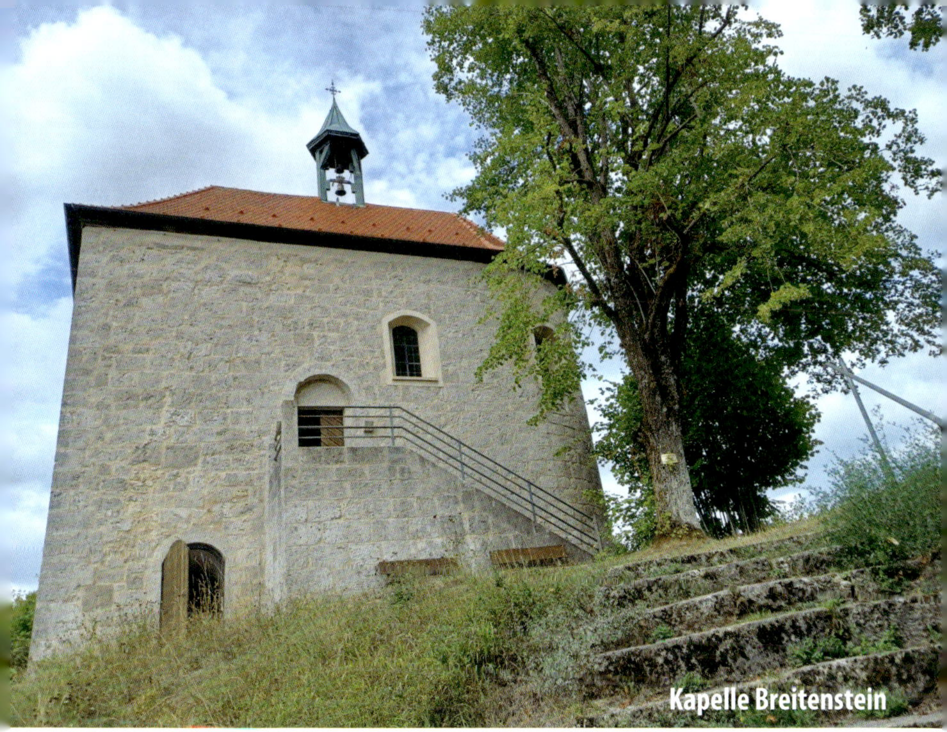

Kapelle Breitenstein

18. Jahrhunderts. Der obere Raum war für den Adel, der untere für das gemeine Volk. Kurz darauf wurde die Burg, wie fast alle ihrer Schwestern, als Steinbruch von der Bevölkerung demontiert. Die Kapelle ist der Heiligen Dreifaltigkeit sowie dem heiligen Nepomuk geweiht. Die Burg wird nunmehr als Burgstall und Bodendenkmal geführt.

Vom Gelände der Kapelle Breitenstein haben wir einen fantastischen Blick Richtung Nordwesten auf die waldreiche Kuppenalb und den Truppenübungsplatz Grafenwöhr.

Wir kehren um und finden gegenüber vom Haus mit der Wandmalerei der Breitensteiner Bäuerin unseren Wegweiser bis zum Ossinger, das blaue Andreaskreuz. Es führt uns links an der Johannis-Kapelle vorbei – hier finden im Sommer tatsächlich Outdoor-Andachten statt – und durch Buchenwald der Verbindungsstraße nach Auerbach zu. Wir biegen links auf die Landstraße und nach wenigen Metern rechts auf einen Feldweg ab.

Der Geist der geizigen und hartherzigen ***Breitensteiner Bäuerin*** *soll von einem Pfarrer erst in einen Raben verwandelt und dann in eine Schachthöhle im Rinnenbrunner Forst verbannt worden sein. Was die Kirchenmänner damals alles konnten!*

Die nächste Etappe mäandert gemütlich über Feld- und Wiesenwege, durch einen Hohlweg und wieder durch reinen Buchenwald. Wir queren die Verbindungsstraße Königstein–Eschenfelden und beginnen auf der anderen Seite den allmählichen und irgendwann richtig steilen Anstieg auf den Ossinger, der höchsten Landmarke der Gegend.

Der **Ossinger** ❺ ist mit 651 Meter über NN der höchste Berg der Hersbrucker Alb. Moment, sind wir nicht im Bayerischen Jura? Politisch gesehen befindet sich der Ossinger in der Oberpfalz (= Bayerischer Jura), geografisch gehört er zur Fränkischen Alb.

Der Aussichtsturm packt noch mal 22 Meter drauf und dient außerdem als Rundfunkturm. Er verschafft uns Einheimischen ein passables Mobilfunknetz und dem Radiosender Ramasuri Gehör. Der Fernblick in alle Richtungen bei klarem Wetter ist himmlisch.

Die **Ossinger Hütte** ❻ hat nur sonntags und an Feiertagen geöffnet – unsere knurrenden Mägen müssen also bis zum Ende der Tour warten.

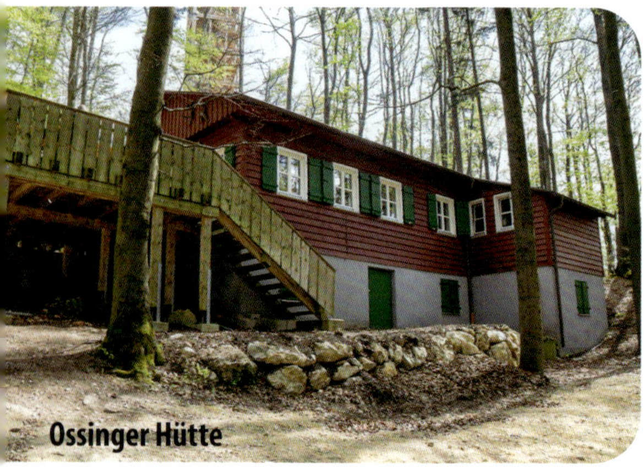
Ossinger Hütte

Wir gehen den gleichen Weg bergab zurück bis zum Wegweiser **„Botanischer Lehrpfad"** ❼, kombiniert mit der „16". Den wollen wir als Pflanzen- und Kräuterfreunde auf keinen Fall versäumen.

Der Botanische Lehrpfad gehört zur Loki-Schmidt-Stiftung. Er umfasst 60 Tafeln, einen Wetterschutzpavillon, ein Loki-Schmidt-Kräuterbeet und gut ausgeschilderte Wege auf etwa 5 Hektar. Er ist eine der ältesten Flächen der Stiftung und hält hier einen Dornröschenschlaf. Wir finden botanische Raritäten wie Hummel-Ragwurz und viele wei-

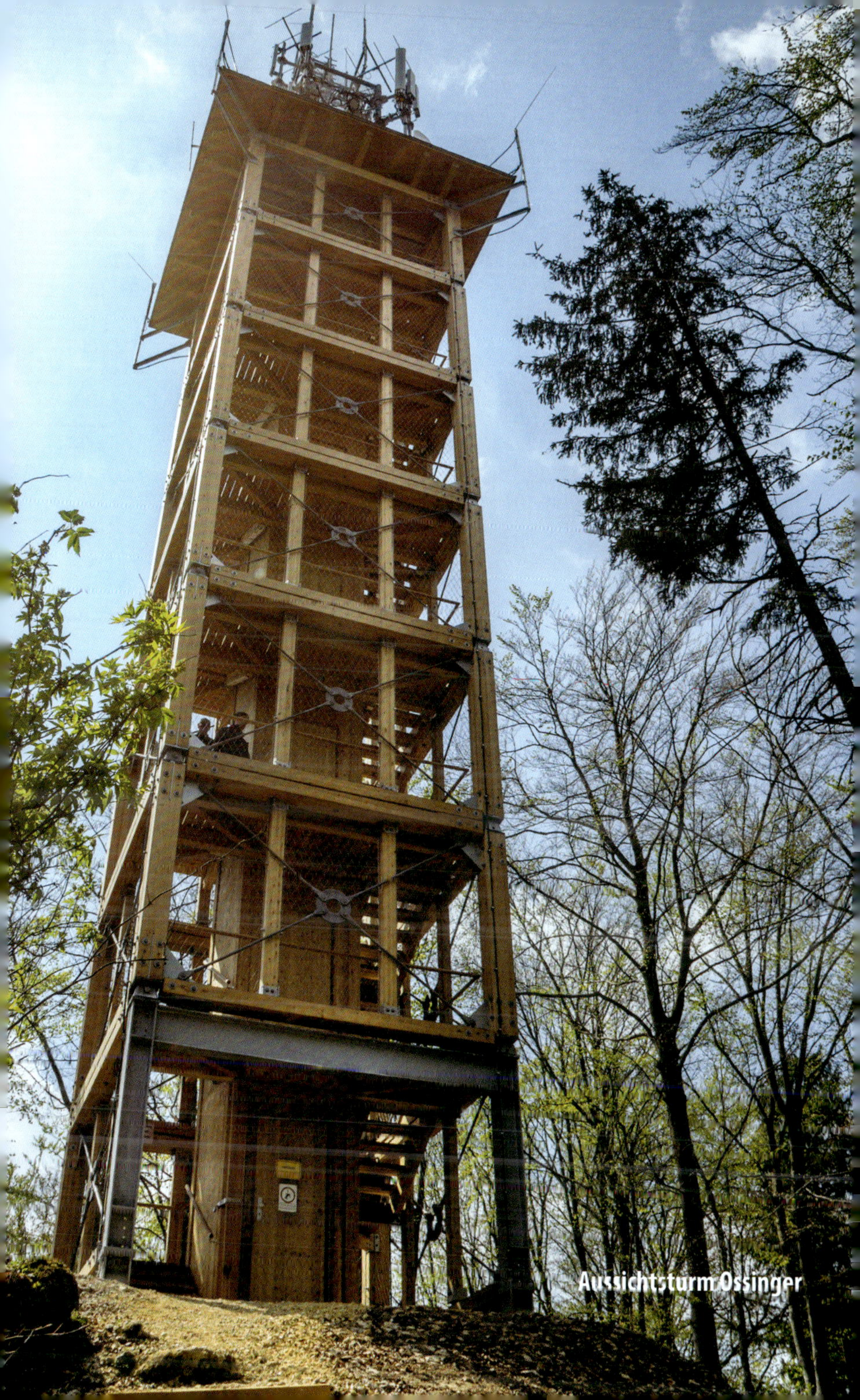

Aussichtsturm Ossinger

tere Orchideen, den Deutschen Enzian und die Waldsteppenanemone, um nur einige wenige zu nennen.

Loki Schmidt war Kanzlergattin, Ehefrau des ehemaligen Kanzlers Helmut Schmidt, und eine große Naturfreundin. In ihrem Namen kauft und pachtet die Stiftung deutschlandweit Grundstücke, um wertvolle Lebensräume zu erhalten. Damit war Frau Schmidt der Zeit weit voraus.

Die 16 bringt uns über schmale Wurzelpfade zurück nach **Königstein.** Jetzt wollen wir uns von der heimischen Gastronomie davon überzeugen lassen, warum der Markt zum Genussort 2018 gewählt worden ist.

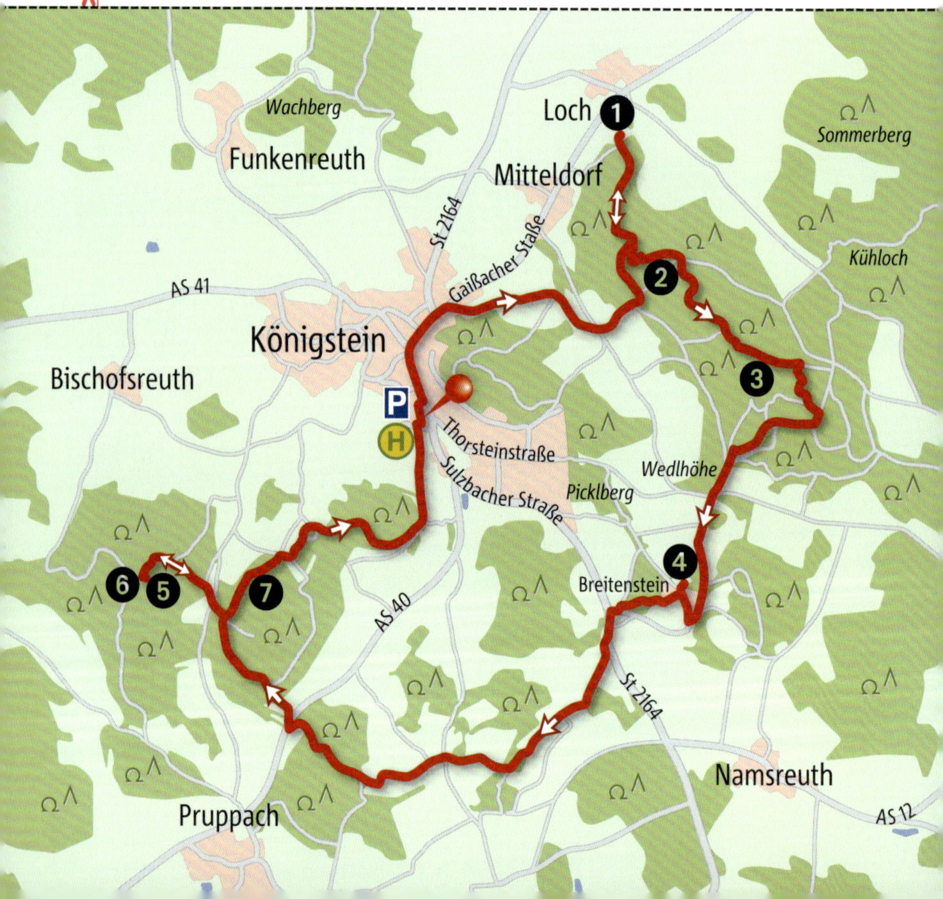

Alles auf einen Blick

WIE & WANN:
Vor allem im ersten Teil Stein- und Wurzelpfade, die Trittsicherheit erfordern. Ganzjährig eine schöne Tour, aber feuchte Tage wegen Rutschgefahr meiden.

Entspannung ✱✱✱✱✱
Genuss ✱✱✱✱✱
Romantik ✱✱✱✱✱

HIN & WEG:
Auto: Kostenfreies Parken ohne Zeitlimit gegenüber vom Naturbad, Badstraße, 92281 Königstein (GPS: 49.602395, 11.635782)
ÖPNV: Bus 457, 447 von Hersbruck Bf bis Naturbad Königstein; Bus 448, 446 von Hersbruck Bf bis Ortsmitte Königstein

ESSEN & ENTSPANNEN:
Ossinger Hütte ❻ Ossingerweg 1, 92281 Königstein, Tel. (0 96 61) 15 54
Verschiedene Einkehrmöglichkeiten in der Ortsmitte von Königstein.

ENTDECKEN & ERLEBEN:
Aussichtspunkt Locher Felsen ❶
Dolomitfelsen Teufelsstuhl ❷
Steinberglabyrinth ❸
Doppelkapelle Breitenstein ❹
Berg Ossinger ❺
Botanischer Lehrpfad Lokl Schmidt ❼

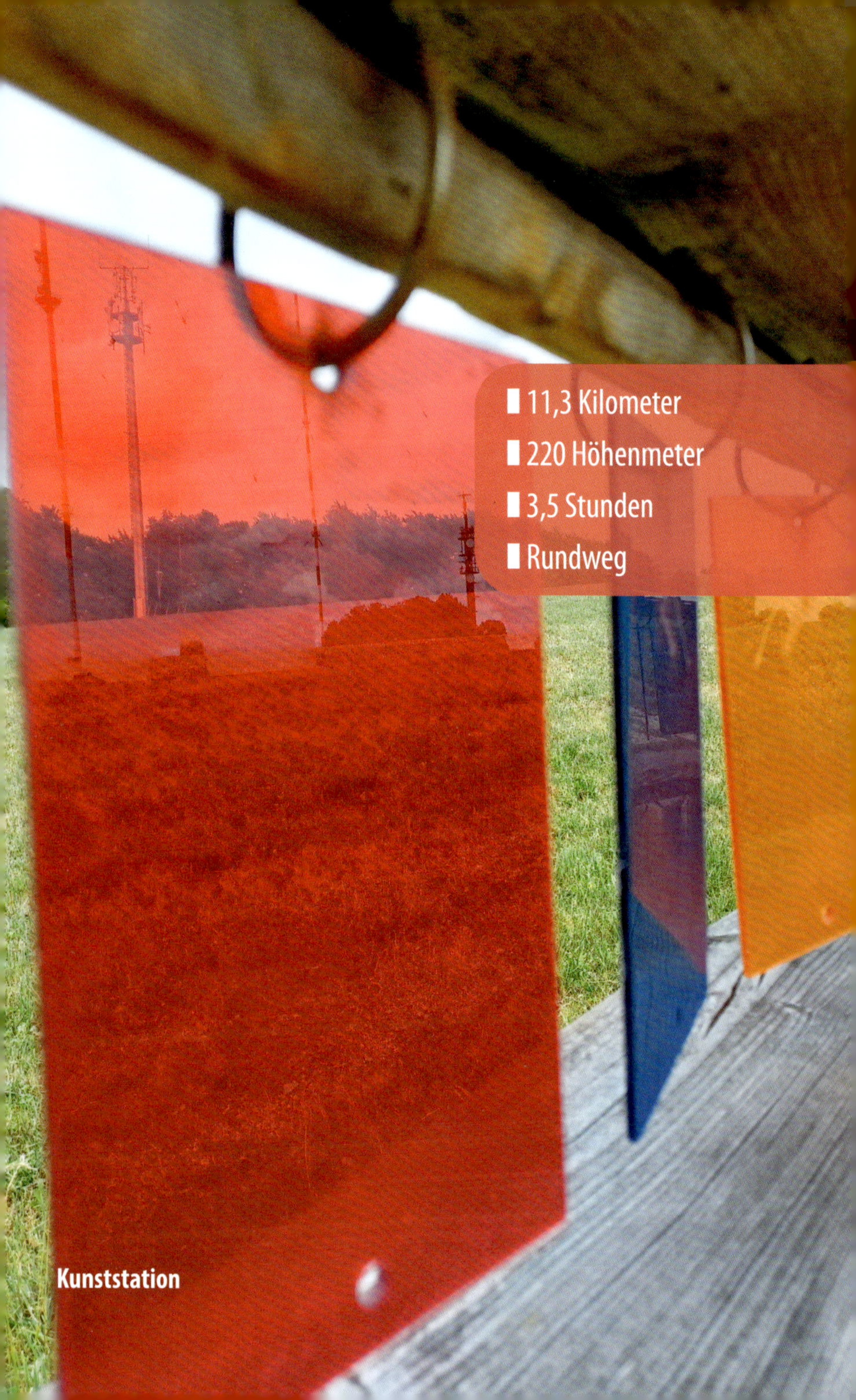

- 11,3 Kilometer
- 220 Höhenmeter
- 3,5 Stunden
- Rundweg

Kunststation

Der Bahnhof in **Postbauer-Heng** ist Start und Endpunkt unserer Zeugenberg-Runde. Die Marktgemeinde gehört zum Landkreis Neumarkt und ist der westlichste Punkt unserer Wanderungen, knapp an der Grenze zu Mittelfranken. Der Ort wurde dem berühmten fränkischen Raubritter Eppelein von Gailin-

Berg mit Rätseln

Der Goldhut bei Neumarkt

gen zum Verhängnis: Hier wurde er festgenommen und wenig später in Neumarkt hingerichtet.

Wir wollen den Geheimnissen des Dillberges auf den Grund gehen, der zum westlichen Halbkreis aus Zeugenbergen gehört, die Neumarkt umschließen.

Über die erste Etappe des Weges leitet uns die Markierung „weiße 1 auf Rot" (Große Dillbergrunde) zunächst durch die Bahnunterführung und auf der anderen Seite durch Wiesen zum Sportgelände. Im Wald verzweigt sich die Markierung – wir halten uns rechts. Auf angenehmen Waldwegen windet sich der Weg kontinuierlich durch Mischwald den Grünberg und Nickelsberg hinauf. Als wir fast schon die Höhe des Dillberges erreicht haben, kurz vor dem Waldrand, weist ein Schild auf die Kaltenbachquelle hin.

Diesen Abstecher wollen wir uns nicht entgehen lassen und folgen der Markierung „PH2" (weiße 2 auf grünem Grund, Kaltenbachrunde) durch Fichtenwald auf einem schmalen Wurzelpfad wieder ein gutes Stück bergab. Belohnt werden wir mit dem Anblick der **Kaltenbachquelle** ①. Der malerische Steg dorthin wurde in Eigeninitiative von Einheimischen gebaut

Eppelein von Gailingen *war ein echter fränkischer Raubritter, der im 14. Jahrhundert die Handelswege rund um Nürnberg unsicher machte. Angeblich lebte er in der Fränkischen Schweiz auf seiner Burg Dramaus bei Trainmeusel.*

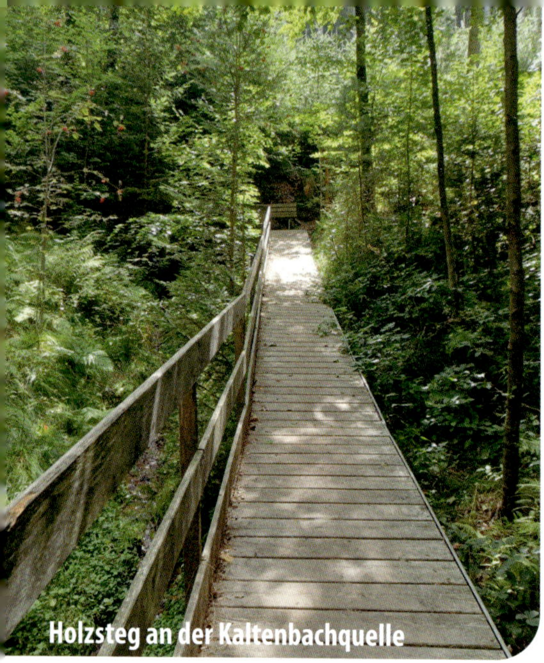
Holzsteg an der Kaltenbachquelle

und lädt mit seiner Bank zum Verweilen ein. Die natürliche Schichtquelle plätschert an der wasserstauenden Schicht aus Opalinuston im Braunen Jura (Dogger) heraus. Darüber liegt rötlich verfärbt der Eisensandstein, in den sie eine kleine Höhle gegraben hat. Der Kalte Bach ist meistens ein harmloses Bächlein, kann bei starken Gewittern mit Regenfällen aber derartig anschwellen, dass es die Ortsmitte von Hausheim am Fuß des Berges in eine Seenlandschaft verwandelt.

Heute ist die Quelle aber gut gelaunt und murmelt nur leise vor sich hin. Wir steigen über die Wurzelpfade wieder denselben Weg bergauf und folgen der 1 (Dillbergrunde) aus dem Wald hinaus zur Straße. Kurz vor der Ortschaft Dillberg biegen wir links ab (gelber Querstrich und Markierung „Weg der Poesie"). Diese beiden Markierungen verlaufen entlang der süd-westlichen Hangkante des **Dillberges ❷.** Wir befinden uns auf 595 Metern über NN und haben einen fantastischen Blick Richtung Nürnberg mit seinem Fernmeldeturm. Quer über die unbewaldete Kuppe des Berges verläuft die Europäische Wasserscheide und in seiner Mitte steht der Sendemast des Bayerischen Rundfunks.

Um den Dillberg ranken sich viele Sagen. Eine unterirdische Stadt soll er bergen, zugänglich ist er über versteckte Höhlen. Der Raubritter Eppelein hat vielleicht hier seinen bis heute verschollenen Schatz vergraben. Attila, der Hunnenkönig, habe hier seine letzte Ruhe gefunden. Ein besonderer Ort, der zum Verweilen und Schauen einlädt.

Der Poesie-Wanderweg überrascht mit verschiedensten Stationen: lustige und nachdenkliche Gedichte, ein Landschaftsbilderrahmen mit Panoramablick oder eine Landschaftsliege im Schatten eines gruseligen Baumtrolls.

Gegen Ende des Dillberg-Plateaus weist eine Wegetafel auf die **Bucher Höhle** **3**. Wir nehmen die Einladung an und folgen wieder der 1 (Dillbergrunde) rund

*Die **Bucher Höhle** ist ein bedeutendes Fledermauswinterquartier und darf von Oktober bis April nicht betreten werden.*

Für die Seele

Wir entspannen auf den Landschaftsliegen am Denkmal und stellen uns vor, welche Rituale die Druiden wohl vollzogen haben könnten.

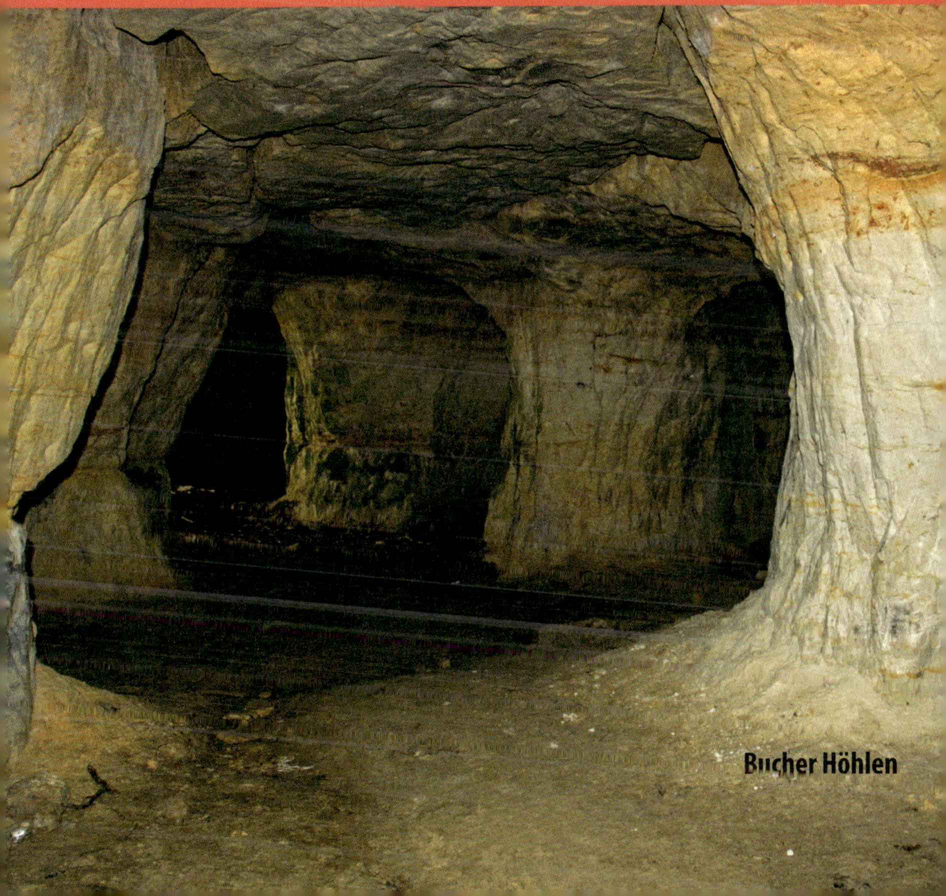

Bucher Höhlen

100 Meter den Hang hinab. Das künstlich erschaffene Höhlensystem öffnet sich links des Weges mit zwei Eingängen. Es wird auch Dillberghöhle oder Silbersandhöhle genannt und besteht aus mehreren miteinander verbundenen Kammern und Gängen, die aber zum großen Teil verschüttet und nicht zugänglich sind. Den vorderen Teil mit seinen Säulen erkunden wir beeindruckt. Geschaffen wurde die Höhle zwischen den beiden Weltkriegen von der Landbevölkerung, die den feinkörnigen Quarz- bzw. Silbersand an Nürnberger Firmen verkaufte, wo er zu Schleif- und Putzsand verarbeitet wurde. In den letzten Wochen des Zweiten Weltkriegs dienten die Höhlen als Schutzraum für die umliegende Bevölkerung.

Ob es hier weitergeht zur versunkenen Stadt, Eppeleins Goldschatz oder Attilas Grabkammer? Alles ist möglich.

Wir kehren wieder zurück zum Poesie-Wanderweg. Wo dieser einen Rechtsknick macht, wechseln wir auf die Markierung „rotes Kreuz“ (Eppelein-Weg) in den Wald **Richtung Brentenberg.** Allerdings bleiben wir nicht auf dessen Spuren, sondern folgen dem Hinweis „Zum Goldhut-Wanderweg“ und biegen schon nach wenigen Metern links ab, gehen eine kurze Strecke an der Südflanke des Brentenberges entlang und erreichen den Goldhut-Wanderweg, auf den wir links (Richtung Südosten) abbiegen.

Gold des Waldes: ***Kaugummi aus Fichtenharz.*** *Wenn das Harz ausreichend ausgehärtet ist, eignet es sich als Naturkaugummi mit erfrischend-herbem Geschmack und desinfizierender Wirkung.*

Es geht sanft bergab bis zur Verbindungsstraße Buch-Ezelsdorf. An der Straße unternehmen wir unseren dritten und letzten Abstecher zum **Goldhut-Denkmal 4,** das wir bereits aus der Entfernung sehen.

Das Gold des ***Ezeldorfer Goldkegels*** *ist so hauchdünn, dass es zusammengeschmolzen nicht größer als eine Streichholzschachtel wäre. Für die Bronzezeit war das ein handwerkliches Meisterstück.*

1953 entdeckte ein Ezelsdorfer durch Zufall den stark beschädigten Goldkegel und die Reste von Bronzeringen. Das Kultstück aus der Keltenzeit wurde restauriert und ist heute im Germanischen Museum in Nürnberg zu bewundern. Es misst stolze 88 Zentimeter Höhe, ist durchgehend aus hauchdünnem Gold gezogen und mit Ornamenten verziert, die wahrscheinlich

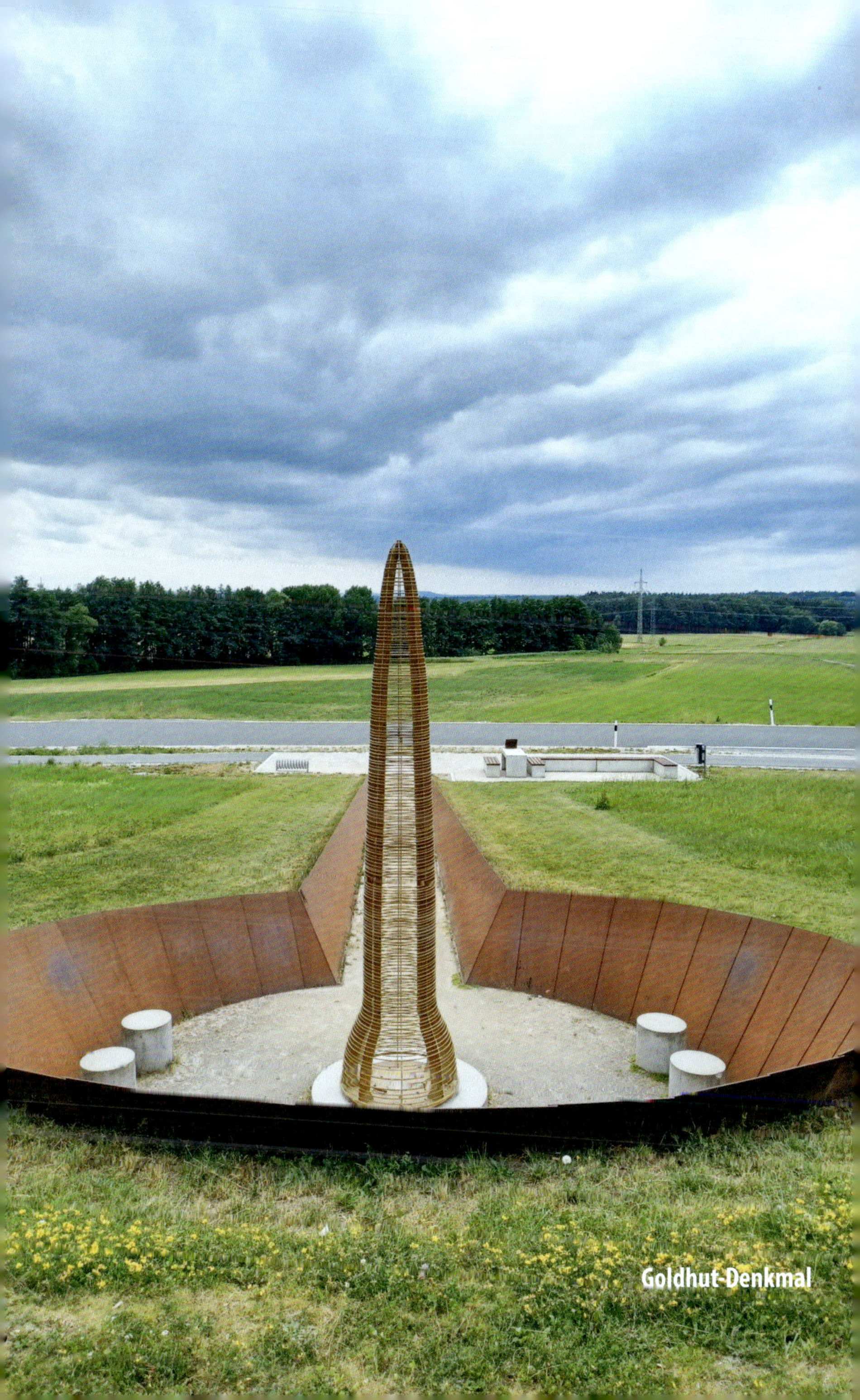

Goldhut-Denkmal

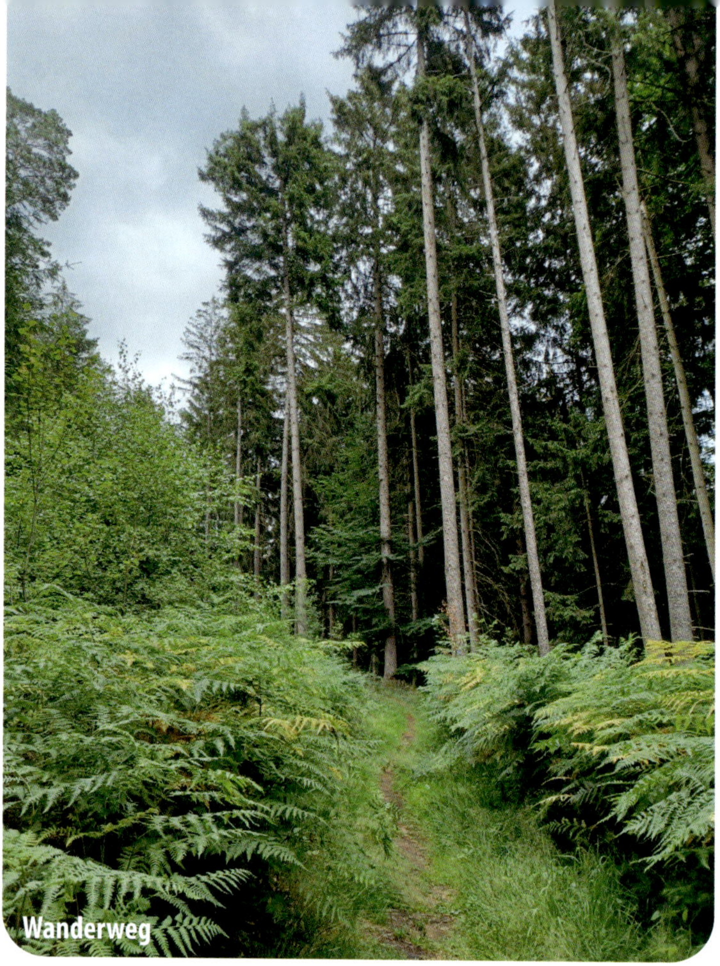

eine kalendarisch-astrologische Bedeutung haben. Wie die Goldkegelhüte aus Berlin, Avantan (Frankreich) und Schifferstadt weist er auf einen mitteleuropäischen Sonnenkult in der Zeit von 1500 bis 1000 v. Chr. hin.

Das Denkmal stellt die Form des Goldhutes im Maßstab 5:1 dar. Der Originalfundplatz befindet sich rund 400 Meter weiter oben im Wald. Die Stelle des Denkmals wurde mit Bedacht von den Gemeinden gewählt: Wir befinden uns an der Nahtstelle Mittelfranken–Oberpfalz, bis 1806 die Reichsgrenze zwischen Franken und Altbayern.

Wir wenden uns wieder Richtung Altbayern und folgen der Goldhut-Markierung ins Dörfchen Buch,

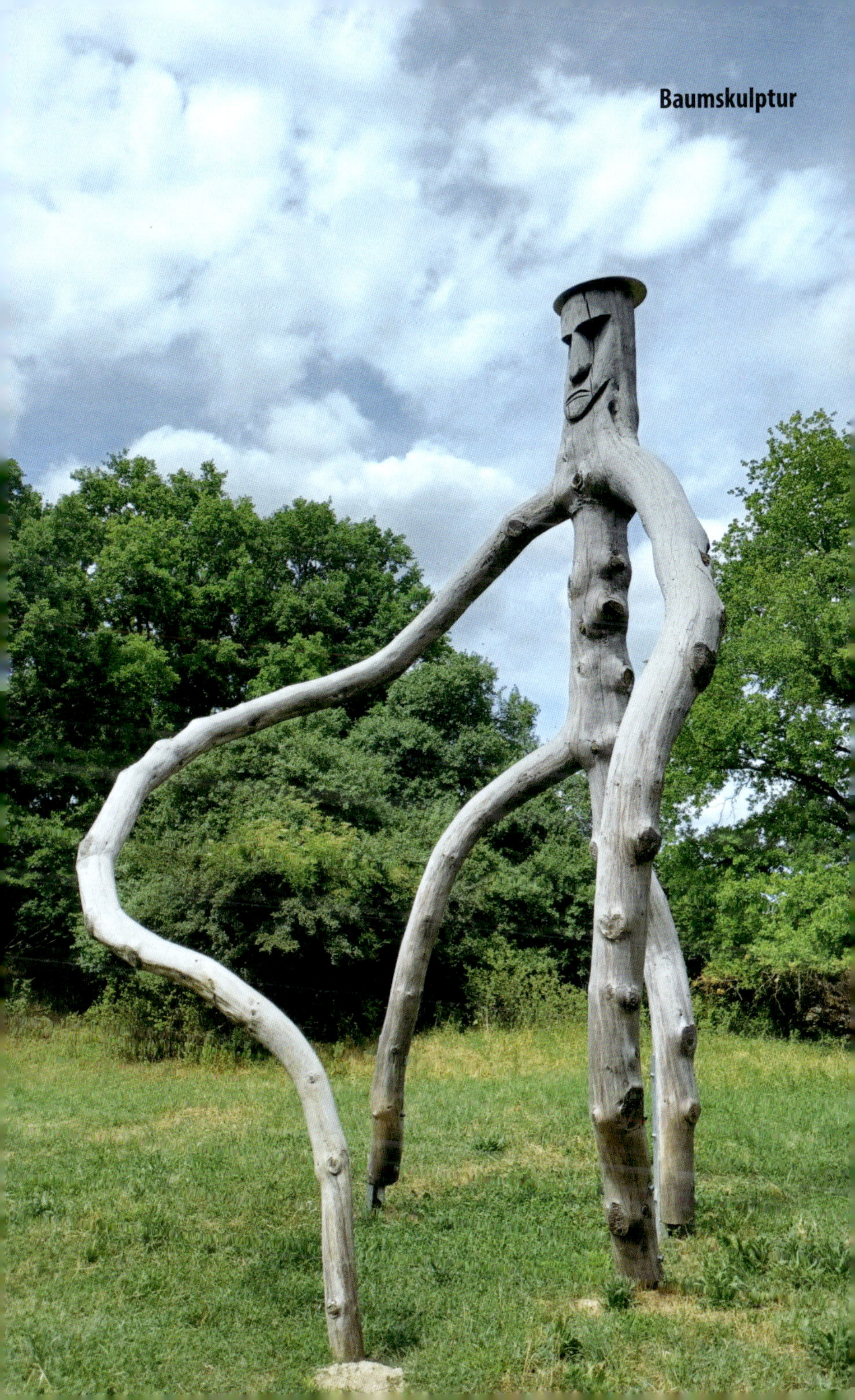

Baumskulptur

Panoramatour 6

das sich selbst aufgrund der umliegenden Streuobstwiesen „Das Obstdorf“ nennt. Wandererfreundlich ist es auf jeden Fall, der Dorfstadl in der Ortsmitte hält gekühlte Getränke gegen eine freiwillige Spende bereit und der **Landgasthof Goldene Krone ❺,** besser bekannt als „Bucher Wirt“, füllt unsere Energiereserven mit leckerer fränkisch-bayerischer Küche auf.

So gestärkt läuft sich die letzte Etappe durch den Wald des Gitzberges wie von selbst. Wir stoßen am Waldrand auf die Gabelung/Abzweigung zum Beginn der Tour, sehen schon von Weitem das Sportgelände Aicha und laufen die letzten Meter auf bekannten Wegen zurück zum Bahnhof.

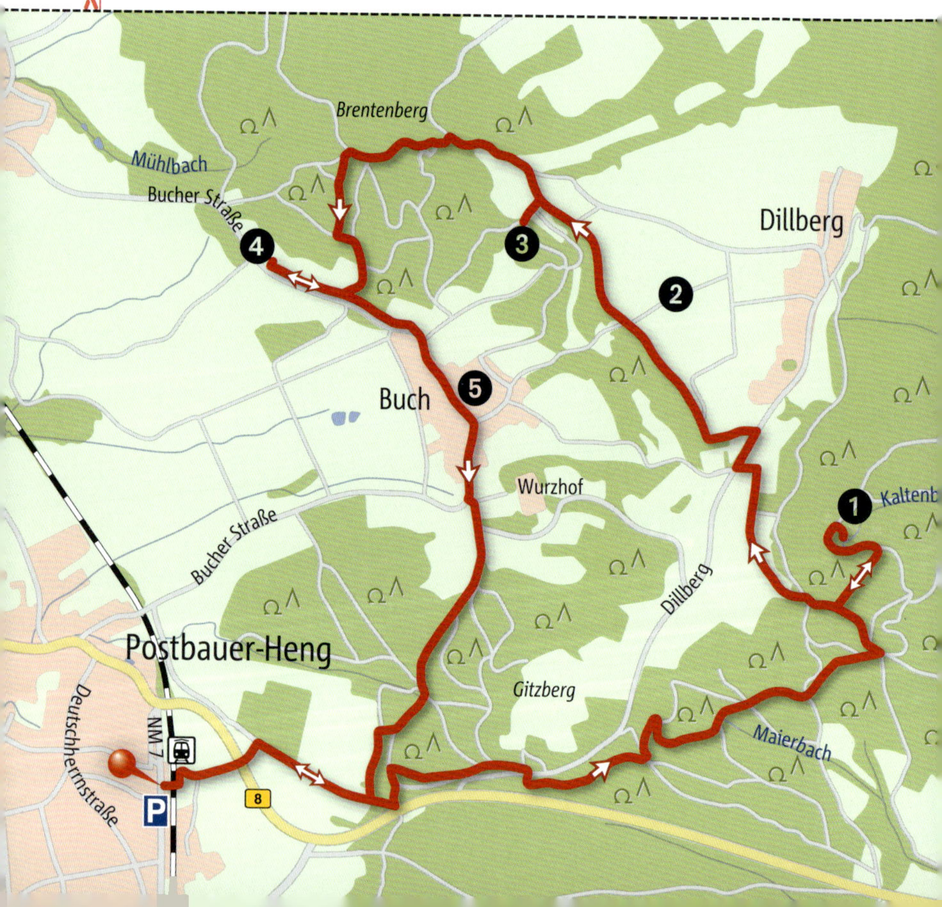

Alles auf einen Blick

WIE & WANN:
Überwiegend weiche Wald- und Wurzelwege mit insgesamt drei Abstechern zu den Highlights. Ganzjährig zu empfehlen, besonders schön im Herbst.

Entspannung ★★★★★
Genuss ★★★★★
Romantik ★★★★★

HIN & WEG:
Auto: Parkplatz am Bahnhof, Bahnhofstraße, 92353 Postbauer-Heng (GPS: 49.307956, 11.358315)
ÖPNV: S3 von Nürnberg Hbf bis Postbauer-Heng Bf

ESSEN & ENTSPANNEN:
Landgasthof Goldene Krone ❺ „Bucher Wirt", Buch 38, 92353 Postbauer-Heng, Tel. (0 91 88) 8 71

ENTDECKEN & ERLEBEN:
Kaltenbachquelle ❶
Dillberg ❷
Bucher Höhle ❸
Goldhut-Denkmal ❹

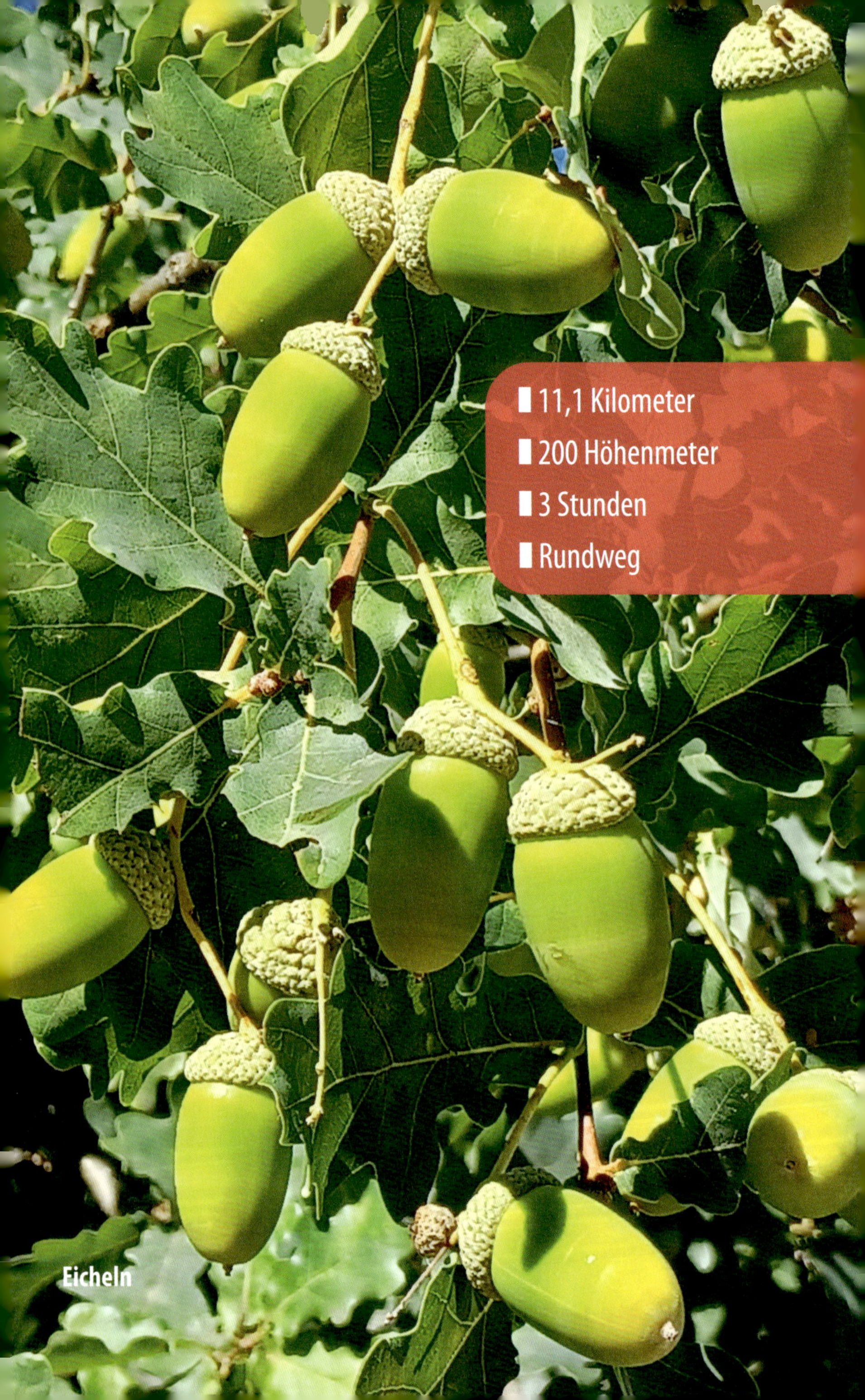

- 11,1 Kilometer
- 200 Höhenmeter
- 3 Stunden
- Rundweg

Eicheln

Im Landkreis Amberg-Sulzbach an der Lauterach liegt die Ortschaft **Kastl,** von der aus wir heute auf Entdeckungsreise gehen. Eine gute Parkmöglichkeit ist der kostenfreie Wanderparkplatz am alten Bahnhof. Wir entdecken eine Station des Kunstwanderwegs des Naturparks Hirschwald. Sie stellt die Geschichte der Kul-

Klosterburg Kastl

Der Westen des Amberger Landes

turlandschaft im Lauterachtal dar, in dem wir uns jetzt befinden. Eine Wandertafel hilft bei der Orientierung.

Der Name Kastl geht auf das lateinische *castellum* = Festung, Schanze zurück. Wie treffend die Bezeichnung ist, wird bei einem Blick auf die Klosterburg klar, die massiv über dem Ort thront.

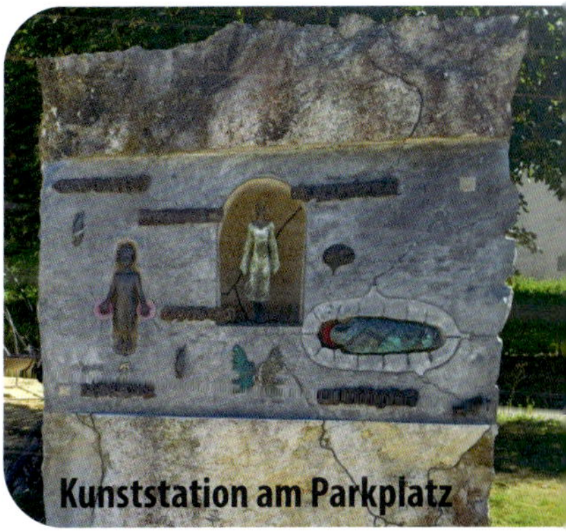

Kunststation am Parkplatz

Tatsächlich geht die Gründung des Ortes auf eine Burg aus dem 9./10. Jahrhundert zurück, die um 1100 in ein Kloster umgebaut wurde. Die strukturreiche Waldlandschaft in Kombination mit den sanften Flussauen der Lauterach hat das Gebiet zu einer schutzwürdigen Landschaft gemacht. Die wollen wir heute genießen!

Noch brauchen wir keinen Wegweiser, queren die Amberger Straße und die Lauterach, lassen die Kneippanlage links liegen – noch qualmen unsere Socken nicht –, überqueren eine weitere Brücke und stoßen auf die Markierung „Wacholderwanderweg", die uns ohne Umweg über eine steile Treppe zwischen den Häusern durch und am Klosterfundament bergauf führt.

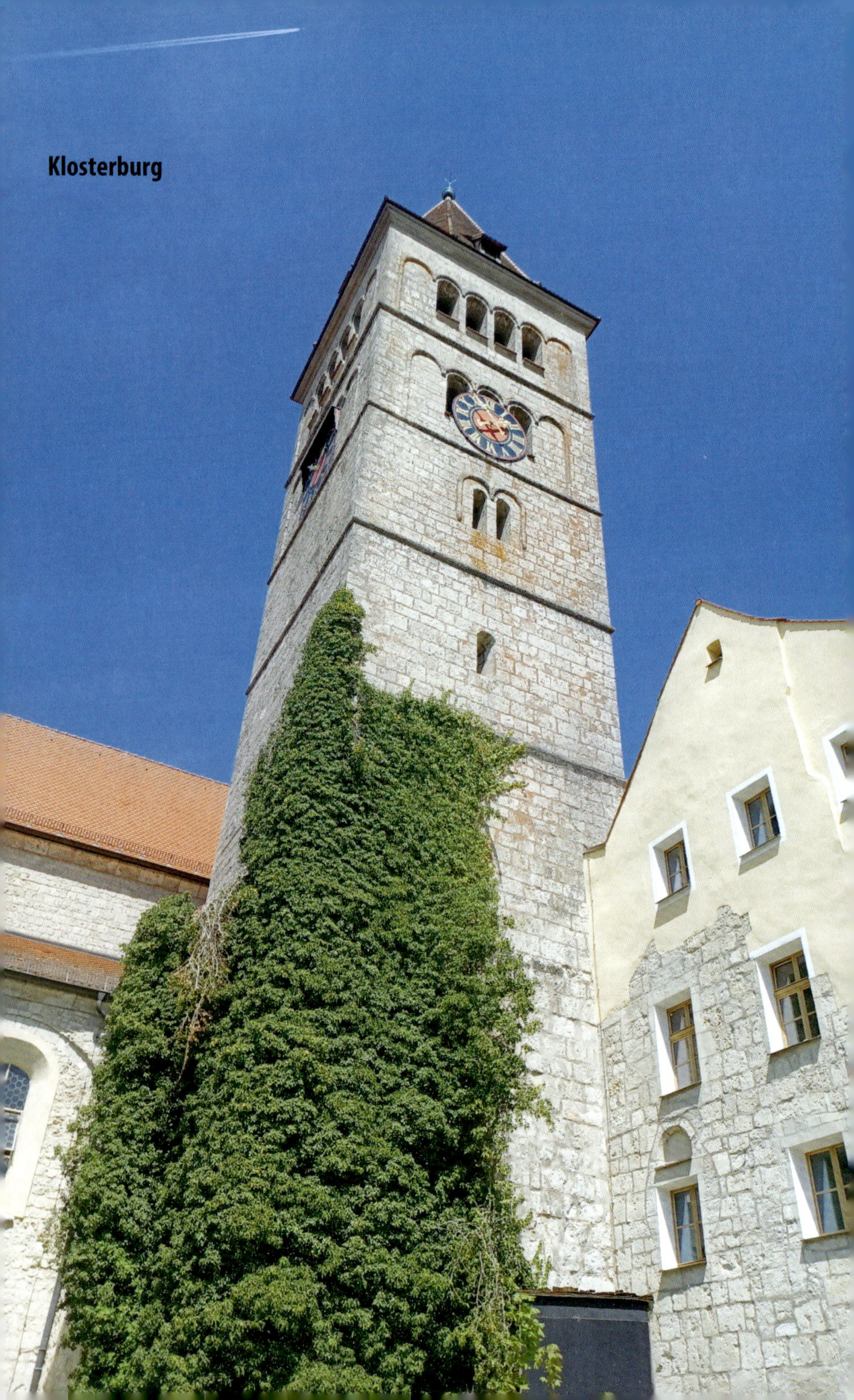

Klosterburg

Wir betreten die **Klosterburg Kastl** ❶ sozusagen durch die Hintertür. Es handelt sich um eine Höhenburg aus vermutlich karolingischer Zeit, die sukzessive zu einer immer größeren Klosteranlage ausgebaut wurde. Lange war es ein Benediktinerkloster, dann eine Malteser- und Jesuitenresidenz, von 1958 bis 2007

Für die Seele

Wir kommen zu dem Schluss, dass die Bezeichnung Grün zu dürftig ist. Wir sehen sonniges Goldgrün, leuchtendes Smaragdgrün und dunkles Schattengrün.

ein Gymnasium. Seit 2017 werden hier Lernende der besonderen Art unterrichtet: Hier ist jetzt eine Außenstelle der Polizeihochschule Sulzbach-Rosenberg untergebracht. Von der ursprünglichen Burganlage sind nur wenige Mauerreste erhalten.

Entlang der Mauern bietet sich ein herrlicher Blick auf die bewaldeten Bergkuppen links und rechts der **Lauterach.** Wir betreten das kühle Innere der Klosterkirche. Auffallend ist der an den Wänden entlanglaufende Wappenfries mit den Wappen der Oberpfälzer Adelshäuser, die dem Kloster zum Beispiel als Vogt verbunden waren. Im sogenannten Paradies, der Vorhalle der Klosterkirche, machen wir eine etwas unheimliche Entdeckung. Hier liegt in einem gläsernen Schrein die Mumie eines Babys. Es ist Prinzessin Anna, gestorben am 29. Januar 1319, Tochter von Ludwig dem Bayern, der hier seinerzeit zu Besuch war.

Wir verlassen das Gelände durch das Haupttor, wenden uns nach links, passieren zwei Steinsteelen links und rechts der Straße mit dem Kastelner Wappen und schlendern hinunter zur **Ortsmitte** ❷.

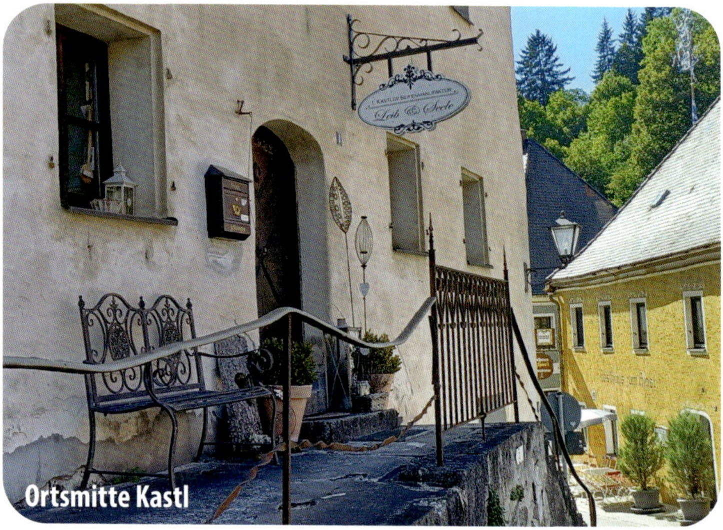

Ortsmitte Kastl

*In der Ortschaft **Kastl** sind 80 Gebäude als Baudenkmäler ausgewiesen, darunter auch das Rathaus. Die trutzige Bauweise, kombiniert mit den bunten Farben, machen den Charme des Ortes aus.*

Die Straße ist gesäumt von malerischen Häusern aus dem 18. und 19. Jahrhundert, manchmal etwas krumm, weil dem Hanggefälle angepasst, aber immer bunt und farbenfroh gestrichen. An vielen Häusern sind Schilder angebracht, die über ihre ehemalige Nutzung und Besitzer informieren. Die meisten Einwohner waren einfache Bauern und Dienstleute. Das Rathaus, das aus dem 16. Jahrhundert stammt, erinnert schließlich mit seiner Fassade an eine Burg, alles sehr wehrhaft hier.

Kurz vor der Lauterachbrücke nehmen wir die Markierung „gelbes Kreuz" und biegen nach rechts (Westen) ab. Die schmale und wenig befahrene Asphaltstraße ist von ehemaligen Handwerkshäusern und Mühlengebäuden gesäumt und bringt uns gemächlich durch eine harmonische Landschaft zur Ortschaft **Mennersberg.** Am Ortsende steht ein kleines Marterl, hier gabelt sich der Weg und wir nehmen die rechte Gabel mit dem gelben Kreuz.

Der Weg führt uns zu einer wenig bekannten Besonderheit der Landschaft. Wir betreten das **Natur-**

waldreservat Herrenberg ❸, das sich auf rund 48 Hektar über den Herrenberg verteilt. Es handelt sich um Buchenwald auf Frankendolomit. Uralte Buchenmethusalems suchen wir hier aber vergebens, denn das Gebiet ist erst 2017 aus der Bewirtschaftung genommen worden. Auffallend ist der üppige Jungbuchenunterwuchs. Fichten werden dem Gebiet sukzessive entnommen, wir finden noch einige Monokulturen am Nordrand Richtung Lauterach.

Die Buche ist ein dominanter Baum, der andere Arten wie die Eiche erfolgreich verdrängen kann. Trotzdem sind naturnahe Buchenwälder ein Habitat für viele Tierarten wie höhlenbrütende Vögel, Fledermäuse, die Wildkatze und unzählige Käferarten. In ihren Schatten wachsen wilde Orchideen, Waldmeister und Frühblüher wie Märzenbecher und Leberblümchen.

Am Ende des Herrenberges kreuzt der Wanderweg „Brünnthal-Runde“ (gelbes Symbol). Der Weg mit dem gelben Kreuz führt nach rechts weiter, wir aber wechseln auf die Brünnthal-Runde, die uns am Waldrand ins Lauterachtal hinunterbringt.

Die nächste Etappe ist ohne Markierung. Wir könnten auf dem kombinierten Fahrrad- und Wanderweg bleiben, aber der ist asphaltiert und viel befah-

***Naturwaldreservate** bilden eine eigenständige Schutzkategorie seit 1982. Sie sind Freilandlaboratorien zur Erforschung von Wald im Klimawandel. Sie repräsentieren natürliche Waldgesellschaften und ihre Standorte.*

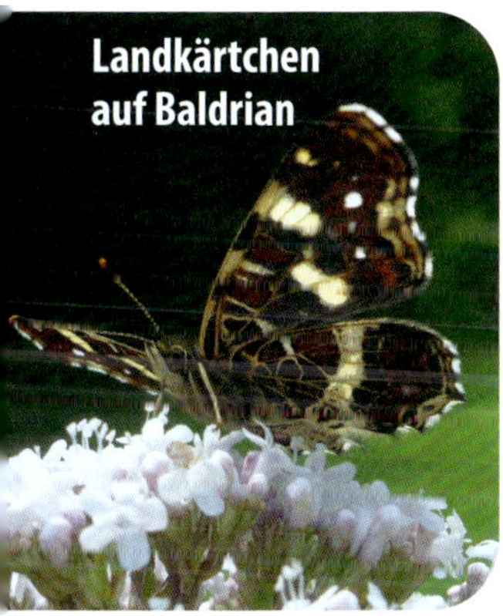
Landkärtchen auf Baldrian

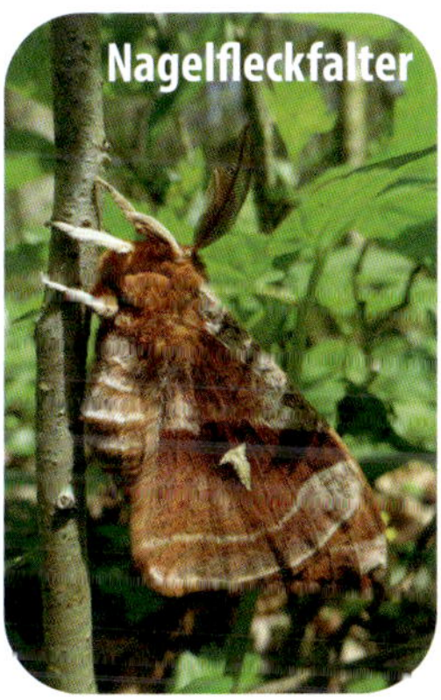
Nagelfleckfalter

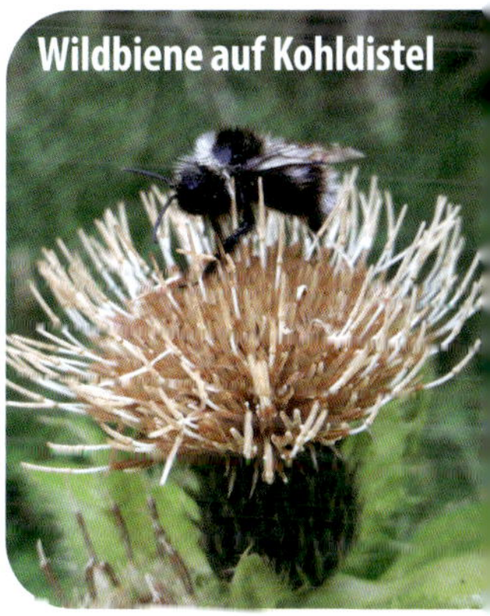
Wildbiene auf Kohldistel

*Wenn die Buchen uns mit Eckern überschütten: Eine Handvoll geschälter **Bucheckern** mit Sonnenblumenöl in einer Pfanne rösten. Danach gegebenenfalls in Salz wälzen und als Nascherei genießen. Dazu ein gutes bayerisches Bier!*

ren. Lieber biegen wir nach rechts ab, überqueren beim Weiler Schögelsmühle die Lauterach, nehmen in **Schögelsmühle** die erste Straße links, die Schögelmühlstraße. Die geht bald in einen ruhigen Wiesenweg über, der die Lauterach bis Pattershofen begleitet.

Der Lauterach begegnen wir auch bei der Verwöhntour 10, einige Kilometer weiter stromabwärts. Der Fluss selbst, seine Ufer, Auenbereiche und laubbaumreichen Hänge sind ein **FFH-Gebiet ④.** Im Wasser tummeln sich Biber, Bachneunaugen, Groppen und Steinkrebse. Im Uferbewuchs duftet das Mädesüß mit Neophyten wie dem Drüsigen Springkraut oder dem

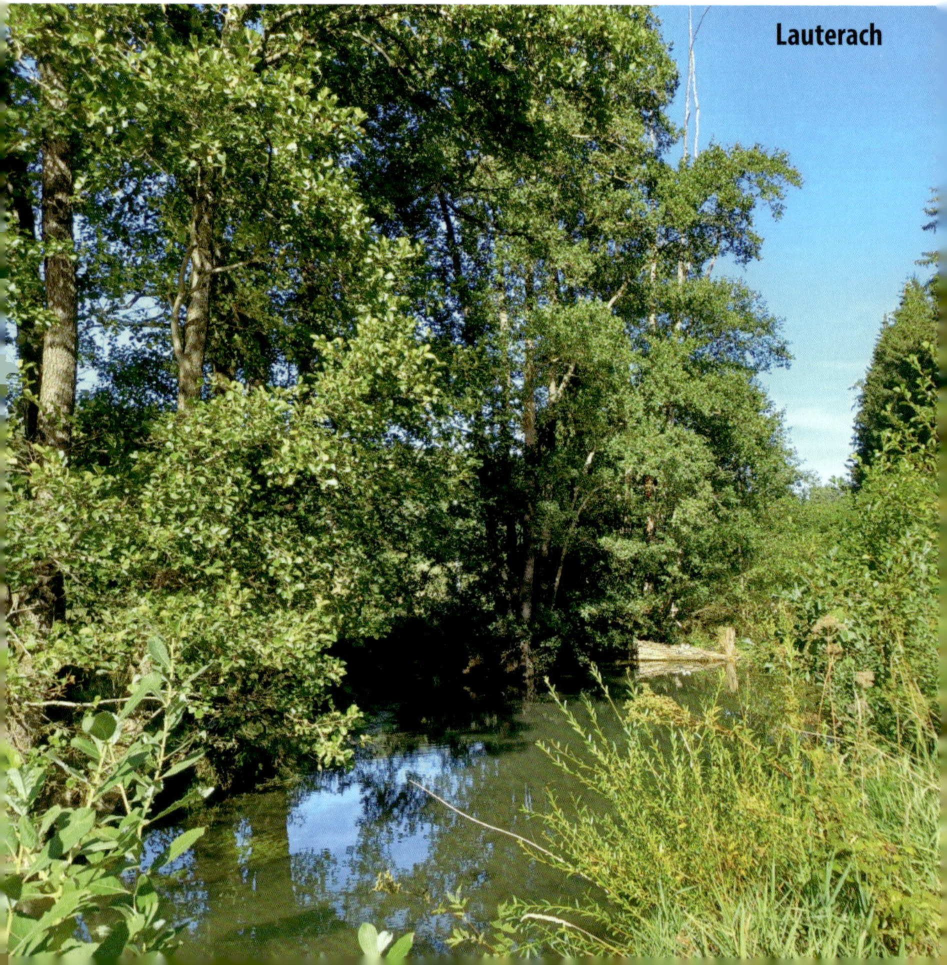
Lauterach

Blutweiderich um die Wette. Die Weiden- und Schilfsäume sind ein für uns Menschen undurchdringlicher Dschungel, aber ein Paradies für seltene Vogelarten wie den Schilfrohrsänger.

Der Wiesenweg mündet im Kapellenweg in **Pattershofen.** Hier überqueren wir erneut die Lauterach, laufen auf der anderen Seite auf dem markierten Wanderweg bis Pfaffenhofen und folgen hier der Jurasteig-Markierung wieder über die Lauterach – zum vierten und letzten Mal an diesem Tag – Richtung Schweppermannsburg.

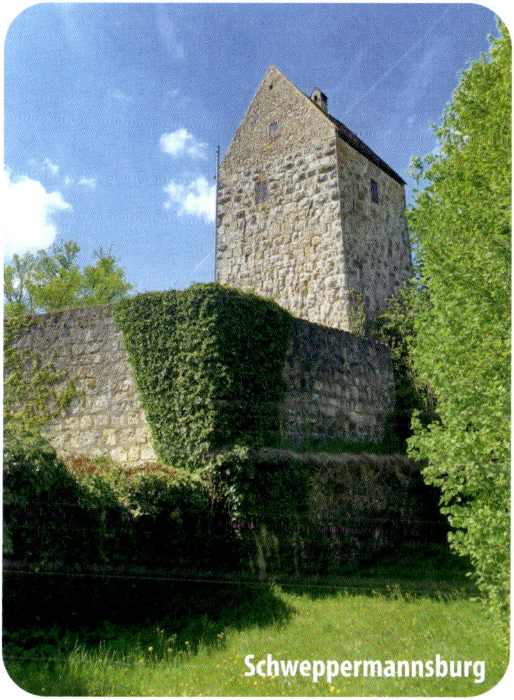

Schweppermannsburg

Dabei laufen wir direkt auf die **Kuratiekirche St. Martin ❺,** eine ehemalige Marienkirche, zu. Das schlichte Bauwerk ist romanisch, der Ursprung wird um 800 vermutet. Die Innenausstattung ist dagegen üppig barock. Bemerkenswert ist auch der Karner, das Beinhaus mit den Knochen längst Verstorbener, dem wir schon in Allersburg begegnet sind. In der darüberliegenden Kapelle wurden Seelenmessen gelesen.

Die Markierung des Jurasteigs lotst uns zum Ort hinaus und direkt zur **Schweppermannsburg ❻.** Das Gelände der Vorburg ist frei zugänglich, nicht jedoch die Hauptburg mit dem Bergfried. Die Anlage mit ihren Mauerresten ist trotzdem sehenswert. Das Gründungsjahr liegt im Dunkeln irgendwann im 12. Jahrhundert. Einige Hundert Jahre residierte hier das

Panoramatour 7

*Schwitzende, müde Füße? Da helfen **Beifußblätter,** die wir zwischen Socke und Fußsohle legen, wo sie ihre vitalisierenden, erfrischenden und keimtötenden Eigenschaften entfalten. Hat schon den römischen Legionären geholfen.*

Geschlecht der Schweppermänner, bevor sie im Dreißigjährigen Krieg zerstört und nur notdürftig wieder hergerichtet wurde.

Seit 2007 ist die Burg im Besitz der Amberger Sektion des Deutschen Alpenvereins, der dort einmal jährlich sein Burgfest feiert.

Die Markierungen „Jurasteig" (blau) und „blauer Kreis" bringen uns auf einem leichtläufigen Hangweg zurück nach Kastl, die Klosterburg zeigt uns ihre schlanke Westflanke.

Zurück am Ausgangspunkt beschließen wir, den Tag im **Landgut Forsthof** 7 bei einem kühlen Bier ausklingen zu lassen.

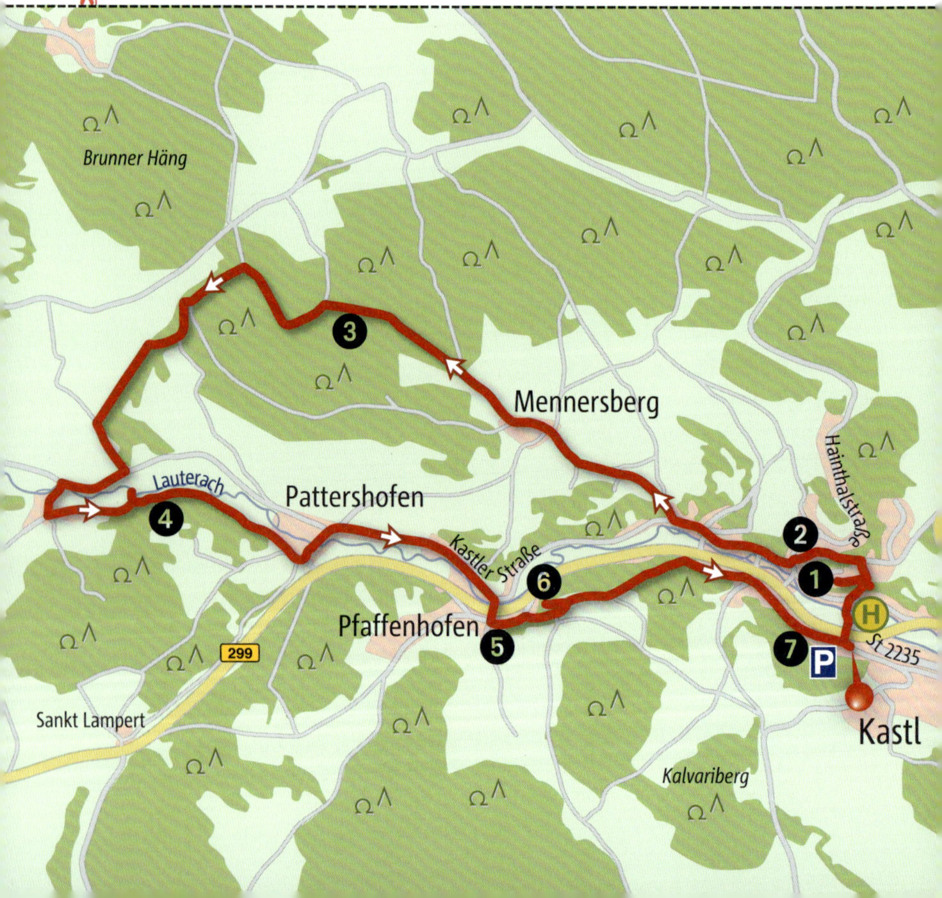

Alles auf einen Blick

WIE & WANN:
Wenig belaufene, gut ausgebaute und breite Wald- und Wiesenwege, teilweise wenig befahrene Landstraße. Ganzjährig begehbar.

Entspannung ✱✱✱✱✱
Genuss ✱✱✱✱✱
Romantik ✱✱✱✱✱

HIN & WEG:
Auto: Wanderparkplatz Amberger Straße, am alten Bahnhof (jetzt Café Cappuccino-Station), 92280 Kastl (GPS: 49.366601, 11.683807)
ÖPNV: Bus 460 (Amberg–Neumarkt) bis Kastl Bf

ESSEN & ENTSPANNEN:
Landgut Forsthof ❼ Amberger Straße 2, 92280 Kastl, Tel. (0 96 25) 9 20 30
Verschiedene Einkehrmöglichkeiten und Cafés im Ortskern von Kastl.

ENTDECKEN & ERLEBEN:
Klosterburg Kastl ❶ Klosterburg 3, 92280 Kastl
Ortsmitte Kastl ❷
Naturwaldreservat Herrenberg ❸
FFH-Gebiet Lauterachtal ❹
Kirche St. Martin ❺ 91783 Pfaffenhofen
Schweppermannsburg ❻

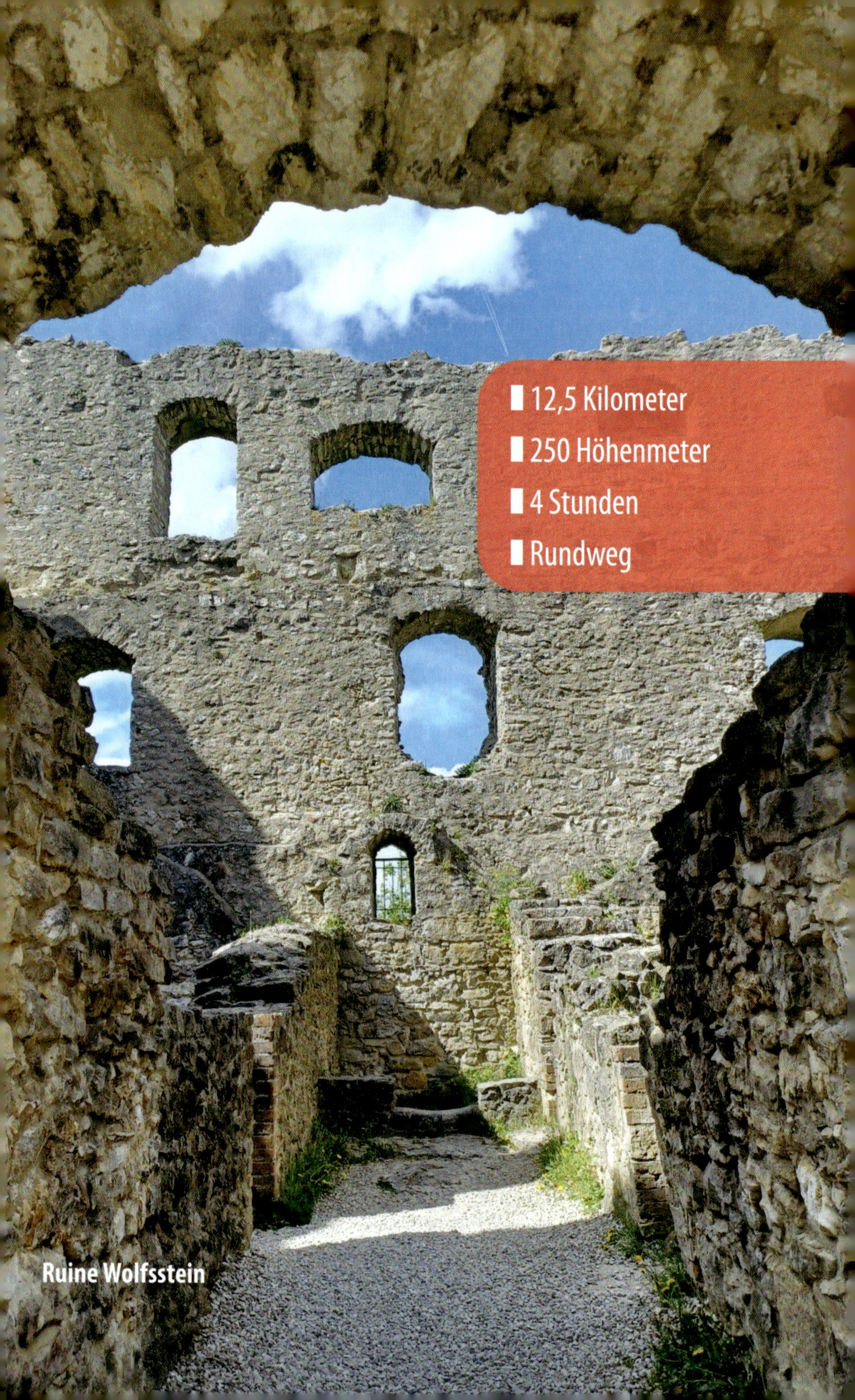

- 12,5 Kilometer
- 250 Höhenmeter
- 4 Stunden
- Rundweg

Ruine Wolfsstein

Neumarkt in der Oberpfalz ist eine wirtschaftlich florierende Stadt, gewachsen in einem sandigen Talkessel. Daher auch der alte Name „Neumarkt auf dem Sand". Umgeben ist die Stadt von einem Ring aus Bergen. Der westliche Halbkreis setzt sich aus sogenannten Zeugenbergen zusammen, wie dem Dill-

Unter Wölfen

Die Ostflanke Neumarkts

berg (siehe Panoramatour 6), dem Staufer Berg, Buchberg, der Sulzbürg und dem Tyrolsberg. Der Wanderweg „Zeugenbergrunde" umfasst knackige 48 Kilometer, die in drei bis fünf Tagesetappen erwandert werden können. Darin enthalten ist auch der **Wolfsteinberg,** der streng geologisch gesehen kein Zeugenberg ist, denn sein Rücken erstreckt sich mit einer kleinen Senke bis zur Maria Hilf-Kirche. Genau diesen bewaldeten Buckel in Neumarkts Osten wollen wir heute erkunden.

__Zeugenberge__ sind Zeugen der geologischen Geschichte einer Landschaft. Sie sind von ihrer Umgebung durch Erosionsvorgänge deutlich getrennt worden und stehen einzeln in der Landschaft.

Wir parken auf dem kostenlosen Wanderparkplatz nahe der Bushaltestelle Sturmwiese und wenden uns nach rechts. Direkt am Waldrand starten die Wanderwege. Wir folgen der Markierung „weiße 6" und „weiße 7" (auf grünem Grund) durch den Heiligenwald bergauf. Tiefe Mulden am Wegesrand sind in diesem Wald keine Dolinen, sondern Bombentrichter aus dem Zweiten Weltkrieg. Eine Schneise davon zieht sich von Nord nach Süd und hat tatsächlich Opfer gefordert, denn viele Neumarkter hatten im Heiligen Wald Zuflucht gesucht. Ein Gedenkstein unterhalb der Ortschaft Höhenberg erinnert noch daran.

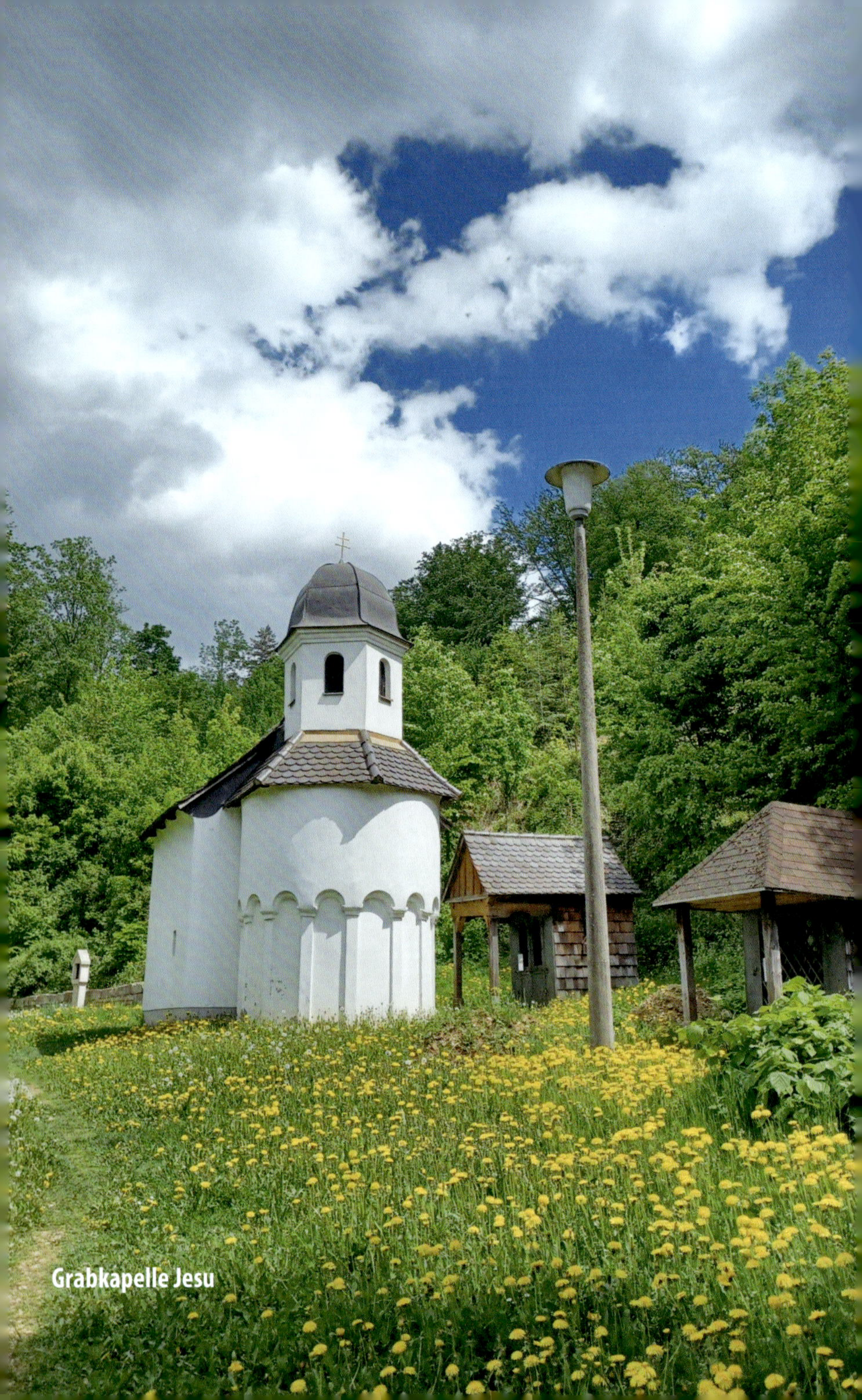

Grabkapelle Jesu

Kurz nach dem Holzschild „Haniel-Schanze“, wir sind fast auf der Hochfläche, knickt scharf rechts der Karlssteig ab, ein schmaler Pfad durch Buchenwald unterhalb der Maria Hilf-Kirche, den wir sehr genießen. Wir stoßen auf den Kreuzweg und steigen auf zur **Maria Hilf Wallfahrtskirche ①.** Sie liegt 586 Meter über

Für die Seele

Welche prominenten Persönlichkeiten des Mittelalters haben wohl die herrliche Aussicht auf Neumarkt genossen?

dem Meeresspiegel. Äußerlich ist sie schlicht, typisch für die Oberpfälzer Bauart, aber der Innenraum besticht durch eine filigrane barocke Ausstattung. Besonders und bekannt sind die Gottesdienste während der Marientage, der sogenannten Frauendreißiger.

Unterhalb der Kirche befindet sich die **Grabkapelle Jesu ②.** In ihrem Inneren bildet sie mit zwei Grabkammern die Begräbnisstätte Jesu nach. Der Gläubige kann sich durch den entsprechend engen und niedrigen Eingang bücken und die beiden Grabkammern begehen.

Die Markierung „roter Querstrich auf gelbem Grund“ leitet uns von diesem heiligen Ort durch Wald sanft bergab durch malerische Hohlgassen, die die Erosion in das weiche Gestein des Braunen Jura gewaschen hat. Am Waldrand lädt eine Bank zum Verweilen ein, mit Blick auf die sanft gewellte Landschaft in Neumarkts Süden.

Kurz vor dem Weiler Lähr verlassen wir die Markierung in einem scharfen Linksknick auf einen unbeschilderten Feldweg Richtung Norden, der schnell steiler wird, im Wald verschwindet und auf der Hochebene wieder eben verläuft.

*Marias Symbolblume, die **Rose,** ist auch kulinarisch ein Wunder. Ein paar Blättchen vom nächsten Wildrosenbusch gezupft aromatisieren unser Wasser und harmonisieren unser Gemüt.*

Die Markierung „Panoramaweg Neumarkt" führt zur Ortschaft Höhenberg, wo wir jetzt wieder dem roten Querstrich folgen, der uns durch das Örtchen lotst. Ein Stückchen Straße Richtung Pelchenhofen muss bewältigt werden, bevor der Weg links in die Felder abbiegt und wieder im schattigen Wald verschwindet.

An der ersten Wegkreuzung im Wald schwenken wir nach links (rotes F) und machen einen Bogen durch den **Steinbruch Fuchsberg ❸.** Der aufgelassene Steinbruch befindet sich im Wasserschutzgebiet und wurde aufwändig renaturiert. Ganze 540 Meter Sickerwasserdrainagen wurden verlegt, um das Eindringen von Wasser in dieses Biotop zu verhindern. Eine ganz andere Landschaft als der umgebende Wald ist das Ergebnis: lockere Kiefernbestände auf sandigen Dünen, hitze- und trockenheitsresistente Pflanzen und eine Vielzahl von Tagfaltern und Heuschreckenarten. Turmfalke und Uhu finden hier ungestörte Brutgebiete.

*Bei schönem Wetter finden auf der **Burg Wolfstein** jeden Sonntag von 13–17 Uhr spannende Führungen durch die alten Mauern statt.*

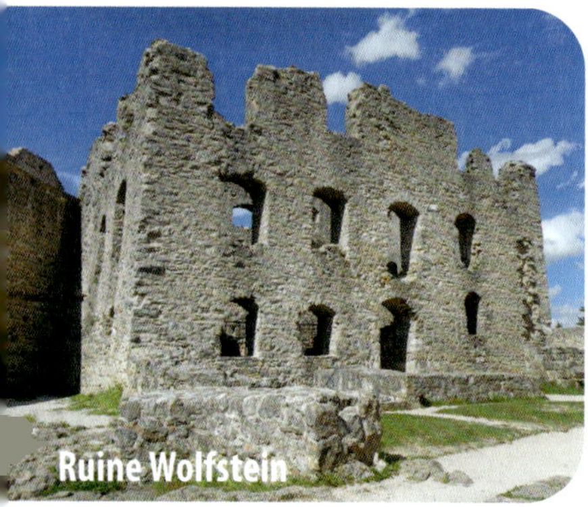

Ruine Wolfstein

Der Wanderweg nimmt danach weiter Kurs durch den Mischwald Richtung Norden. Wir kommen an einem Eisernen Marterl vorbei, das wir uns merken und dann zur Straße nach Neumarkt, der wir links entlang kurz folgen und die erste Möglichkeit – Markierung „Ritter Wonnebold" – nehmen, um auf der anderen Straßenseite wieder rechts im Wald zu verschwinden. Einen Blick auf unser Tagesziel, die **Burgruine Wolfstein ❹,** können wir schon erhaschen. Ritter Wonnebold geleitet uns sicher die letzten 100 Meter zur ehemaligen Adelsburg.

Die imposante Ruine auf dem höchsten Punkt des Wolfsteinberges beherrscht das Neumarkter Land nach allen Seiten. Wir befinden uns auf 588 Metern über NN und genießen einen grandiosen Blick über das Neumarkter Becken mit den umliegenden Zeu-

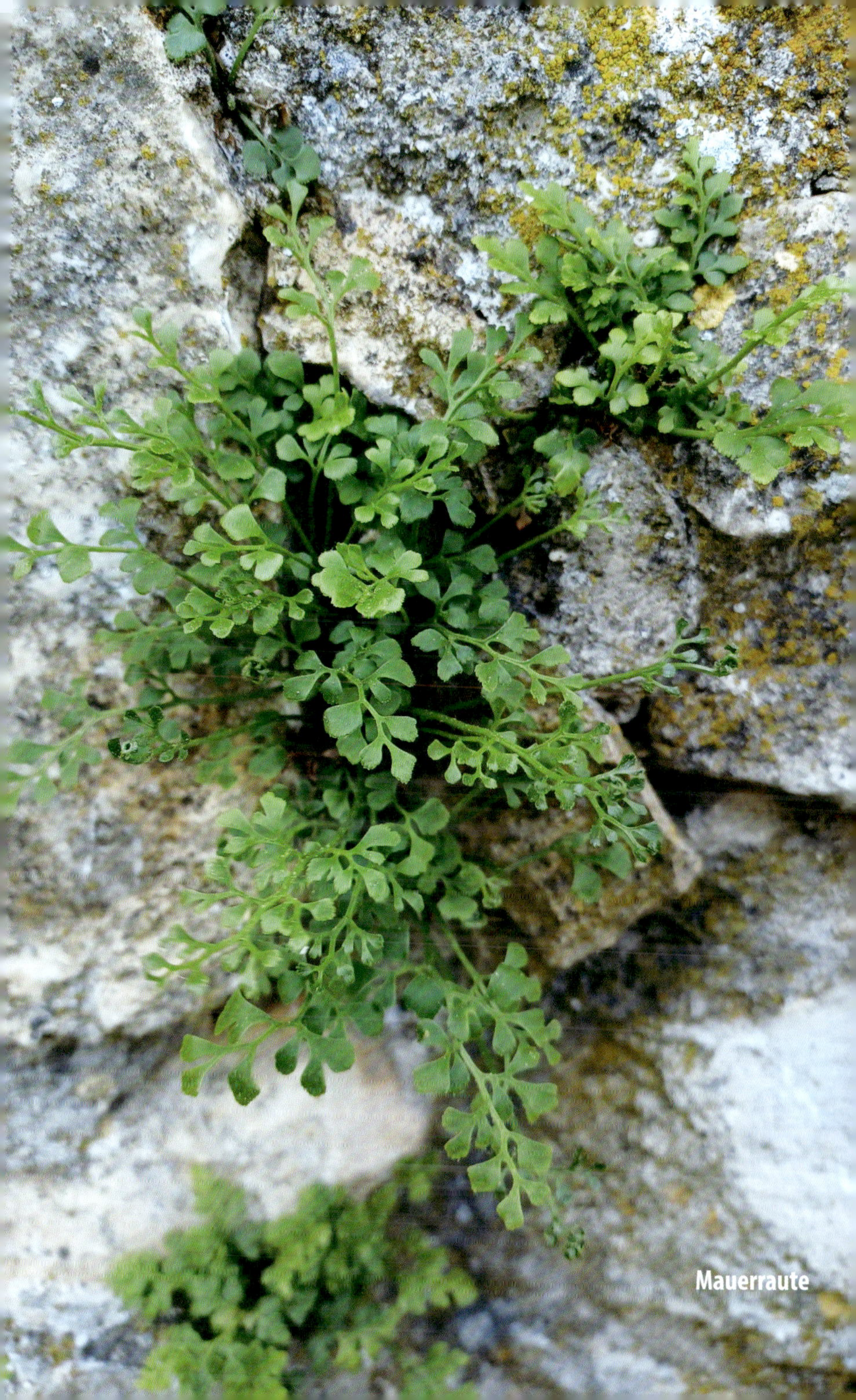

Mauerraute

genbergen. Die Ursprünge der Höhenburg gehen zurück ins 12. Jahrhundert, als ein Ulrich von Wolfstein hier Burgherr gewesen ist.

Dank des Vereins Wolfsteinfreunde befindet sich der Ruinenkomplex in einem guten Zustand. Wir können den Brunnen, verschiedene Gewölbe, ehrwürdige Mauern und die ehemalige Marienkapelle bewundern. An Sonntagen führen die Wolfsteinfreunde Führungen durch, in deren Rahmen auch der 22 Meter hohe Bergfried begehbar ist, aber heute ist leider ein Werktag.

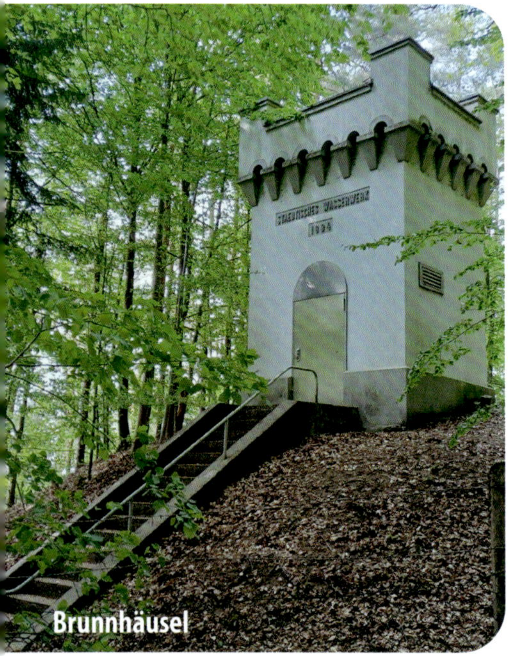
Brunnhäusel

Dafür ist wenig los und wir hegen die (vergebliche) Hoffnung, dem riesigen schwarzen Pudel zu begegnen, der der Sage nach einen Goldschatz in den Gewölben der Burg bewachen soll.

Wir kehren zurück zum Parkplatz und folgen der Ausschilderung zum Naturdenkmal und **Aussichtspunkt Krähentisch ❺,** den wir nach knapp 100 Metern erreichen. Worin der Name sich begründet? Die einen sagen, weil hier gerne Krähen landen. Andere meinen, die Form erinnert an eine fliegende Krähe. Ob steinern oder lebendig – die Krähen haben von hier auch wieder einen überragenden Blick auf die Pfalzgrafenstadt, an dem wir uns ausgiebig weiden.

Beim weiteren Wegverlauf bitte aufpassen! Wir wandern herrlich an der Hangkante entlang, links Felder und Wiesen, rechts fällt der Hangwald ab. Wir folgen NICHT den Wanderwegen bergab, sondern bleiben auf dem unbeschilderten Feldweg, bis wir auf dieselbe Straße nach Neumarkt wie auf dem Hinweg treffen. Dieser folgen wir nach links, bis wir wieder auf

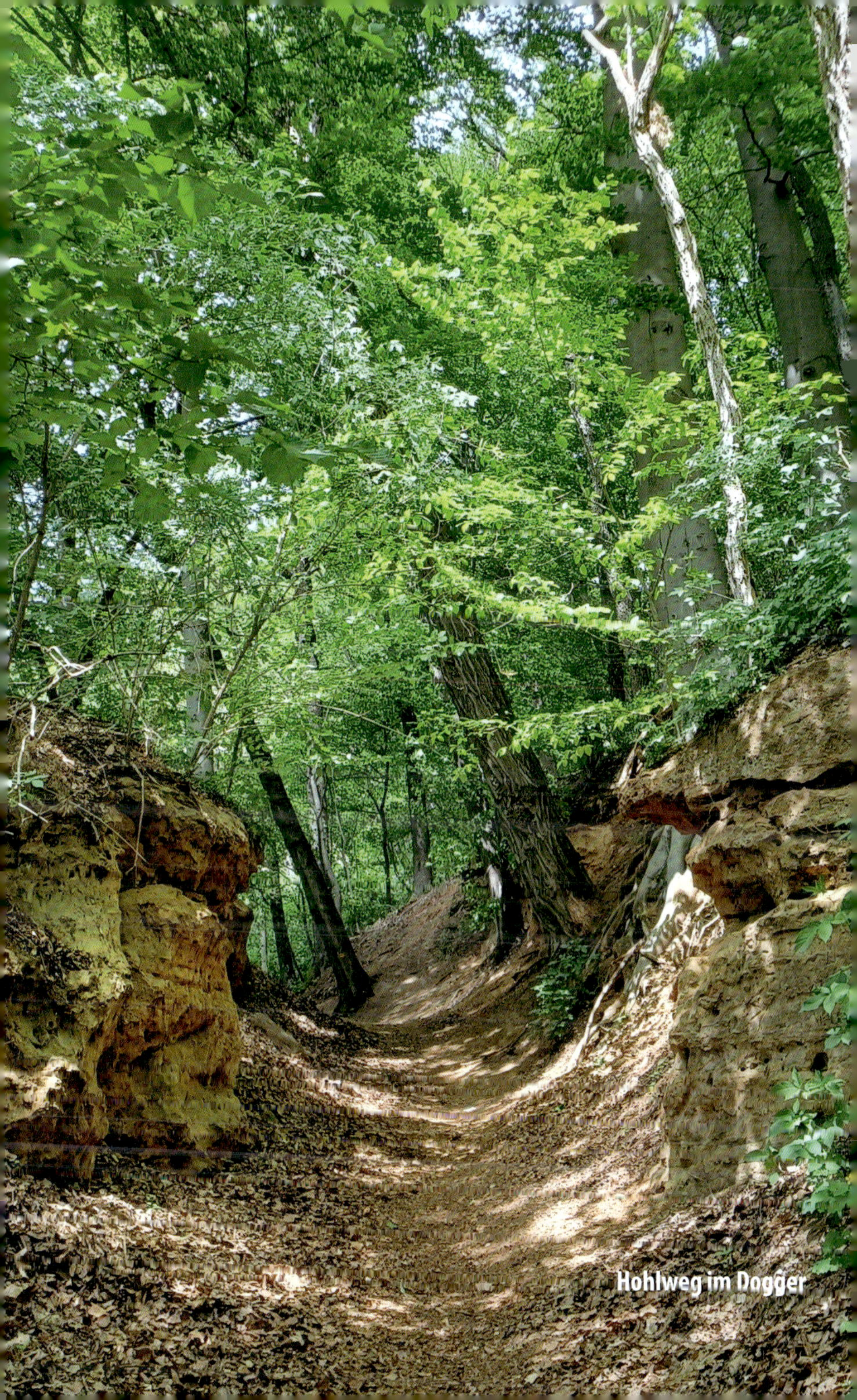
Hohlweg im Dogger

Panoramatour 8

den Frankenweg treffen, dem wir bis zum Eisernen Marterl im Wald folgen, also doppelt gehen.

Hier zweigen wir nach rechts ab und haben nun bis zum Ziel die Markierung „4 Elemente". Sie führt uns im lässigen Zickzackkurs durch den Buchenmischwald, vorbei an einem Felsenkeller und dem historischen Brunnhäusel bis zur Sportanlage des **TSV Wolfstein.** Aus der dazugehörigen **Gaststätte 6** weht ein verführerischer Duft, der uns daran erinnert, dass diese Tour grandios fürs Auge, aber entbehrungsreich für den Magen war. Wir beschließen, den Tag mit einem griechischen Vorspeisenteller, Weißweinschorle (Prost, Ulli von Wolfstein!) und Grieskuchen, um die letzten Meter zum Parkplatz zu schaffen.

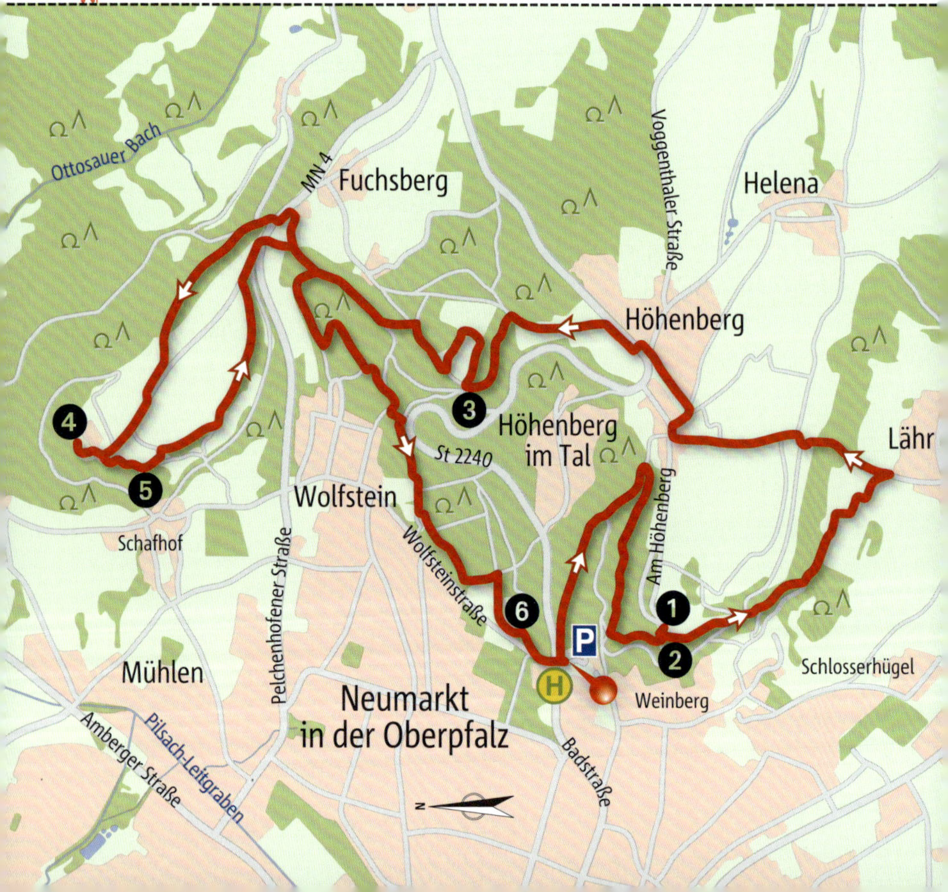

Alles auf einen Blick

WIE & WANN:
Überwiegend weiche, schattige Waldwege mit schönen Fernblicken am Waldrand. Etwas Asphalt im Ortsbereich. Zu allen Jahreszeiten begehbar, vor allem im Herbst ein Hochgenuss.

Entspannung ✱✱✱✱✱
Genuss ✱✱✱✱✱
Romantik ✱✱✱✱✱

HIN & WEG:
Auto: Parkplatz Badstraße/ST 2240, 92318 Neumarkt/Oberpfalz
(GPS: 49.276735, 11.480793)
ÖPNV: Bus 566 von Neumarkt Bf bis Sturmwiese/Neumarkt

ESSEN & ENTSPANNEN:
Gaststätte TSV Wolfstein e.V. ❻ Wolfsteinstraße 2, 92318 Neumarkt/Oberpfalz, Tel. (0 91 81) 5 09 74 45

ENTDECKEN & ERLEBEN:
Maria Hilf Wallfahrtskirche ❶ Am Mariahilfberg 1, 92318 Neumarkt/Oberpfalz
Grabkapelle Jesu ❷
Steinbruch Fuchsberg ❸
Burgruine Wolfstein ❹ 92318 Neumarkt/Oberpfalz
Aussichtspunkt Krähentisch ❺

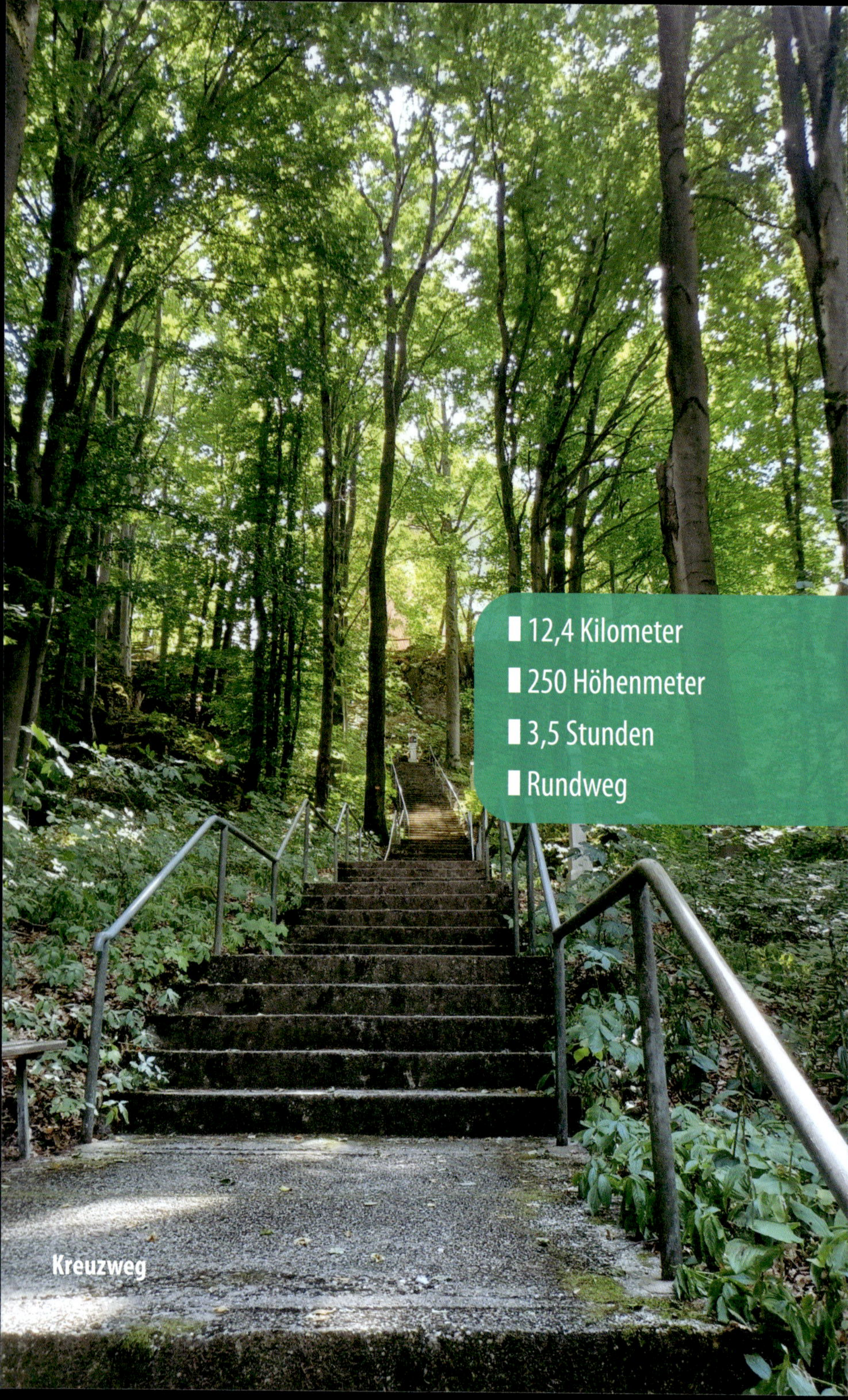

- 12,4 Kilometer
- 250 Höhenmeter
- 3,5 Stunden
- Rundweg

Kreuzweg

Irgendwo westlich von Neumarkt und der A 3 liegt zwischen den drei Teilen eines Golfplatzes das Dörfchen **Hilzhofen** mit knapp 100 Einwohnern. Der Landgasthof Meier mit seiner kreativen und gehobenen Küche macht diesen Ort zu einem lohnenswerten Ziel.

Bevor wir aber in leiblichen Genüssen schwelgen, müssen erst mal ein paar Kalorien verbrannt werden. Gegenüber den Parkplätzen klärt eine Wandertafel über die lokalen Möglichkeiten auf. Natürlich haben wir unsere eigenen Vorstellungen vom Wegverlauf – möglichst viel Wald statt hitzeflirrender Feldwege. Wir starten mit der Markierung „1+2" (schwarze Zahlen auf gelbem Grund).

Leib und Seele

Neumarkts westliche Wälder

Die Markierung führt uns aus dem Dorf heraus, vorbei an einem kunterbunten und liebevoll gestalteten Bauernblumengarten. Was für ein erfrischender Anblick, nachdem die Landschaft drumherum in diesem Hitzesommer einer Steppe gleicht. Bemerkenswert ist einige Schritte weiter auch der mächtige Walnussbaum mit kugelrunder Baumhöhle. Ein Wunschbaum vielleicht, in dem früher die Dorfmädchen ihre Wunschliste den Bräutigam betreffend einwarfen?

Nach den letzten Häusern erinnert das erste Marterl daran, dass wir uns im Einzugsgebiet der Wallfahrtskirche auf dem Habsberg befinden. Wenige Meter danach erreichen wir das **Juradistel-Landschaftskino** ❶. Der Eintritt ist kostenlos, wir schreiten durch

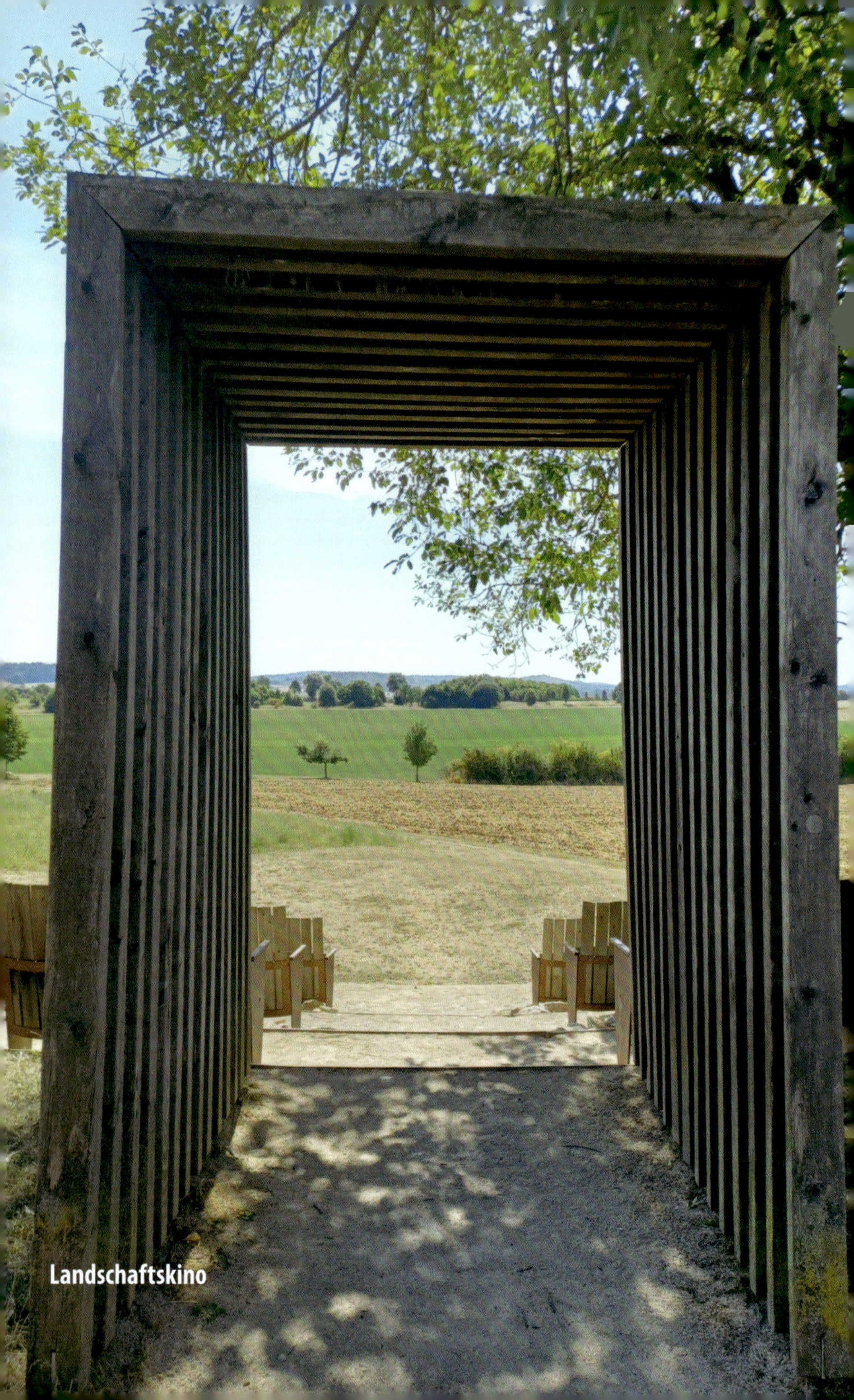
Landschaftskino

das hölzerne Portal, die besten Plätze sind noch frei, und lassen uns vom aktuellen Film überraschen. Wir blicken auf eine kleinteilige Juralandschaft, im Hintergrund der Schanzberg mit seinen beweideten Wacholderhängen, im Vordergrund Streuobstwiesen. Darüber watteweiße Wolkenbilder vor kornblumenblauem Sommerhimmel, Saatkrähen und staubige Erde, die die Erntemaschinen der Landwirte aufwirbeln.

Insgesamt gibt es vier Landschaftskinos in unserem Wandergebiet, drei davon besuchen wir auf unseren Touren. Was für eine schöne Idee, den Wanderer zum Innehalten aufzufordern und die Natur gleichzeitig als Kulisse, Hintergrund und Hauptakteur zu inszenieren.

*Die **Juradistel-Landschaftskinos** gehören zu einem umfangreichen Biodiversitätsprojekt in Bayern. Juradistel steht für Naturschutz und Artenvielfalt im Bayerischen bzw. Oberpfälzer Jura.*

Für die Seele

In der Kirche Maria Heil der Kranken zünden wir Kerzen an für Menschen, die wir kennen und lieben und denen wir von Herzen Genesung wünschen.

Wir folgen dem Wanderweg, der sich auf der anderen Straßenseite gemütlich einen Hang hochschlängelt. Zerzauste Wacholder und Felsbrocken vermitteln einen südländischen Eindruck. Am Fuß des Pfaffenberges trennen sich die Markierungen „1 + 2“. Wir folgen der Markierung „Ps 2" für einige Hundert Meter links-geradeaus in den Wald.

Jetzt aufgepasst, denn wir verlassen gleich die markierten Wege, um das **Waldstück Hohe Ries** zu durchqueren. Nach dem Wald kommen Felder. Wir nehmen den ersten Feldweg rechts (Richtung Norden) und verschwinden im schattigen Nadelwald. Nach etwa 500 Metern quert diesen Waldweg ein ausgebauter Forstweg, in den wir rechts (nach Osten) einschwenken.

*Wer hätte das gedacht? **Brombeeren** enthalten mehr Vitamin C als ein Apfel, haben kaum Kalorien und ihre vielen gesunden Inhaltsstoffe machen sie zu effektiven Anti-Aging-Bömbchen.*

Der Weg ist schattig und abwechslungsreich, die Fichten weichen Buchen und anderen Laubgehölzen. Vor allem sind die Wegränder dicht mit vollreifen Brombeeren bewachsen. Ein willkommener Energiesnack an diesem heißen Tag.

Der Forstweg führt zum Weiler **Breitenberg,** wo die Markierung „Jurasteig" auftaucht. Dieser folgen wir über die Straße und weiter zwischen die beiden bewaldeten Kuppen des Stichberges und Kargerberges. Immer darauf bedacht, besonnten Wanderpisten zu entkommen, nehmen wir an der Ansitzkanzel, die rechts des Weges steht, den Feldweg, der links abzweigt. Der führt auf weichen Waldpfaden auch zur Landstraße, wo wieder ein Marterl grüßt und nach einigen Metern rechts herum erneut der Jurasteig auftaucht. Es geht vorbei an Feldern und Wiesen, über eine Landstraße und auf der anderen Seite sanft bergauf. Hinter den beiden Wohnhäusern lotst ein ganzes Bündel Wegmarkierungen den Wanderer – oder Pilger? – bereits zur Wallfahrtskirche Habsberg.

Noch einige Hundert Meter durch felsdurchsetzten lichten Buchenwald und wir stehen auf dem Park-

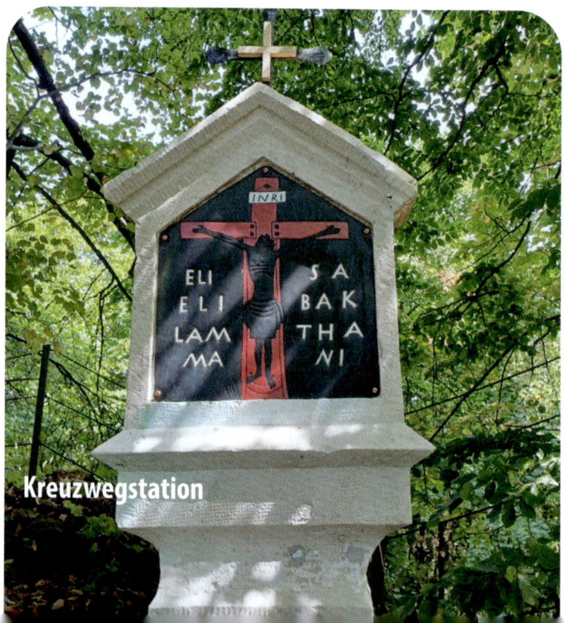

Kreuzwegstation

platz des Habsberges. Infotafeln informieren über die Sehenswürdigkeiten. Wir erklimmen am Waldrand die Stufen des **Kreuzweges ❷.** Die Darstellungen und Texte sind außergewöhnlich schön und intensiv und anders als auf allen Kreuzwegen bisher (und das sind beim Erwandern des Bayerischen Jura viele gewesen!). Bis wir den Gipfel und die Wallfahrtskirche erreicht haben, sind wir sehr nachdenklich geworden.

Auf dem 619 Meter hohen Gipfel des Habsberges stehen zwei Gotteshäuser, ein Jugend- und Tagungshaus sowie eine Gaststätte. Das Plateau ist seit über 300 Jahren Ziel zahlreicher Pilger und Gläubiger. Ursprünglich stand hier im 11. Jahrhundert die Burg des Grafen von Sulzbach-Kastl-Habsberg, die aber im 14. Jahrhundert zerstört wurde. Heute ist nur noch die Zisterne sichtbar.

Im späten 17. Jahrhundert litt der Amtspfleger der Burg Helfenberg, Johann Panzer, arg an Gicht. Er flehte Maria um Heilung an und versprach den Bau einer **Gnadenkapelle ❸** auf dem **Habsberg.** Er ließ sich dorthin tragen und aus den Mauerresten der Burg die erste Gnadenkapelle errichten. Schon bald zog die Kapelle

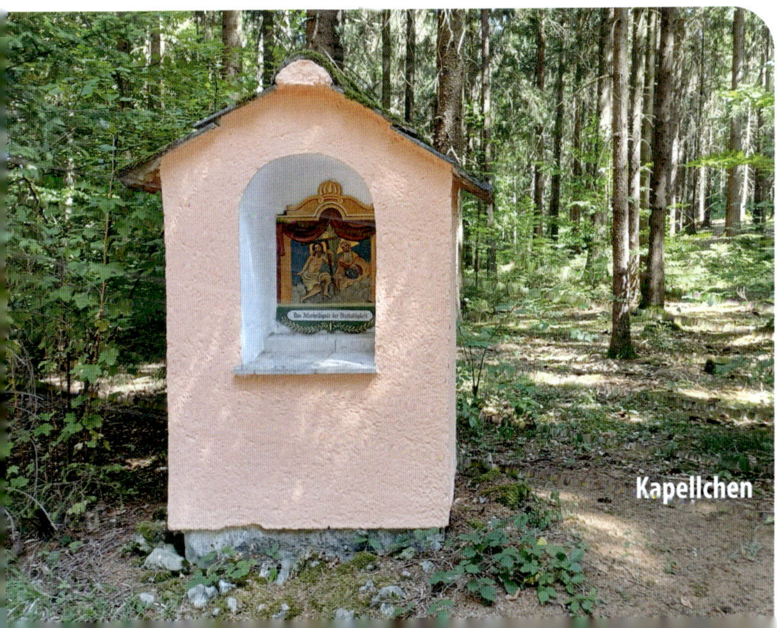

Kapellchen

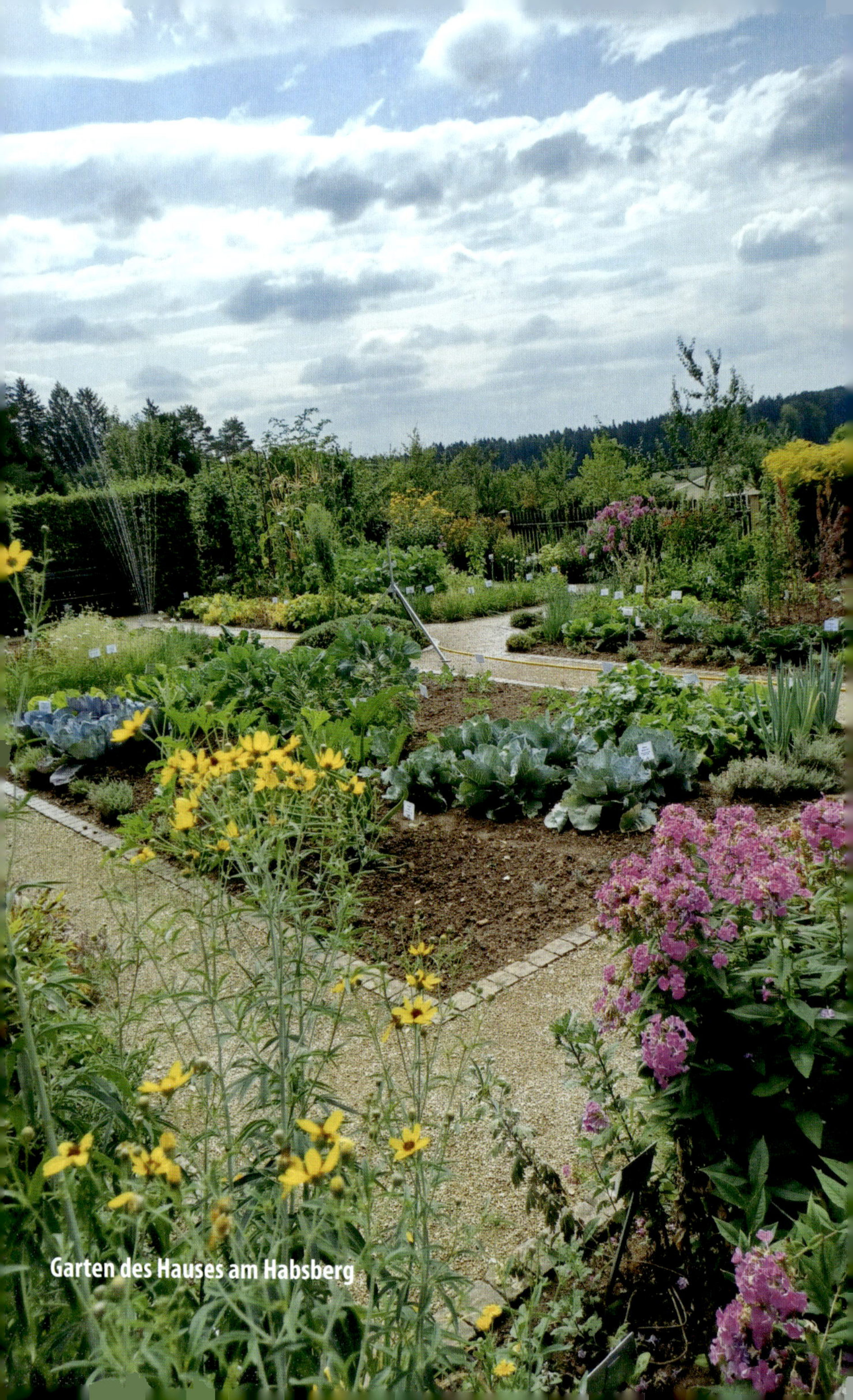

Garten des Hauses am Habsberg

die ersten Pilger an, die ebenfalls um Heilung ihrer Krankheiten baten. Damit war Panzer der Gründer des Wallfahrtsortes, zu dem heute noch Pilgerströme aus Franken und der Oberpfalz ziehen.

Die **Wallfahrtskirche Maria Heil der Kranken** ❹ wurde um 1760/1770 zusätzlich von heimischen Architekten und Künstlern errichtet. Ihr schlichtes Äußeres birgt eine überwältigende spätbarocke Farben- und Figurenpracht. Ein wenig gruselig mutet uns die Reliquie an: Es ist das komplett erhaltene Skelett des heiligen Fortunatus, in einem Glassarg ausgestellt.

__Reliquien__ sind Überreste von Heiligen oder Gegenstände aus deren Besitz. Es ist Tradition, dass eine Reliquie beim Neubau einer Kirche im Hauptaltar eingemauert wird.

Auch der auf halber Höhe des Habsberges gelegene **Friedhof** ❺ ist sehenswert. Entstanden ist er in jüngerer Vergangenheit aus Loyalität der umliegenden Bevölkerung zu ihrem Habsberg und der Marienverehrung. Fast wäre das Gelände vom Truppenübungsplatz Hohenfels einverleibt worden, was die Anlage des Friedhofes verhindert hat. Die Habsberger Friedhofsverordnung erlaubt nur schmiedeeiserne Grabkreuze, was dem Gelände einen romantischen Anstrich verleiht. Zum Teil stammen sie aus dem Nachlass eines aufgelösten Friedhofes, zum Teil werden sie von einer einheimischen Firma aus Velburg nach alten Vorbildern neu geschmiedet.

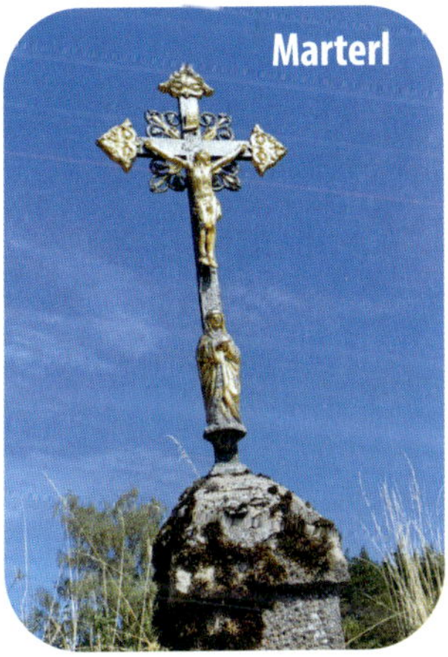
Marterl

Ab jetzt folgen wir der Markierung „Ps 1“ zurück nach Hilzhofen, vorbei am „Haus am Habsberg“, dem Umweltbildungs- und Regionalentwicklungszentrum Neumarkt in der Oberpfalz. Wir werfen einen bewundernden Blick auf den gepflegten **Gemüse- und Kräutergarten** ❻, wandern weiter in den Hollersgrund und wieder sanft bergauf – irgendwoher müssen die Höhenmeter schließlich kommen – in das Waldstück Im Haslach. Nach der nächsten Straßenquerung sind wir

Verwöhntour 9

Der **Landgasthof Meier** hat zu Recht ein ganzes Bündel an Auszeichnungen erhalten: Von „Slowfood Deutschland“ über den „Grünen Michelin-Stern“ ist unter anderem aufgrund der hohen Lebensmittelqualität, bio und regional, alles dabei.

wieder am **Pfaffenberg** und stoßen auf die Weggabelung am Anfang der Tour. Wir biegen links ab und laufen den schon bekannten Weg am Landschaftskino vorbei. Nachdem unsere Seele auf dem Habsberg auf ihre Kosten gekommen ist, ist jetzt der Leib dran.

Hungrig, durstig und etwas müde lassen wir uns im schattigen Biergarten des **Landgasthofes Meier** 7 nieder und studieren die verlockende Speisekarte. Hier wird die traditionelle Oberpfälzer Küche mit Wildkräutern, frischem Gemüse vom eigenen Acker nebenan und ungewöhnlichen Gewürzen kombiniert. Auch Vegetarier und Veganer haben ihr Schlemmerparadies hier gefunden. Ein kulinarischer Höhepunkt für eine spirituell anregende Wanderung.

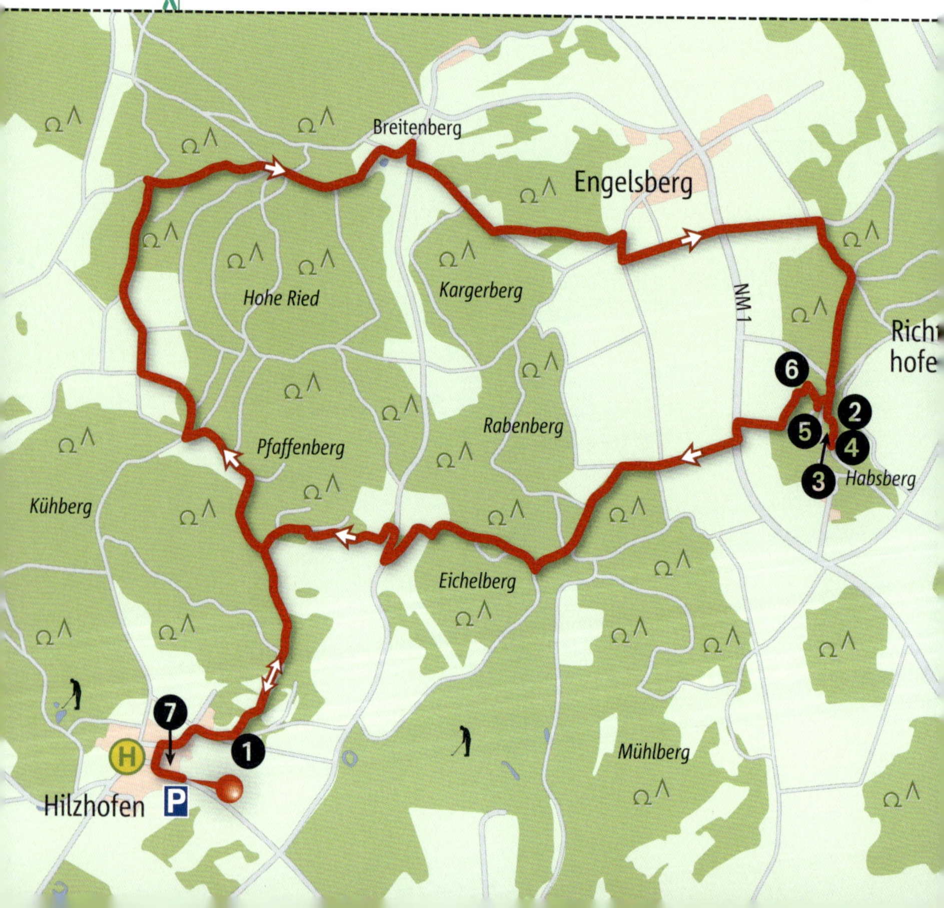

Alles auf einen Blick

WIE & WANN:
Meistens breite Wald-, Forst- und Feldwege, kurze Strecken auf kaum befahrenen Landstraßen. Am schönsten im Frühling, Frühsommer und Herbst.

HIN & WEG:
Auto: Parkplatz am Landgasthof Meier, Hilzhofen 18, 92367 Pilsach (GPS: 49.301306, 11.595533)
ÖPNV: Bus 521 und 522 von Neumarkt Bf bis Hilzhofen (ungünstige Fahrzeiten für Wanderer)

ESSEN & ENTSPANNEN:
Landgasthof Meier ❼ Hilzhofen 18, 92367 Pilsach, Tel. (0 91 86) 2 37

Entspannung ✱✱✱✱✱
Genuss ✱✱✱✱✱
Romantik ✱✱✱ (3 von 5)

ENTDECKEN & ERLEBEN:
Juradistel-Landschaftskino ❶
Kreuzweg Habsberg ❷
Gnadenkapelle ❸ Habsberg 3, 92355 Velburg
Wallfahrtskirche Maria Heil der Kranken ❹
Friedhof ❺
Gemüse- und Kräutergarten Haus Habsberg ❻

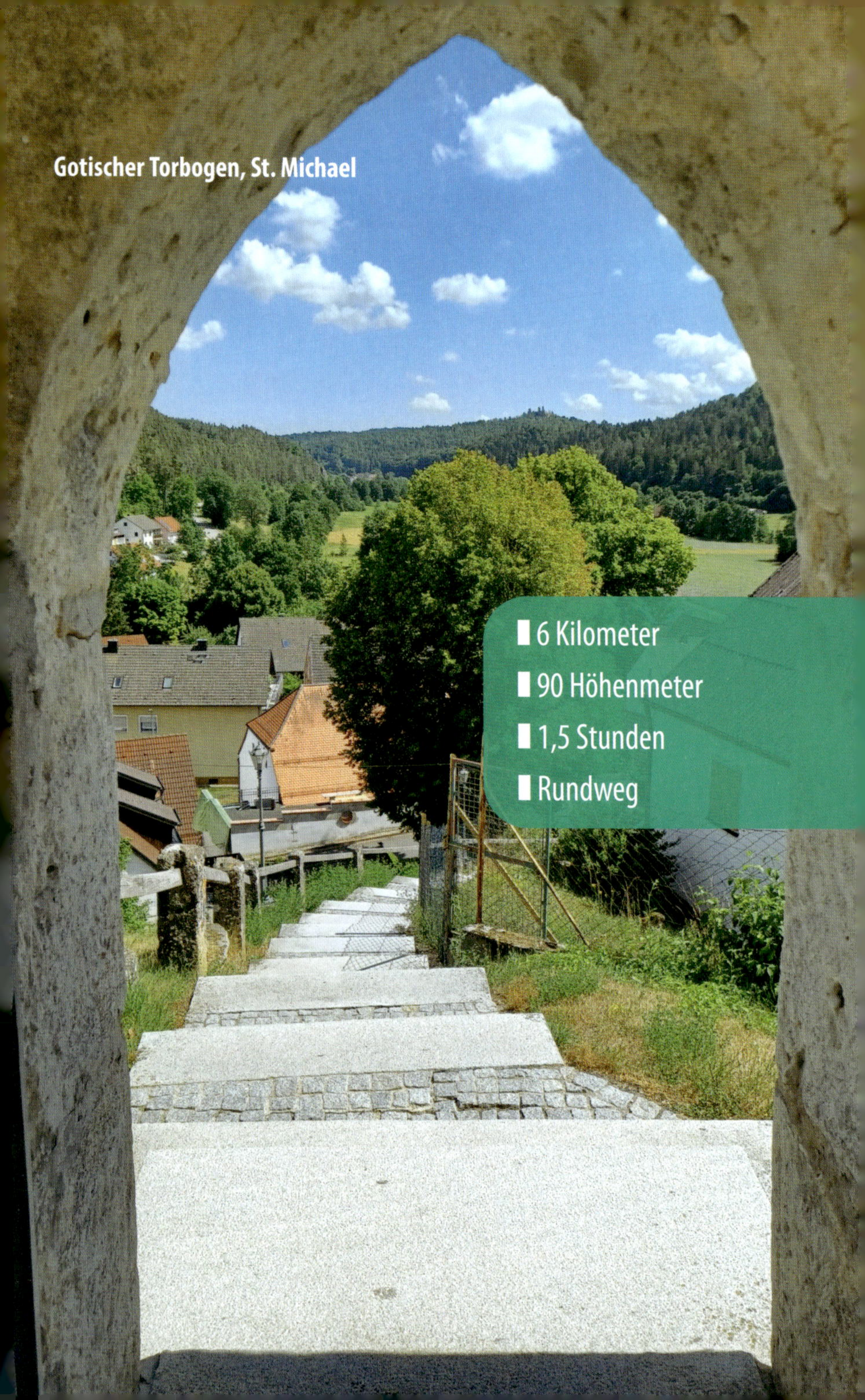

Gotischer Torbogen, St. Michael

- 6 Kilometer
- 90 Höhenmeter
- 1,5 Stunden
- Rundweg

Unsere heutige Tour liegt scheinbar am Ende der Welt. Weil sie mit dem öffentlichen Nahverkehr schwer zu erreichen ist, winden wir uns über fast verkehrsfreie Landstraßen ins Lauterachtal hinein und parken im Markt **Hohenburg** auf dem Parkplatz neben dem Friedhof der Kirche St. Salvator.

Wir befinden uns im **Lauterachtal,** das sich von Kastl bis Schmidmühlen zieht und vor allem bei Radfahrern beliebt ist. Heute freuen wir uns auf eine kleine Wanderung auf den Spuren der Fledermäuse. In Hohenburg gibt es zwei sehr große Kolonien, einmal die Großen Mausohren im Dachgebälk der Kirche und die Großen Hufeisennasen, die am Marktplatz ein eigenes Haus bewohnen, doch dazu später.

Fledermausland

Die Hufeisennasen in Hohenburg

Wir gehen ein paar Schritte die Straße hoch an der Kirche vorbei und treffen auf den Hinweis „Jurasteig, nach Allersburg 2,9 km". Hier steigen wir in die Wanderung ein. Ein paar Meter weiter kommt das Fledermaussymbol als Markierung hinzu. Schnell bringt uns der schmale Pfad auf den Koppelberg und wir bekommen einen idyllischen Blick zurück auf Hohenburg und die Burg.

*In Hohenburg gibt es die letzte Kolonie der **Großen Hufeisennase** in Deutschland. Rund 400 Tiere leben aktuell in der Wochenstube. Betreut und unterstützt wird das Projekt vom LBV.*

Wir kommen an eine kleine Infotafel, zu unserer Verwunderung an diesem entlegenen Flecken der Welt auch in englischer Sprache. Der Truppenübungsplatz auf der anderen Flussseite ist der Grund dafür, dass hier auch amerikanische Naturfreunde unterwegs sind. Je nach technischer Ausstattung können wir lesen, einen QR-Code scannen oder eine kostenlose Infonummer anrufen und unser Wissen bereichern.

Wir erfahren, dass die Wurzeln der **Ruine Hohenburg ❶** bis ins Jahr 1000 zurückgehen. Strategisch günstig gelegen, kontrollierte sie eine Handelsstraße entlang der Lauterach. Der Markt Hohenburg wurde erst fast 400 Jahre später erwähnt. Im 17. Jahrhundert verlor die Burg an Bedeutung und verfiel. Die immer noch beeindruckende Ruine lässt uns während der heutigen Tour kaum aus den Augen. Allerdings liegt sie auf dem Truppenübungsplatz Hohenburg und ist kein offizielles touristisches Ziel.

Mit Wacholder und Felsblöcken durchsetzte Magerwiesen rechts und links, eine Vielfalt bunter Sommerblumen, duftender Thymian und verschiedenste Schmetterlinge begleiten die nächste Wegetappe. Wir passieren mehrere kleine Infotafeln über das **Life-Projekt Große Hufeisennase ❷,** die uns aufklären, warum genau diese Gegend für Fledermäuse so anziehend ist. In der kleinteiligen Landschaft aus Hecken, Wäldchen, Magerwiesen und Flussauen konnte sich eine enorme Vielfalt an Pflanzen und Insekten erhalten. Es gibt kaum landwirtschaftliche Dünge- und Pestizideinträge. Das verschafft den Fledertieren einen reich gedeckten Tisch an Insekten. Der Truppenübungsplatz birgt eine Vielzahl kleiner Höhlen, die aufgrund ihrer Lage nicht betreten werden können. Die sind ein störungsfreies Winterquartier vor allem für die Hufeisennasen, die gern in Hallenhöhlen abhängen. Die offene Weidetierhaltung vom Rotvieh setzt einen ganzen Prozess in Gang: Rinder verdauen und ein Rinderfladen ist ein kleines Biotop für spezielle Käfer und Fliegen, auf die wiederum die Hufeisennasen besonders wild sind.

Tatsächlich sehen wir oben auf der Hochebene einen kleinen Rotviehtrupp gemütlich im Schatten herumliegen.

*Wer Fledermäuse unterstützen will, kann im Garten für **Nachtfalter** attraktive Blumen pflanzen. Dazu zählen z. B. die Nachtkerze und die Lichtnelken.*

An der Tafel „Weiden für die Fledermaus“ verlassen wir die Markierungen „Jurasteig“ und „Fledermaus“ und folgen dem Wacholderwanderweg den Hang hinunter auf die Straße nach Allersburg.

Hier fließt der Hausener Bach in die Lauterach. Tatsächlich stand im Hochmittelalter eine Burg auf dem Weinberg, alle drei Talabschnitte kontrollierend. Die Allersburg wurde aber komplett mit der **Pfarrkirche St. Michael** ❸ und dem dazugehörigen Friedhof überbaut. Die Kirche ist einen Abstecher wert. Eine 4 Meter hohe Friedhofsmauer aus karolingischer Zeit mit Schießscharten und einem gotischen Torbogen erinnert daran, dass Kirchen in kriegerischen Zeiten auch eine Burg- und Schutzfunktion für

*Im Mittelalter hatten Friedhöfe oft nur begrenzt Platz. Oft mussten Gebeine für neu Verstorbene aus den Gräbern gehoben werden. Sie wurden dann in sogenannten **Karnern,** einer Art Gruftgebäude, gelagert.*

Für die Seele

Die Seele entspannt mit den nackten Füßen in der klaren Lauterach. Umgeben von Libellen und Wildblumenduft fühlen wir uns wie in einem Märchen.

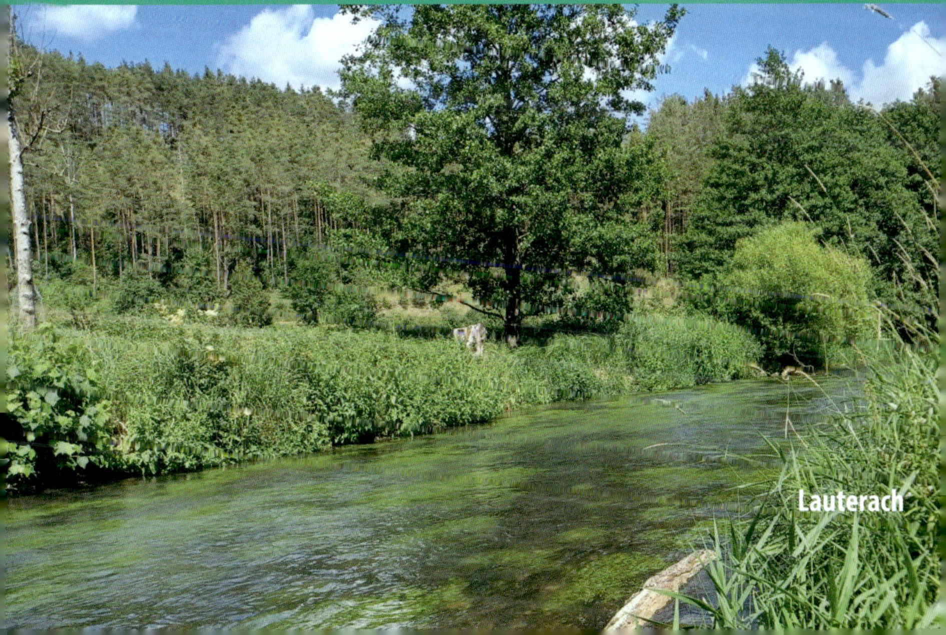

Lauterach

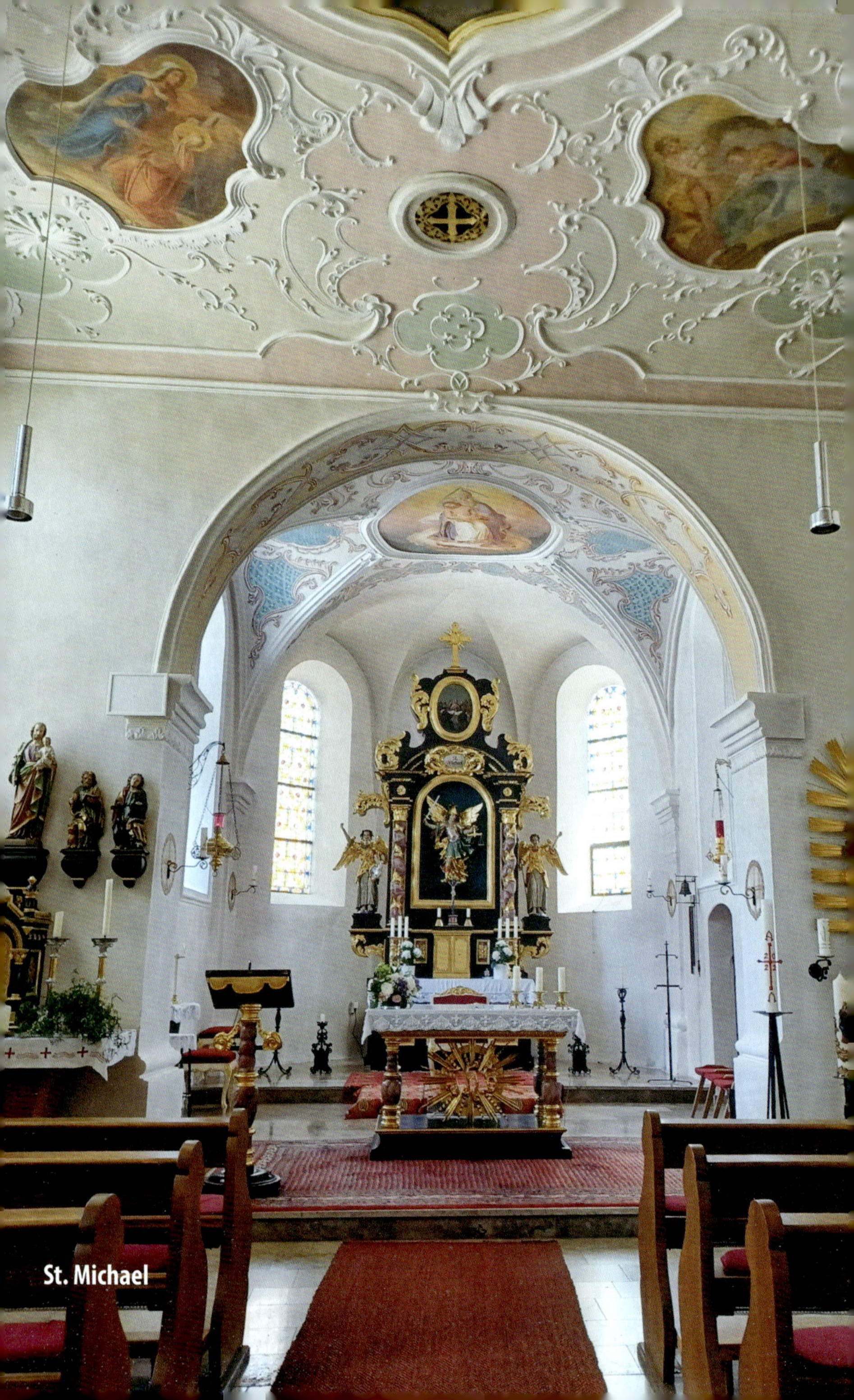

St. Michael

die Landbevölkerung hatten. An der Ostseite der Friedhofsmauer sind die Reste eines Karners erkennbar.

Wir steigen die Stufen wieder hinab, queren die Straße, bewundern dort ein altes Mühlengebäude, das einen Beitrag in „Lost Places“ verdient hätte, und folgen ab jetzt der Markierung „Jakobsmuschel“ an der **Lauterach** entlang bis nach Hohenburg.

Das freundliche Gewässer entspringt in der Fränkischen Alb bei Lauterhofen und fließt 35 Kilometer, bis es bei Schmidmühlen in die Vils mündet. Von dort geht es über die Naab und Donau ins Schwarze Meer.

An manchen Stellen ist die Lauterach so flach und einladend und das Wetter heute so heiß, dass wir die Gelegenheit für wildes Kneippen nutzen! Herrlich erfrischt geht es weiter. Wir lernen, dass auch Fledermäuse Fluss- und Bachläufe zu schätzen wissen. Sie werden als Schnellstraßen genutzt, um von A nach B zu kommen, kein störendes Gestrüpp ist im Weg. Außerdem gibt es eine Menge zu fressen, Stichwort Mücken. Manche Fledermausarten haben sich auf das Abjagen von Gewässern spezialisiert, andere dominieren den hohen Luftraum der Baumwipfel, wieder andere dichte Gebüsche.

*Der Demeterhof der Familie Schaller produziert hochwertiges Fleisch vom **Roten Höhenvieh.** Durch die extensive Beweidung dieser seltenen Rinderrasse werden die Mager- und Trockenrasen im Lauterachtal erhalten und damit auch der Lebensraum der Großen Hufeisennase.*

Die Jakobsmuschel geleitet uns direkt zum **Café Hammermühle ④,** wo wir uns im schattigen Biergarten niederlassen. Die Betreiberin ist durch eine Fernsehsendung überregional bekannt geworden, vor allem durch ihre fantastischen Kuchen und Torten. Aber auch alles andere auf der Speisekarte ist vorzüglich. Die Lebensmittel sind aus biologisch-kontrolliertem Anbau, zum Teil aus Eigenproduktion. Sogar das Fleisch ist vom eigenen, schon erwähnten Roten Höhenvieh. Zum Durstlöschen probieren wir die Giersch-Limonade, genießen den Burger mit Fleisch vom Roten Höhenvieh und versündigen uns beim Dessert an den Torten.

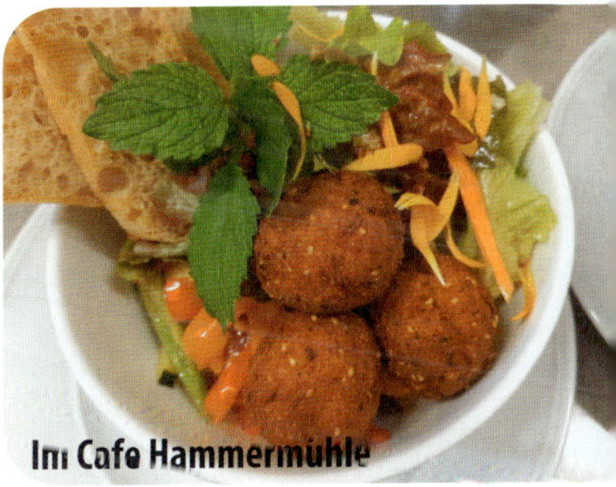
Im Cafe Hammermühle

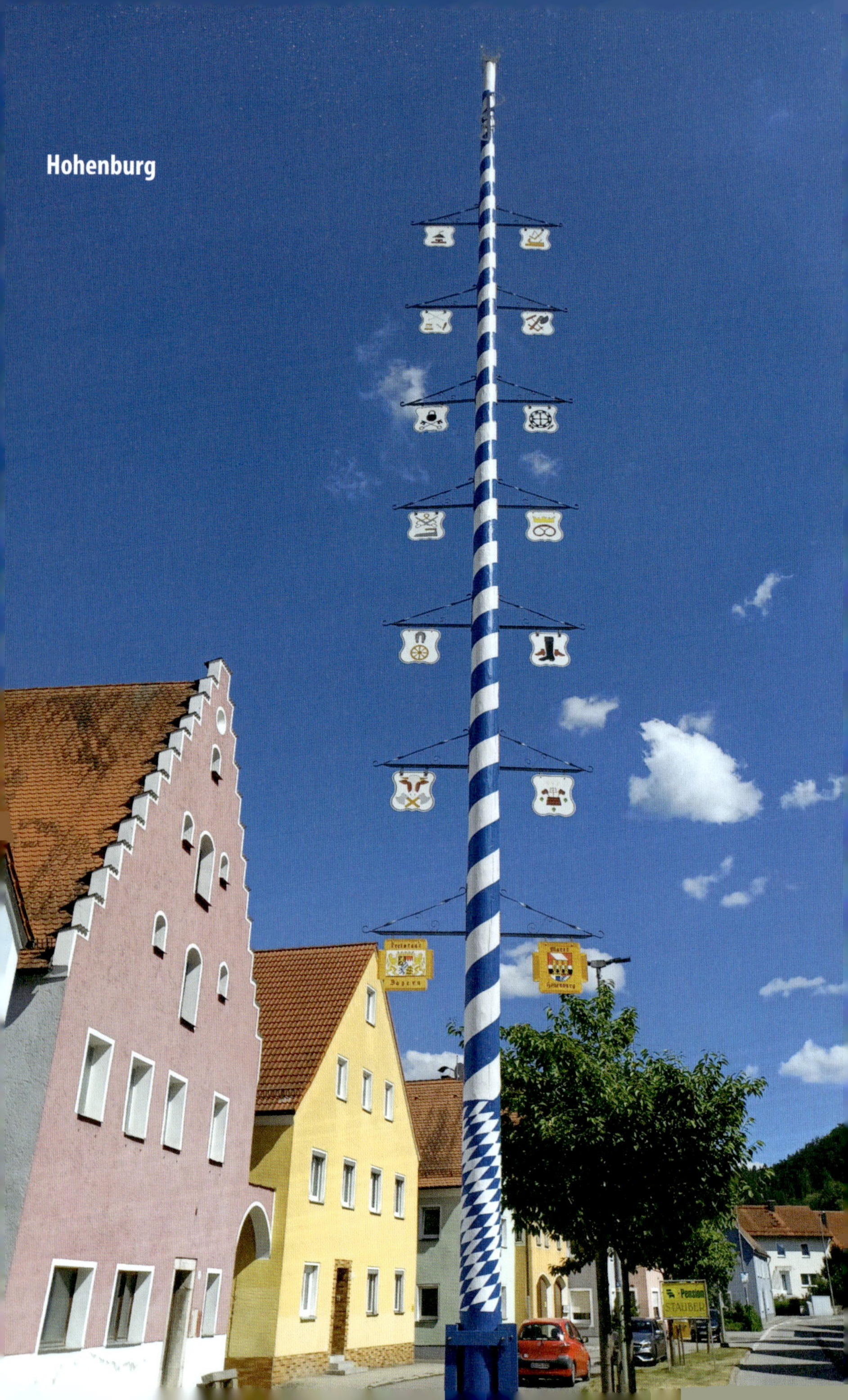

Hohenburg

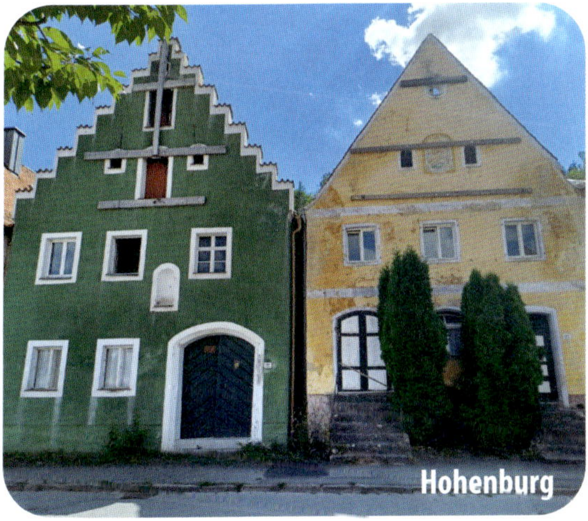

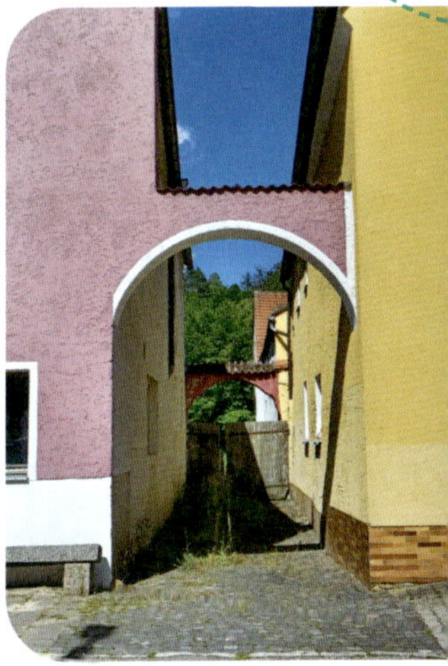

Der Tag ist aber noch nicht zu Ende! Wir schlendern über den **Marktplatz Hohenburg** ⑤, der mit seinen bunten Wohn- und Geschäftshäusern eine ganz eigentümliche Romantik verströmt. Hier ein fuchsiafarbenes Wohnhaus oder ein apfelgrünes aus dem 16. Jahrhundert, verbunden durch bröckelnde Torbögen und eine Durchfahrt, dort der Gasthof Alte Post aus dem 17. Jahrhundert und der kanariengelbe Kindergarten. Das Schwarze Rathaus und die Pfarrkirche sind ebenfalls aus dem 17. Jahrhundert.

Das Haus Nr. 32 ist eher dezent hergerichtet. **„Fledermaushaus“** ⑥ steht über der Tür. Hier lebt in den Sommermonaten die Wochenstube der Großen Hufeisennase im Dachgebälk. Wochenstube heißt, es handelt sich nur um Weibchen mit ihren Jungtieren. Hufeisennasen haben ihren Namen von ihren bizarr geformten Nasen, die wie Hufeisen aussehen. Diese besondere Form unterstützt die Echoortungsfähigkeiten der Tiere.

Pestizideinsatz in der Landwirtschaft und die Zerstörung ihrer Wochenstuben haben die Art fast zum Aussterben gebracht. Durch einen Zufall wurde 1992 im Haus Nr. 32 noch eine Handvoll Hufeisennasen entdeckt. Mit den Fördergeldern von LIFE+ (Umweltförderungsinstrument der Europäischen Union) wurde das Gebäude sanft saniert.

Im Innenhof warten wir mit anderen Besuchern gespannt auf den Ausflug der Fledermäuse aus den Dachluken und Fensterchen. Lange passiert gar nichts. Es wird dämmriger und kühler. Da! Die erste Hufeisennase saust in den Nachthimmel, eine zweite, dritte, dann wieder einige Minuten Pause, bevor der Rest der Kolonie locker zerstreut losfliegt, einige ganz dicht über unseren Köpfen.

Was für ein schöner Abschluss dieses Genießertages!

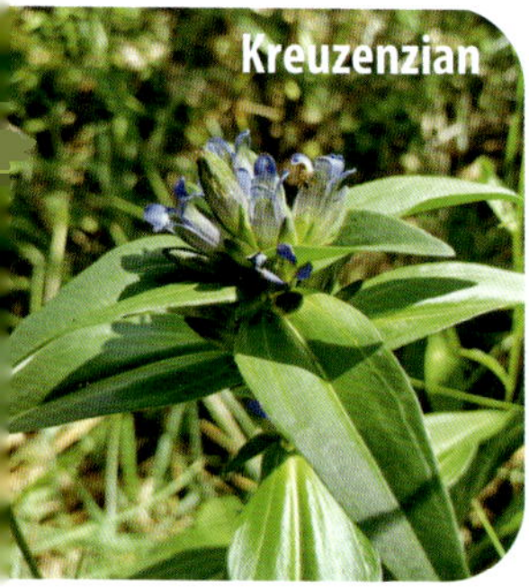

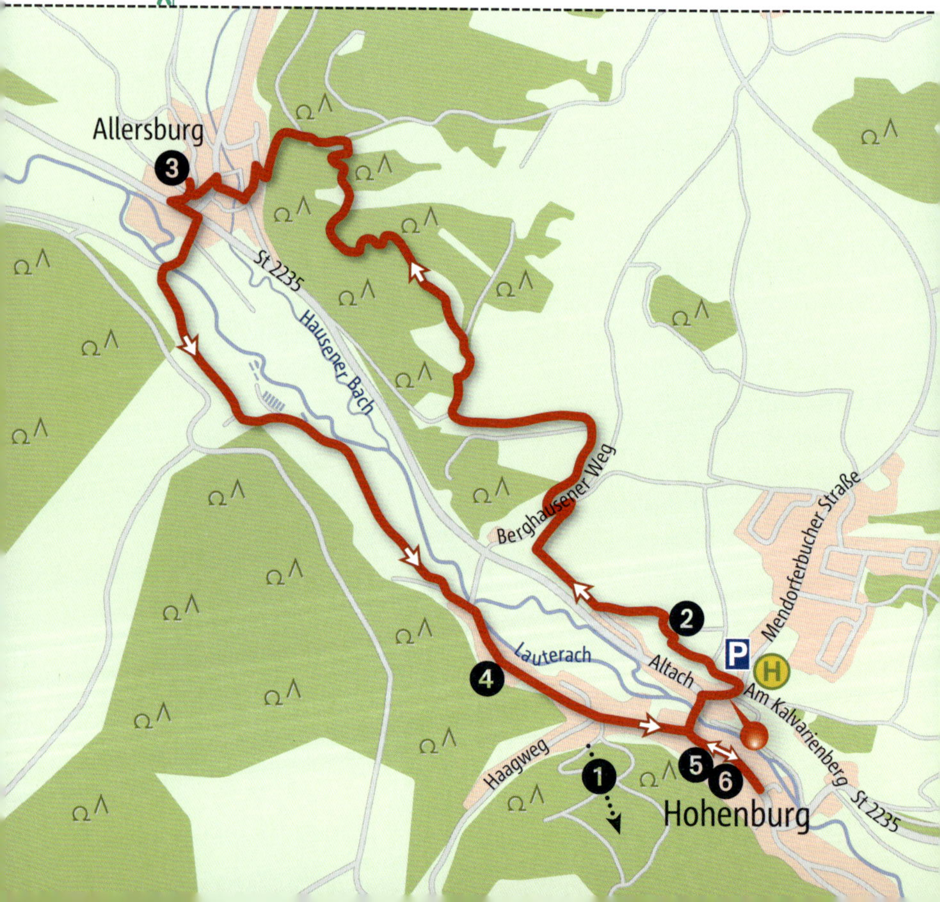

Alles auf einen Blick

WIE & WANN:
Gut ausgeschilderte, bequeme Feld- und Wiesenwege, wenig Waldanteil. Wegen des Ausflugs der Fledermäuse am besten von Mai bis September.

HIN & WEG:
Auto: Parkplatz neben dem Friedhof, Mendorferbucher Straße, 92277 Hohenburg (GPS: 49.296062, 11.799986)
ÖPNV: Bus 461 von Amberg Bf bis Hohenburg Schule (Bus fährt selten)

ESSEN & ENTSPANNEN:
Restaurant, Biohof & Café Hammermühle ❹ Hammermühlstraße 32, 92277 Hohenburg, Tel. (0 96 26) 92 98 53

Entspannung ✱✱✱✱✱ (4 von 5)
Genuss ✱✱✱✱✱ (5 von 5)
Romantik ✱✱✱✱✱ (3 von 5)

ENTDECKEN & ERLEBEN:
Ruine Hohenburg ❶
Life-Projekt Große Hufeisennase ❷
Pfarrkirche St. Michael ❸ Allersburg 32, 92277 Hohenburg
Marktplatz Hohenburg ❺
Fledermaushaus ❻ Marktplatz 32, 92277 Hohenburg, Tel. (01 74) 1 92 97 04 (Freitagabend Führung und Beobachtung des Fledermausausfluges. Vorher anrufen und anmelden!)

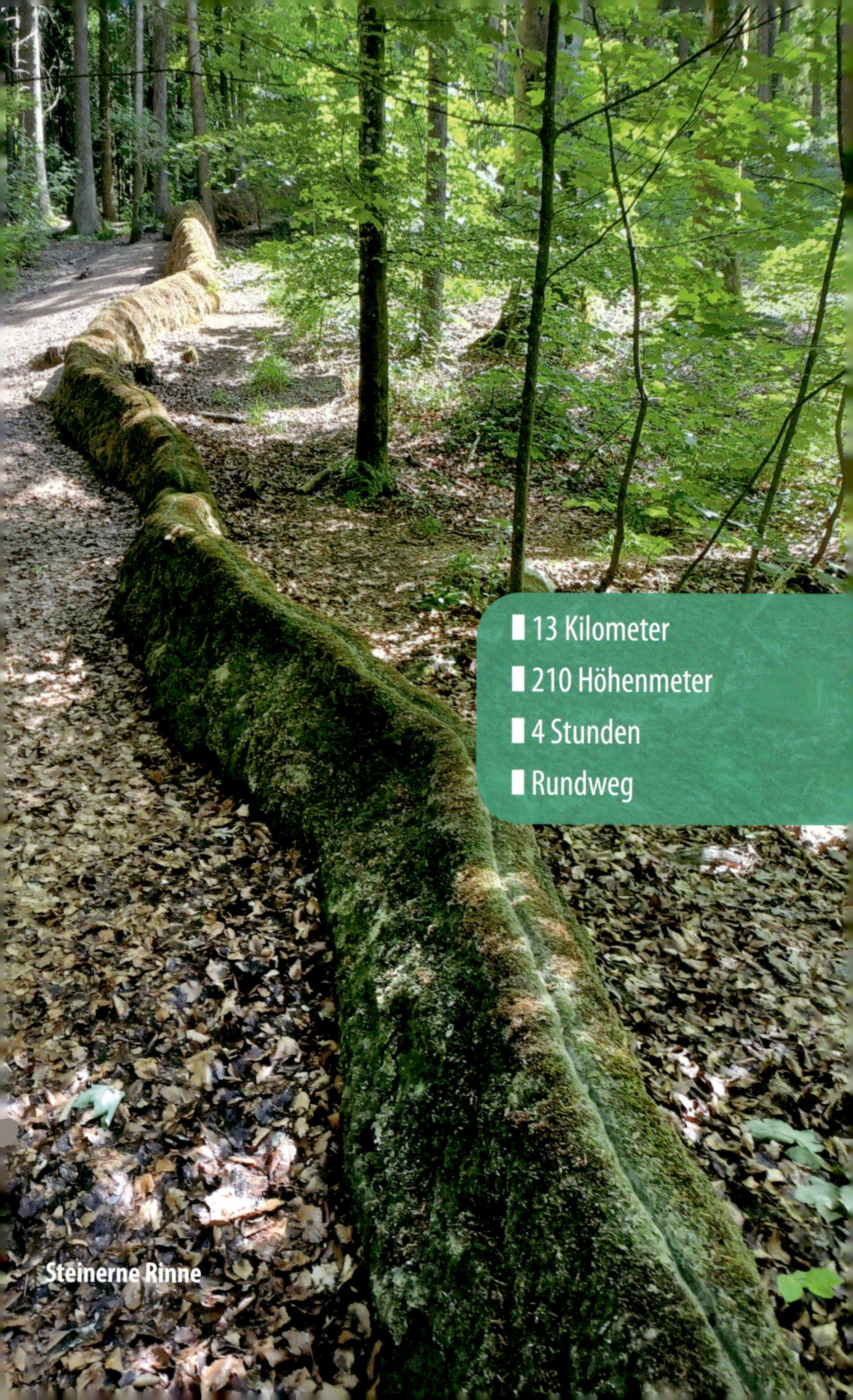

- 13 Kilometer
- 210 Höhenmeter
- 4 Stunden
- Rundweg

Steinerne Rinne

Heute erkunden wir zwei geologische Highlights in den Wäldern von **Berching.** Das Städtchen mit Mittelalterflair ist allgemein bekannt geworden durch die Eröffnung des Main-Donau-Kanals im Jahr 1972. Es liegt zwischen dem Ludwig-Main-Donau-Kanal und dem Main-Donau-Kanal und wird zusätzlich noch vom Flüsschen Sulz durchflossen.

Am kostenfreien Parkplatz der Europahalle verschafft uns eine Tafel mit dem Wanderwegenetz einen guten Überblick. Wir starten unsere Tour mit der Markierung „Be 4“ (grüne 4 auf gelbem Grund), ein Rundwanderweg mit 10 Kilometern, den wir aber wegen der Steinernen Rinne um 3 Kilometer verlängern werden.

Aus Kalk gebaut

In den Wäldern von Berching

Zunächst überqueren wir auf einer Fußgängerbrücke den **Main-Donau-Kanal** ① und genießen die Weitblicke nach rechts und links. Auf der anderen Kanalseite führt der Weg breit und gut ausgebaut am Wasser entlang. Wir zählen von hier aus drei der insgesamt 13 mittelalterlichen Wehrtürme, die der Stadt erhalten geblieben sind. Bunte Farbtupfer sind die Blühwiesen und -streifen für Bienen und Schmetterlinge, eine Initiative vom Naturpark Altmühltal für die Artenvielfalt. Viel schöner als Golfrasen und Blumenrabatten, finden wir.

Der ***Main-Donau-Kanal*** *legt 170 Kilometer durch Bayern zurück und verbindet den Main bei Bamberg mit der Donau bei Kelheim. Rund 30 Jahre – von 1960 bis 1992 – wurde an ihm gebaut.*

Der Wegweiser lotst uns durch die verschlafene Ortschaft **Sollngriesbach,** nach den letzten Häusern geht es leicht bergauf und wir verschwinden im Schatten des Spitalwaldes. Weiche Waldwege federn unsere Schritte ab, es riecht nach Moos, Erde und Harz. Linker Hand murmelt der Kirchenbach auf seinem Weg zum Kanal.

Wir erreichen unsere Reisehöhe des heutigen Tages und ein Schild, das auf den **Burgstall Hohenbrunnen** ② aufmerksam macht. Burgstall ist eine Bezeichnung für eine Stelle, wo mal eine Burg stand, von der bis auf maximal einen Mauerrest nichts mehr zu sehen ist. So auch hier. Das kundige Auge entdeckt noch den Halsgraben und die Reste eines Mauerzuges, alles überwachsen und verschüttet. Wann genau die kleine Burg aus dem Dunkel der Geschichte auftauchte und warum sie wieder verschwand, ist nicht bekannt. Aber die Standortwahl lässt sich gut nachvollziehen, ein Steilhang Richtung Süden und Wasserversorgung durch zwei Quellen, die den Hohen Brunnen – daher der Name des Burgstalls – speisen.

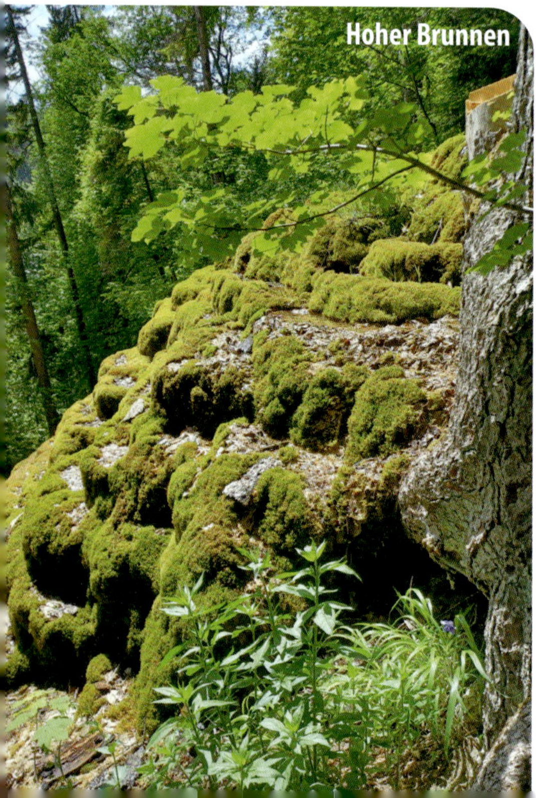
Hoher Brunnen

Nur wenige Meter weiter lockt mit leisem Plätschern der Hohe Brunnen. Wie so oft wird das Wort Brunnen als Synonym für Quelle/Quellaustritt eingesetzt. Beim **Hohen Brunnen** ③ handelt es sich um ein besonders schützenswertes Geotop, also eine geologische Sehenswürdigkeit. Er sieht aus wie ein steinerner, moosiger Wasserfall, irgendetwas aus einem Märchen oder der Anderswelt. Wahrscheinlich ein Tummelplatz von Elfen, Feen und Nixen, die sich dem normalen Wanderer natürlich nicht zeigen. Wir sind so beeindruckt, dass wir an der Tischgruppe Pause machen und die Atmosphäre dieses besonderen

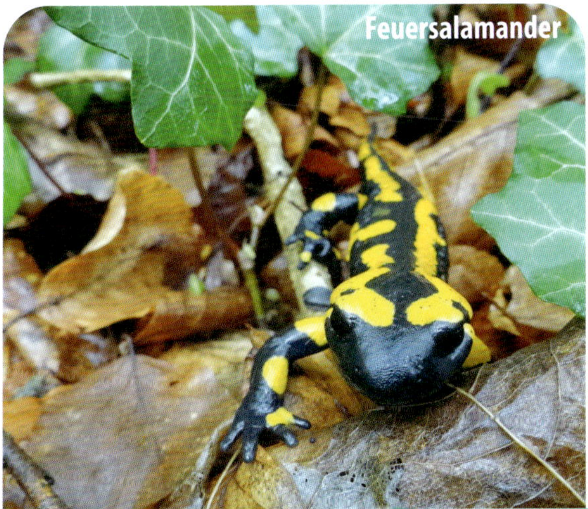

Für die Seele

Von wegen Kohlendioxid und Kalkausfällung – die landschaftlichen Wunderwerke Steinerne Rinne und Hoher Brunnen schufen garantiert Feen und handwerklich geschickte Zwerge.

Ortes genießen. Selbstverständlich bewundern wir das Geotop nur mit den Augen, Betreten ist streng verboten, das gilt auch für Hunde. Jeder Tritt könnte zerstören, wofür die Natur Jahrtausende gebraucht hat.

Aber nun zu den geologischen Fakten: Der Hohe Brunnen ist tatsächlich 7 Meter hoch, rund 40 Meter lang und 25 Meter breit. Er wird gespeist von zwei Quellen, die sich über ihm zu einem Bächlein vereinen. Das Wasser ist mit Kalk und Mineralien gesättigt, nach dem Quellaustritt wird das Kohlendioxid an die Luft abgegeben, Wasser verdunstet und Kalk wird ausgefällt. Dieser ummantelt spezielle Quellmoose, die der Verkalkung zu entwachsen versuchen und so die Sinterbecken bilden. Das Wasser ist kristallklar und hat eine ganzjährige Temperatur von 8 Grad. Feuer-

*Dem **Feuersalamander** begegnen wir, ganz anders, als sein Name vermuten lässt, am liebsten bei Regen. Ansonsten ist er nachtaktiv und fällt deshalb auch dort nicht auf, wo er häufig ist. Saubere, klare Quellen sind elementar für seine Fortpflanzung – und genau die gibt es bei uns durch die Nitrifizierung immer seltener.*

salamander schätzen die Location für die Eiablage, in dem Wasser finden wir Bachflohkrebse und die Quell-Köcher-Fliege.

Ab hier verlassen wir die Markierung „Be 4“ für einen Abstecher zur Steinernen Rinne. Es gibt keinen ausgeschilderten Wanderweg, deshalb heißt es ab jetzt, die Beschreibung gut lesen und die Karte bereithalten! Die Wege sind breit und gut begehbar, aber eben nicht gekennzeichnet.

Gegenüber dem Burgstall und dem Hohen Brunnen geht ein schmaler Waldpfad weiter bergauf und trifft auf einen Forstweg. Diesem folgen wir rechts entlang bzw. in nordöstlicher Richtung. Nach rund 600 Metern kommt eine Wegkreuzung, wir biegen links (Norden) ab, nach 250 Metern folgt die nächste Wegkreuzung, hier gehen wir rechts herum. Nach 200 Metern gabelt sich der Weg, wir bleiben links, nehmen die Rechtskurve den Hang hinab und treffen auf einen Pfad, der parallel zum Hang verläuft. Wir biegen scharf links in ihn ein und nach wenigen Metern stehen wir vor der **Steinernen Rinne 4!**

***Steinernen Rinnen** begegnen wir in Bayern, vor allem im Fränkischen und im Oberpfälzer Jura. Häufiger sind sie an Quellen gebunden, die langsam und konstant fließen und deren Wasser einen hohen Kalkgehalt aufweist.*

Eine unscheinbare Quelle rechts des Weges, der Franzosenbrunnen, sickert leise vor sich hin, bildet ein Bächlein, das irgendwie immer kalkiger und höher wird. Dann nimmt die Erscheinung Fahrt auf und wächst moosbedeckt bis zu 80 Zentimeter in die Höhe. Wie eine flauschige grüne Riesenschlange windet sich die Rinne den Hang hinunter, ganze 80 Meter lang. Oben plätschert im Kalk-Moos-Bett glasklares Wasser. Die Steinerne Rinne führt ihr Wasser dem Erasbach zu, welcher seinerseits in die Sulz mündet.

Geologisch ist dieses Wunder vergleichbar mit dem Hohen Brunnen. Auch hier ummantelt Kalk mithilfe gewisser Algen die Moose, aus denen in Jahrhunderten das Hochbett wächst, jedes Jahr einige Millimeter. Das Gebilde ist filigran und verletzlich, ein Steinchen oder Erdklumpen in der Rinne kann das Wachstum stoppen.

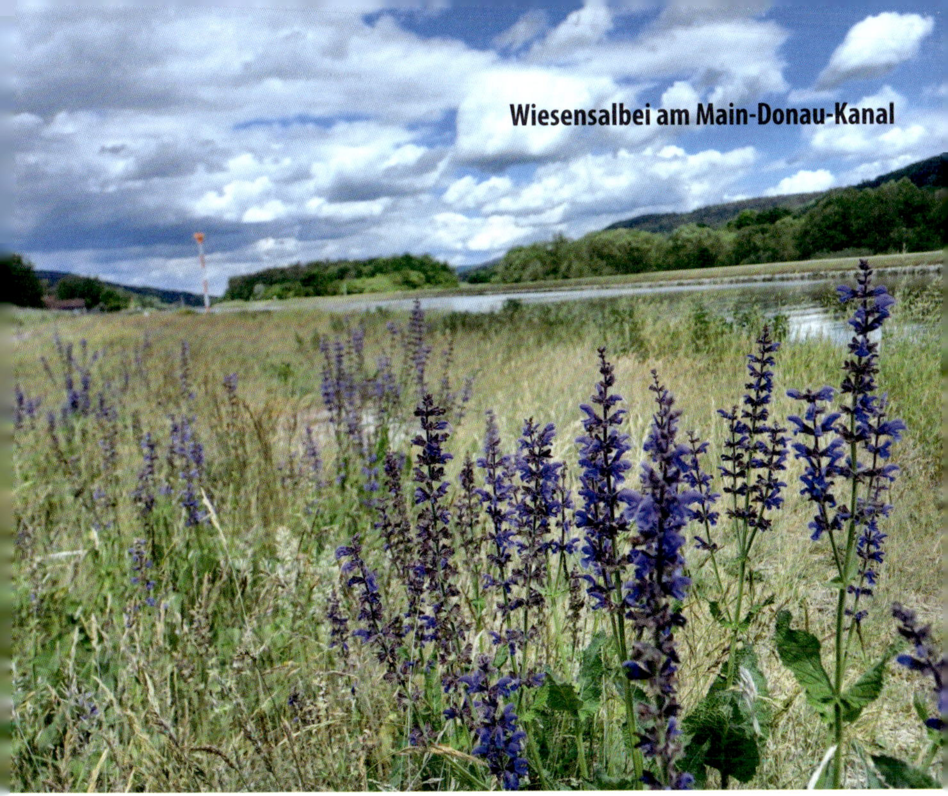

Hier gilt ebenfalls: Betreten verboten! Wir lassen auch die Hunde nicht durch die Rinne laufen und riskieren kein Handyfoto aus ungewöhnlicher Perspektive auf Kosten des zerbrechlichen Kalktuffs.

Wir gehen den gleichen Weg zurück bis zum breiten Forstweg. Dort, wo der Pfad Richtung Hoher Brunnen abzweigt (links, Richtung Süden), bleiben wir auf dem Forstweg, der nach etwa 750 Metern wieder auf die Markierung „Be 4“ trifft, auf der wir jetzt bis zum Schluss bleiben.

Entspannt schlendern wir den Forstweg in südlicher Richtung, atmen die harzige Nadelwaldluft ein, erinnern uns an die schönen Bilder des Tages und freuen uns schon auf die baldige Einkehr.

Kurz bevor der Wald endet, springt die Markierung linksherum, schattige weiche Waldpfade geleiten uns bis zur **Kapelle der 14 Nothelfer.** Hier bietet sich noch einmal ein herrlicher Blick auf Berching und den

Verwöhntour 11

Kanal. Wir verabschieden uns vom Wald mit seinen versteckten Wundern, marschieren durch ein Wohngebiet Richtung Kanal und verlassen die Markierung, um in die Gredinger Straße abzubiegen, wo das **Restaurant Gewürzmühle** ❺ mit regionalen Spezialitäten lockt. Hier wird Fleisch vom Juradistel-Lamm und Jura-Weiderind serviert. Beide Haltungsformen tragen zum Artenreichtum und zur Vielfältigkeit des Landschaftsbildes bei – Dinge, die wir beim Erwandern des Bayerischen Jura so schätzen.

Bci einem guten Essen im Biergarten und einem süffigen Wein (für den Beifahrer) lassen wir den Waldtag ausklingen.

Juradistel *ist ein Naturschutzgroßprojekt im Rahmen der Bayerischen Biodiversitätsstrategie. Umweltbildung sowie eine Vernetzung von Landwirten, Metzgern und Gastronomen sind wesentlicher Bestandteil.*

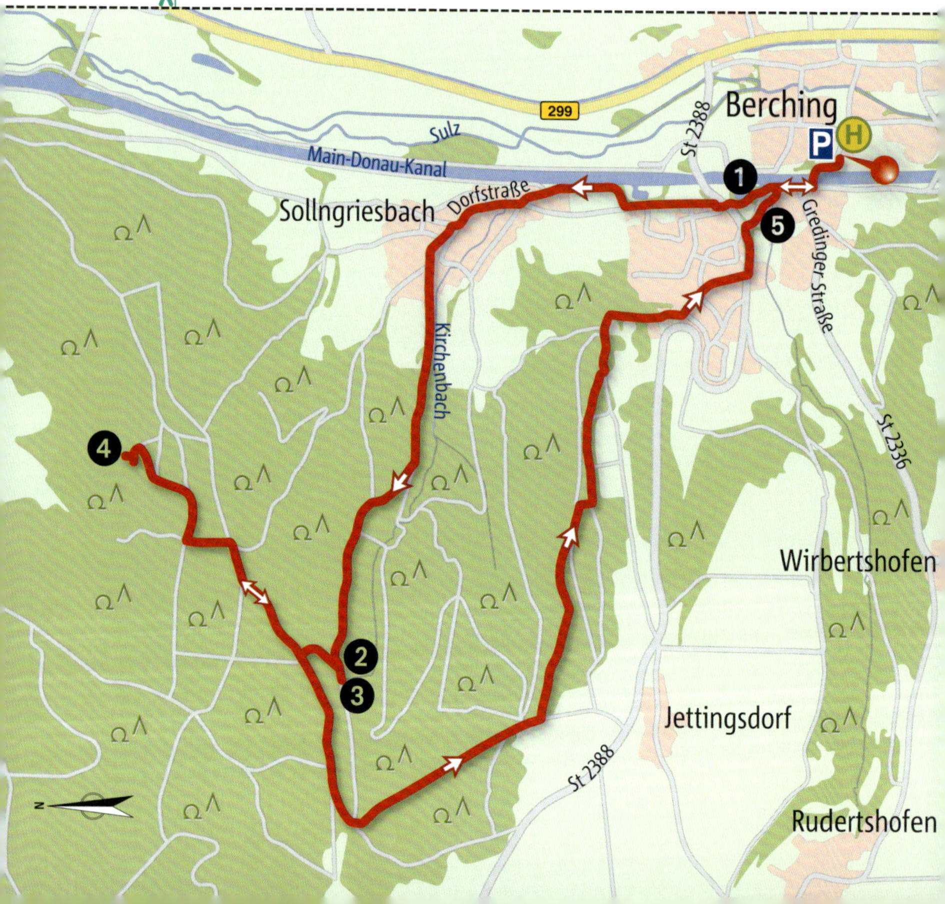

Alles auf einen Blick

WIE & WANN:
Außerhalb Berchings überwiegend Waldwege, teils naturbelassen, teils Forstwege. Die besten Jahreszeiten sind Frühling und Herbst, wenn die Niederschläge den Hohen Brunnen und die Steinerne Rinne zum Leben erwecken.

HIN & WEG:
Auto: Parkplatz Europahalle, Schlesierstraße 19, 92334 Berching
(GPS: 49.104508, 11.438759)
ÖPNV: Bus 515 (Neumarkt–Dietfurt) bis Volksschule Berching

ESSEN & ENTSPANNEN:
Hotel & Restaurant Gewürzmühle ❺ Gredingerstraße 2, 92334 Berching,
Tel. (0 84 62) 20 00 50 (Spezialitäten, u. a. Juradistellamm)

Entspannung ✸✸✸✸✸
Genuss ✸✸✸✸
Romantik ✸✸

ENTDECKEN & ERLEBEN:
Main-Donau-Kanal ❶
Burgstall Hohenbrunnen ❷
Hoher Brunnen ❸
Steinerne Rinne ❹

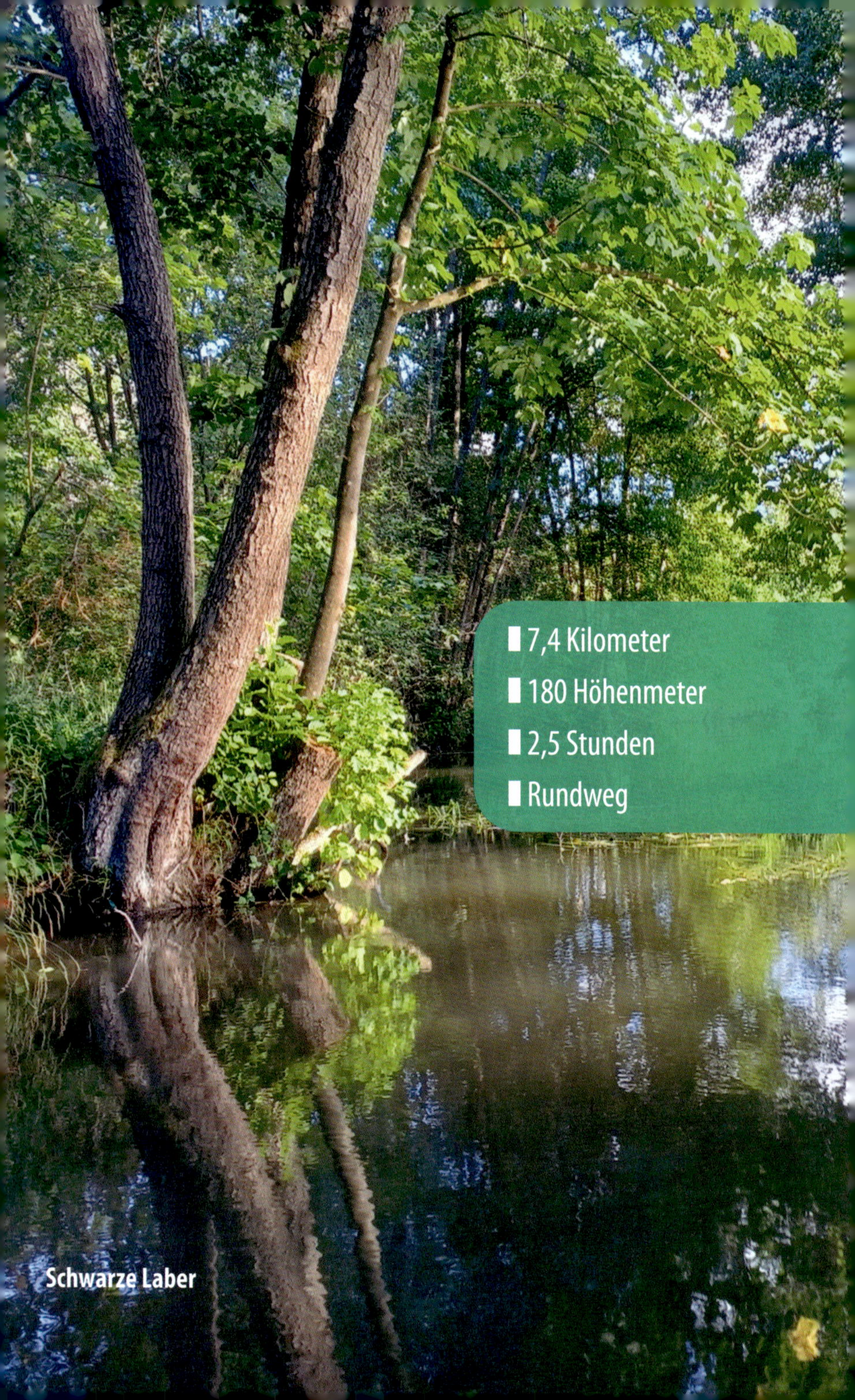

Schwarze Laber

Heute lockt uns das Grüne Gold am Ufer der Schwarzen Laber. Was genau das ist, wird später verraten. Wir parken im Nittendorfer Ortsteil **Schönhofen** kostenfrei am Sportplatz. Schönhofen ist überregional vor allem in der Klettererszene wegen seiner eindrucksvollen Felsformationen bekannt.

Nur wenige wissen, dass die Gründung des Ortes auf eine Burg zurückgeht, in alten Stichen als „Schloss Schönhofen" ausgewiesen. Davon ist aber bis auf den Hinweis „Bodendenkmal" neben der Kirche St. Johannes Baptist nichts mehr zu sehen. Den Ort überragt sein Wahrzeichen, die „Nadelspitze", eine schlanke Felsnadel aus Dolomit. Wir befinden uns im östlichsten Ausläufer des Fränkischen Jura.

Grünes Gold

Im Tal der Schwarzen Laber

Direkt am Parkplatz verführt uns ein Hofladen zum Kaufen von Salami, Schinken und Käse aus der Region. Die Bezahlung beruht ganz auf Vertrauensbasis in eine offene Kasse. Wir nehmen noch Kräuterlimonade für die Wanderung mit und hinterlassen natürlich auch ein Trinkgeld.

Auf der Sportplatzstraße laufen wir ein Stück nach links, dann winkt uns die Markierung „Ritter Wonnebold" rechts den Wacholderhang hoch. Wir befinden uns im **FFH-Gebiet Schwarze Laber ①**, das sich auf der östlichen Seite des Flusses ausbreitet und auf über 1000 Hektar verteilt. Es beherbergt zehn verschiedene Lebensraumtypen. Wir queren gerade die „naturnahen Kalk-Trockenrasen und deren Verbuschungssta-

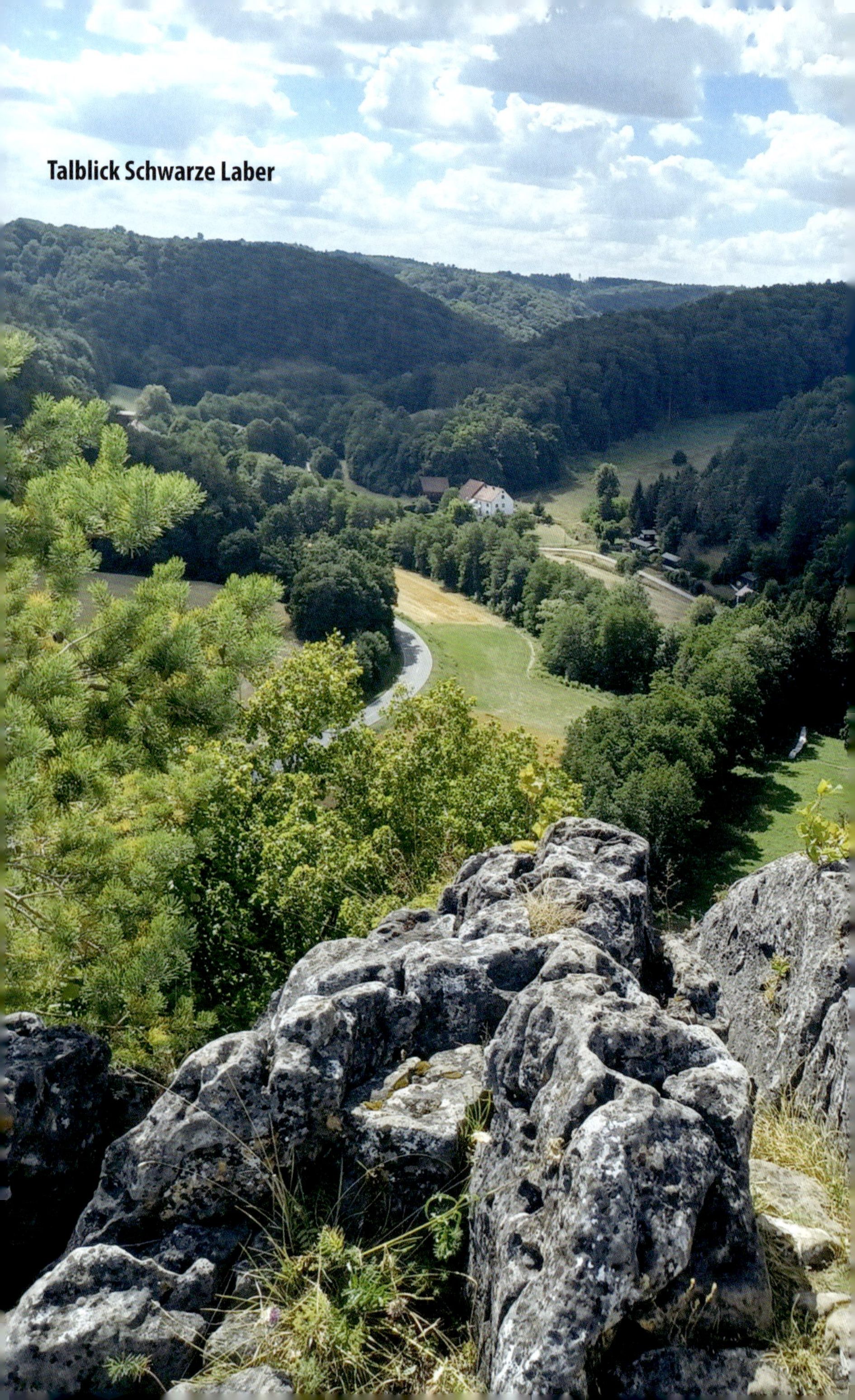

Talblick Schwarze Laber

dien". Das heißt, um uns herum wachsen Pflanzen, die mit wenig Nährstoffen, Wassermangel und Wärme gut zurechtkommen. Das zarte Lila der Witwenblume, das dunkle Violett der Flockenblumen, dazwischen leuchtend gelber Hornklee, das Pink der Kartäusernelken und das dunkle Rotbraun der Wiesenknöpfe, um nur einige aufzuzählen.

Zu Letzteren gibt es einen spannenden ökologischen Kontext. Bei einer Tagfalterart aus der Familie der Bläulinge, dem Dunklen Wiesenknopf-Ameisenbläuling, dreht sich das ganze Leben um diese Pflanze. Die erwachsenen Falter naschen den Nektar, paaren sich auf der Blüte und das Weibchen legt die Eier in die Blüten hinein. Die Raupen fressen nur Wiesenknopf.

Für die Seele

Wir blinzeln in die Sonne, genießen den lichten Buchenwald und stellen uns die dunklen und kalten Höhlenräume der Burg unter unseren Füßen vor.

Im Spätsommer lassen sie sich zu Boden fallen. Ihr spezieller Geruch veranlasst Ameisen, sie in ihren Bau zu tragen. Dort ernähren sich die Raupen den Winter über von der Ameisenbrut und werden aufgrund ihrer ausströmenden Pheromone weiterhin von den Ameisen gepflegt. Sie verpuppen sich dort bis zum Frühjahr, müssen nach dem Schlupf aber schnell den Bau verlassen, weil sie ihren Schutzgeruch verloren haben.

Wer weiß, was sich sonst noch für Dramen um uns herum abspielen, völlig unbemerkt von uns Großsäugern?

Der Pfad steuert auf eine Ansammlung Felsköpfe zu. Unter uns die bekannte **Labertalwand** mit diversen Kletterrouten und die Schwarze Laber, glitzernd durchs Tal schlängelnd. Um uns herum der Lebensraumtyp „Kalk-Pionierrasen“ auf Felskuppen, Felsschutt- und Felsbändern mit Überlebenskünstlern wie dem Weißen und Scharfen Mauerpfeffer.

Für Wagemutige wird die Abzweigung „Alpiner Steig“ angeboten, wir halten dem Ritter Wonnebold die Treue und folgen ihm über die Hochebene in den Buchenwald, Lebensraumtypen „Waldmeister-Buchenwald“ und „Mitteleuropäischer Orchideen-Kalk-Buchenwald“. Von Mai bis Juni blühen hier wilde Orchideen wie das Weiße und Rote Waldvöglein, die Waldhyazinthe und viele andere. Das Sonnenlicht schimmert grüngolden durch das Blätterdach, aber das meinen wir nicht mit dem Titel dieser Tour.

__Waldmeister__ gehört zu den Wetterzeiger-Pflanzen. Wenn wir seinen Duft nach Cumarin intensiv wahrnehmen, ist der nächste Regenschauer nicht mehr weit. Also Regenjacke auspacken oder einen Unterstand aufsuchen.

Am Waldrand biegt Ritter Wonnebold scharf links ab und quert den Hang abwärts Richtung Eichhofen. Die Markierung „grüner Querbalken“ zweigt nach rechts ab, rund 70 Meter später windet sich ein unmarkierter Trampelpfad aufwärts. Diesem folgen wir dem Gefühl nach und stehen nach kurzer Zeit vor dem eingezäunten Areal der seltsamen **Burgruine Loch ❷.**

Bei __Hopfen__ denken wir sofort an eine Bierzutat. Dabei ist das Hanfgewächs eine volkskundliche Heilpflanze bei Schlafproblemen, Unruhe und Stress. Frisch gehopftes Bier soll Frauen besser durch die Wechseljahre helfen.

Die Einzäunung erfolgte von der Gemeinde aufgrund der hohen Felssturzgefahr. Gut sichtbar ist heute noch der 22 Meter hohe Bergfried, Reste der Ringmauer und eine Wand des ehemaligen Wohngebäudes. Dahinter öffnen sich zwei Höhleneingänge, hinter denen sich ein verzweigtes Höhlensystem mit ehemals ausgebauten und beheizten Wohnräumen verbirgt. Wir haben es tatsächlich mit der seltenen Variante einer Höhlenburg zu tun. Davon gibt es in Bayern nur noch eine weitere, in Stein an der Traun in Oberbayern. Das genaue Gründungsdatum liegt im Dunkeln. Die Burg diente dem Schutz des Eisenhammers an der Schwarzen Laber und der Machtdemonstration der Burg- und Hammerbesitzer.

Am Zaun entlang steigen wir auf die Kuppe des **Schwarzberges.** Auf einer Höhe mit der Mauerkrone des Bergfriedes legen wir eine kleine Pause im lichten Buchenwald ein.

Wir umrunden weiter den Zaun und steigen nach Eichhofen ab. Ein Steg bringt uns über die Schwarze Laber zum **Brauereigasthof Eichhofen ③**, zum gesamten Konglomerat gehören auch Schlossbrauerei, Alte Mühle und Schloss.

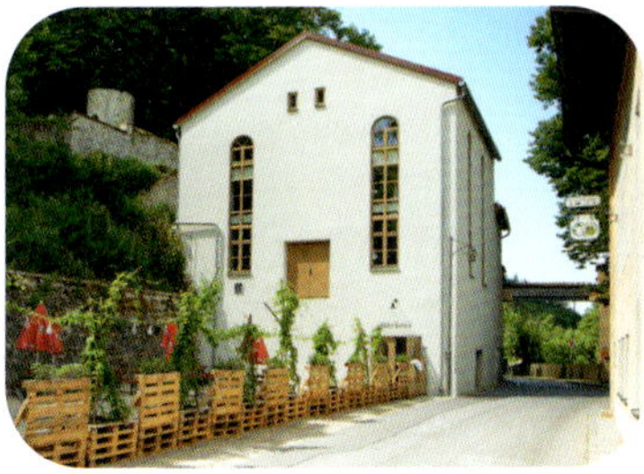

Die Schlossbrauerei blickt auf 400 Jahre Braukultur zurück und kombiniert Altes mit neuen Geschmackserlebnissen wie dem Märzbier. Hier wird in gewisser Weise Gold hergestellt: Grünes Gold, wie der Hopfensaft auch gern genannt wird. Im Alten Mühlengebäude finden Seminare, Workshops und Kunstausstellungen statt, alles mit einem gewissen Bezug zur umgebenden Natur. Das Hammerschloss Eichhofen stammt aus dem 16. Jahrhundert und befindet sich in Privatbesitz, eine Besichtigung ist nicht möglich.

Der Brauereigasthof ist zu Recht stolz auf die Auszeichnung „Slow Food“, einer weltweiten Vereinigung von bewussten Genießern. Die Küche ist abwechslungsreich und experimentierfreudig mit Gewürzen, Kräutern und ungewöhnlichen Zubereitungsarten. Es wird Wert auf regionale und saisonale Speisen gelegt. Auch Veganer können sich durch die Karte schlemmen.

Wir entspannen im lauschigen Biergarten bei einem Märzbier-Aperol, Wildkräutersalat, Biergulasch vom Bioschwein und weißem Kaffeeparfait.

Gut gestärkt treten wir den Rückweg an und überqueren wieder die Laber auf dem Steg. Wir folgen der Markierung „rotes Dreieck“ nach rechts (Süden) immer am **Ufer der Schwarzen Laber** entlang. Es ist ein gut ausgebauter Rad- und Wanderweg, der direkt nach Schönhofen und auf unseren Parkplatz zurückführt.

Wir genießen das Plätschern des Flusses hinter den Erlen, Weiden- und Eschengebüschen und den Blick auf die bewaldeten Hänge der Bergkuppen.

Rechter Hand taucht der **Skulpturengarten ④** des Künstlers Willi Hengge auf. Der Eintritt ist frei und wir

__Hammerschlösser__ sind Landschlösser in unmittelbarer Nähe eines Hammerwerkes oder einer Hammermühle und damit in der Nähe eines Flusslaufes, in diesem Fall die Schwarze Laber. Besonders viele Hammerschlösser finden wir in der Oberpfalz.

__Slow Food__ steht für Produkte aus kleinbäuerlicher Landwirtschaft, handwerklicher Fischerei und Lebensmittelproduktion im Einklang mit unserem Ökosystem, dem Tierwohl, der Wiederbelebung von ländlichen Regionen und kulturellen Traditionen.

können am eigenen Leib die Objektbänke, Stühle, Tische und Durchgänge aus heimischen Hölzern ausprobieren. Es ist ausdrücklich erlaubt, an oder auf einem Objekt Brotzeit zu halten.

Kurz vor Schönhofen passieren wir die **Labertaler Wand 5**, ein ausgewiesenes Geotop und ein Eldorado für Kletterer. Mehrere Routen mit den Schwierigkeitsgraden 4–9 und klangvollen Namen führen zu den Felsköpfen, von denen wir auf dem Hinweg die Aussicht genossen haben.

Satt und zufrieden schaffen wir es gerade noch, in der Ebene Richtung Parkplatz zu laufen. Voller schöner Eindrücke und gutem Essen treten wir die Heimfahrt an.

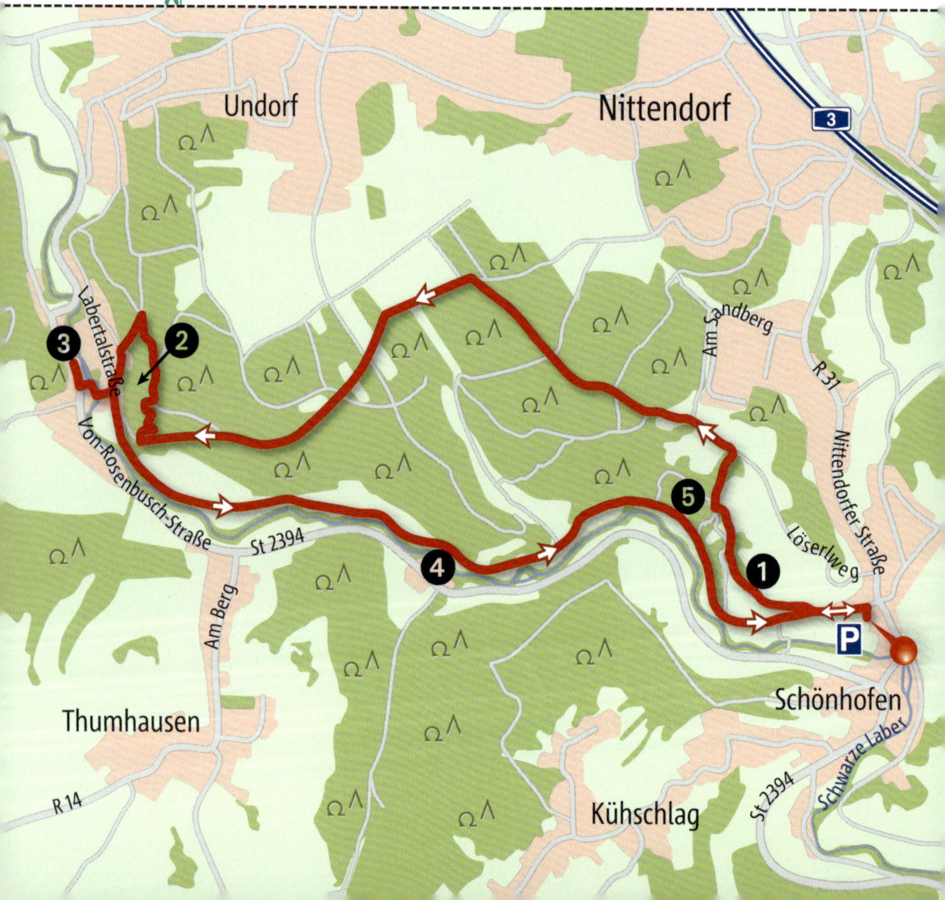

Alles auf einen Blick

WIE & WANN:
In der ersten Hälfte schmale Wald- und Wurzelpfade mit viel Wald, der Rückweg auf einem breiten Wanderweg. Am schönsten ist es im zeitigen Frühjahr, also März /April.

HIN & WEG:
Auto: Parkplatz Am Sportplatz, 93152 Nittendorf-Schönhofen
(GPS: 49.009726, 11.961111)
ÖPNV: Keine Anbindung an den öffentlichen Nahverkehr.

ESSEN & ENTSPANNEN:
Brauereigasthof Eichhofen ❸ Von-Rosenbusch-Straße 3,
93152 Eichhofen/Oberpfalz, Tel. (0 94 04) 16 62

Entspannung ✱✱✱✱✱
Genuss ✱✱✱✱✱
Romantik ✱✱✱✱✱

ENTDECKEN & ERLEBEN:
FFH-Gebiet Schwarze Laber ❶
Burgruine Loch ❷ 93152 Eichhofen
Skulpturengarten ❹
Labertaler Wand ❺

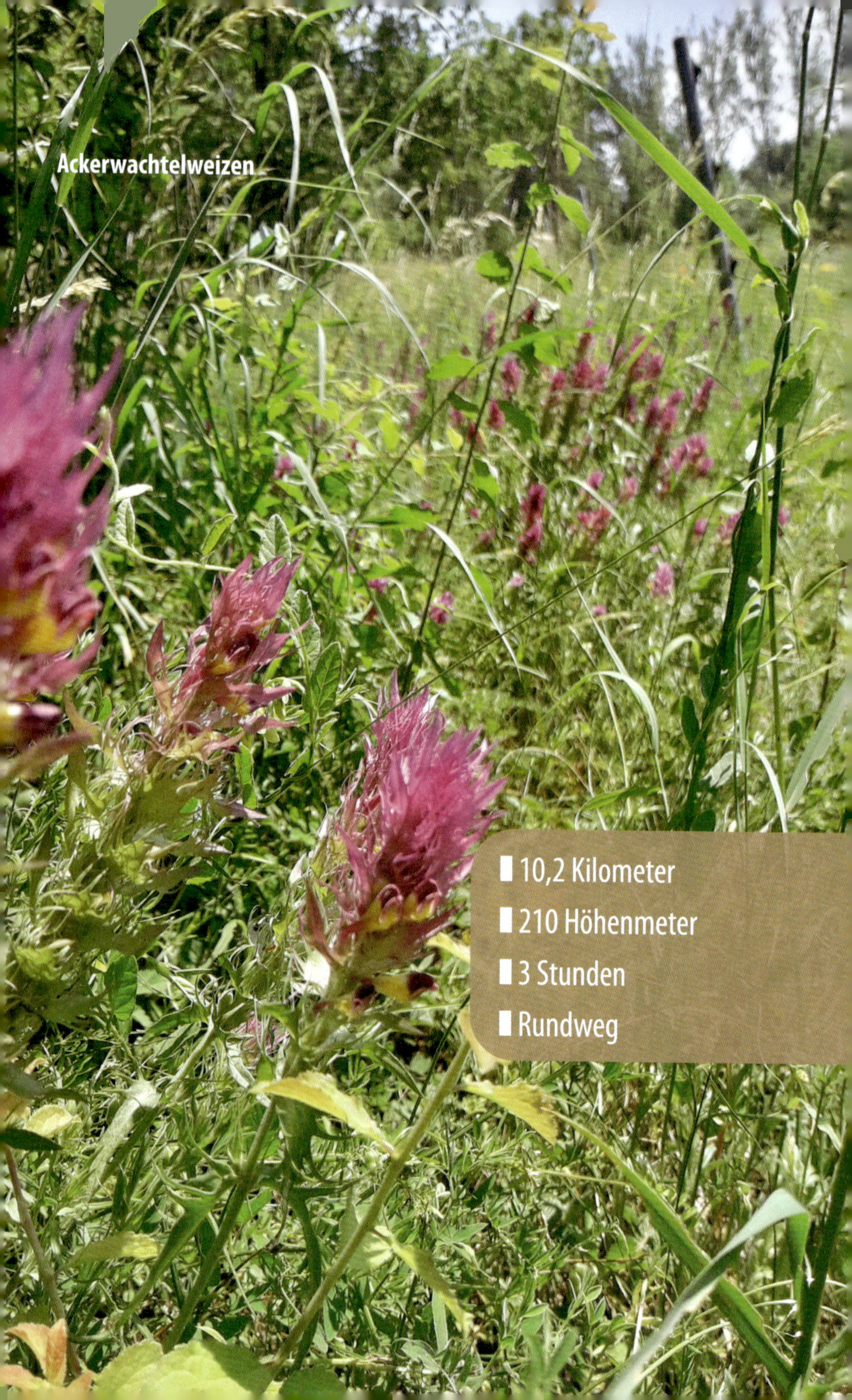
Ackerwachtelweizen
10,2 Kilometer
210 Höhenmeter
3 Stunden
Rundweg

Ganz im Norden unseres Wandergebietes liegt im Landkreis Amberger Land das Städtchen **Auerbach.** Bis 1987 wurde dort über Jahrhunderte hochwertiges Eisenerz abgebaut, weshalb es auch heute noch als Bergbaustadt bezeichnet wird. Uns interessiert heute vor allem das Wappentier, der Auerochse. Denn dieses Ur-Rind weidete einst in den saftigen Auen der vielen Bäche und wurde wieder im Naturschutzgebiet Leonie angesiedelt.

Start der Tour ist der Parkplatz der Schule und Helmut-Ott-Halle an der Ecke Neuhauser Straße/Alleestraße. Letzterer folgen wir nach rechts einer Linkskurve entlang und biegen rechts in die Straße Obere Vorstadt ein. Hier finden wir einen Wegweiser mit mehreren Markierungen, denen wir zunächst Richtung „Sackdilling" einfach geradeaus der Straße folgen, am Friedhof vorbei.

Hinter dem **Brauereibiergarten Kreuzbräu,** der links an der Straße erscheint, zweigt ein unmarkierter Weg ab, der auf den **Gottvaterberg** hinaufführt. Oben treffen wir auf die Markierung „rotes Kreuz",

Zu den Auerochsen

Auf den Gottvaterberg

die uns die nächsten Kilometer begleiten wird. Am **Gipfelkreuz** ① lädt eine Sitzgruppe dazu ein, den reizvollen Blick auf die Landschaft zu genießen. Im Westen hinter Auerbach erstreckt sich der grüne Teppich des Veldensteiner Forstes. Schwer vorstellbar, dass noch vor wenigen Jahren eine Seilbahn zum Trans-

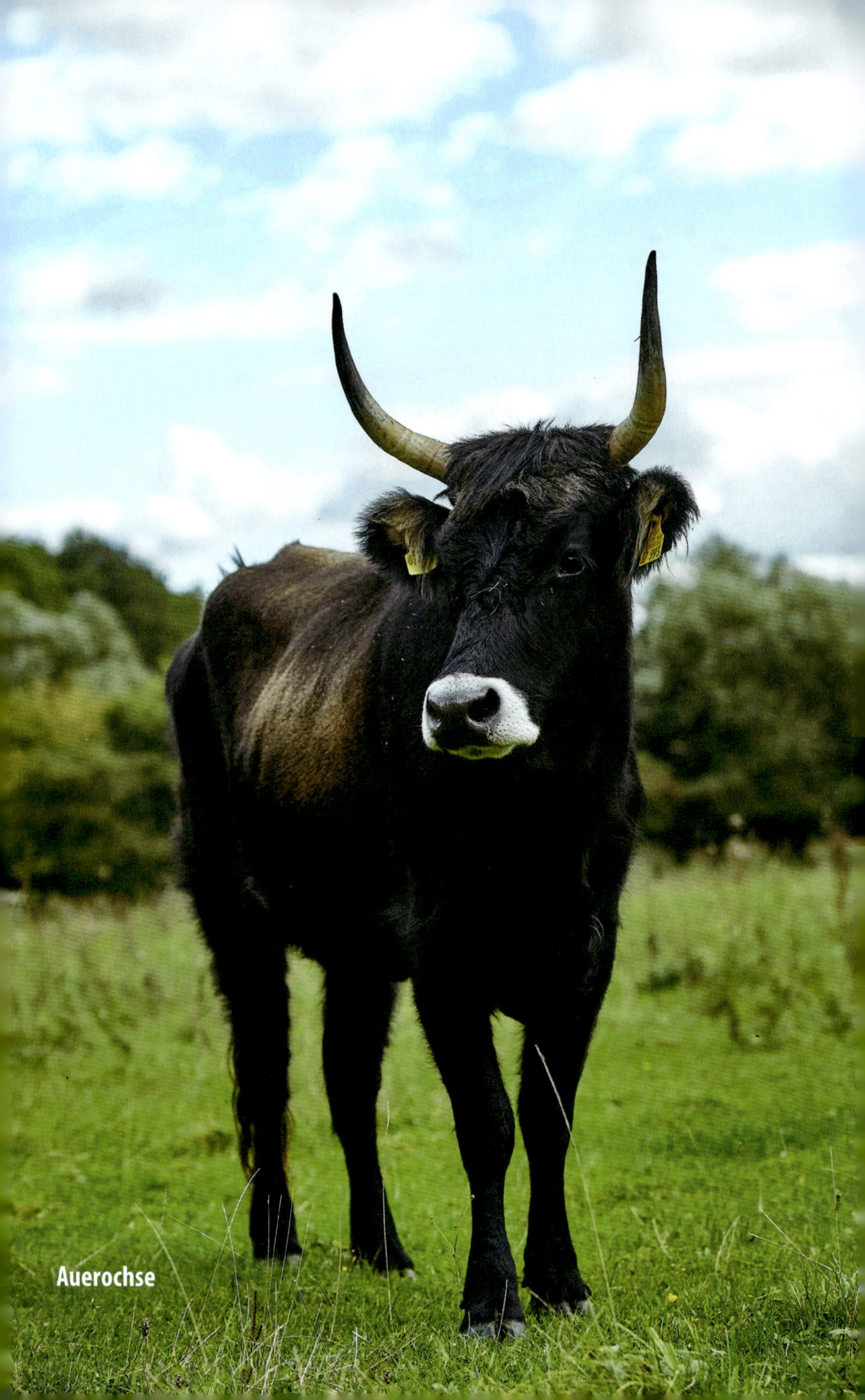
Auerochse

port des Eisenerzes von Nitzlbuch über den Gottvaterberg ihren Dienst tat.

Am höchsten Punkt der Wanderung auf 551 Metern über NN erwartet uns die **Gottvaterkapelle ❷.** Das Kirchlein unter den alten Linden hat seinen Ursprung im späten 17. Jahrhundert und wurde durch Einsatz der Auerbacher vom Verfall bewahrt. Der Kreuzweg endet direkt vor der Kapelle mit einer 15. und 16. Station.

Die Wanderwegmarkierung läuft nun entlang der Grenze zum Truppenübungsplatz Grafenwöhr. Das militärische Übungsgelände ist zwar nicht eingezäunt, aber die zweisprachigen Warnschilder sind unübersehbar. Das wilde, unbewohnte Gelände lockt, aber wir bleiben auf den Wegen.

Die Markierung „Erzweg“ führt den Gottvaterberg wieder hinunter, schlängelt sich am Ortsrand von Auerbach entlang und verschwindet erneut im Wald.

Wir befinden uns ab jetzt im **Naturschutzgebiet Grubenfelder Leonie ❸.** Hier wurde bis in die 1980er-Jahre in der Grube Leonie – daher der Name! – Erz abgebaut und der Boden derart unterhöhlt, dass Straßen- oder Wohnungsbau unmöglich wurde. Man zäunte die 87 Hektar ein und machte ein Naturschutzgebiet daraus, in dem sich über 570 Tier- und Pflanzenarten tummeln, mindestens 100 davon auf der Roten Liste Bayerns. Neuntöter, Schwarzstorch und verschiedene Spechte lassen sich mit etwas Glück und einem guten Auge beobachten und je nach Jahreszeit blühen ver-

*Der Übungsplatz der US-Streitkräfte ist nicht nur der zweitgrößte Arbeitgeber der Region, sondern auch ein Hotspot der **Artenvielfalt.** Unter anderem Biber, Seeadler und Wildkatze haben sich hier vermehrt und über die Grenzen verbreitet.*

Für die Seele

Die Auerochsen dösen im Schatten der wenigen Bäume, die Kälbchen spielen übermütig Fangen. Der Anblick von Landschaft und Tier entspannt uns völlig.

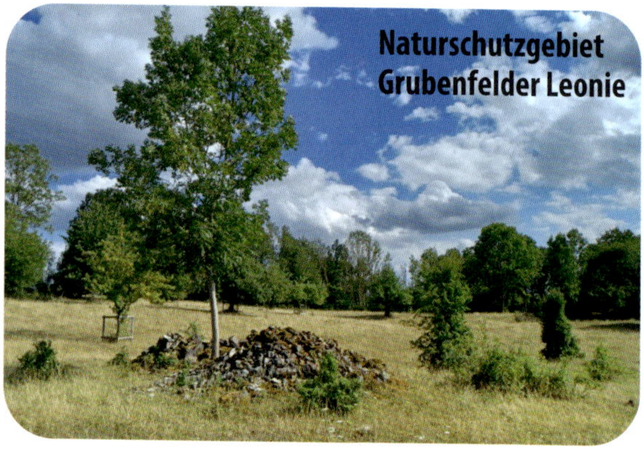

Nur zehn Jahre, von 1977 bis 1987, wurde im ***Eisenerzbergwerk Leonie*** *Weiß- und Braunerz mit einem Eisengehalt von fast 50 Prozent abgebaut. Es war die reichhaltigste Eisenerzlagerstätte Deutschlands und viele Millionen Tonnen lagern noch im Boden.*

Die echten ***Ur-Auerochsen*** *gelten als ausgestorben. Hier handelt es sich um Heckrinder, rückgezüchtete Auerochsen. Sie sind sehr genügsam, kälteresistent und anpassungsfähig. Sie finden auch auf nährstoffarmen Böden ihr Auskommen und haben so das bunte Lebensraumosaik erschaffen.*

schiedenste Orchideenarten, Küchenschellen und Moschusmalven auf dem abwechslungsreichen Gelände. In den Einsturztrichtern hat sich Wasser angesammelt und Lebensraum für Amphibien geschaffen. Seite 1995 pflegt und bewirtschaftet der LBV (Landesbund für Vogelschutz) das Gebiet.

Die robuste Einzäunung, die schlammigen Trampelpfade dahinter und die massiven Durchgangsschleusen für Wanderer weisen aber auf andere Bewohner hin: die Auerochsen! Eine beachtliche Herde tummelt sich seit 2000 in diesem Paradies und hält die Weideflächen strauchfrei. Durch ihren Tritt und Dung fördern sie eine gewisse Artenvielfalt an Pflanzen und Insekten.

Der Erzweg leitet uns an der Westflanke der Gugelplatte entlang wieder kurz aus dem NSG hinaus und zum Speckbach. Hier kreuzt der Mühlenweg, dem wir linksherum am Bach entlang bis zum Schützenheim Degelsdorf folgen. Das kleine Bächlein hat bis zum großen Mühlensterben in den 1960er-Jahren mehrere Mühlen angetrieben, von denen teilweise noch Mauer- und Fundamentreste im Wald zu sehen sind. Schilder informieren über das Schicksal der Gebäude und ihrer Bewohner.

Am **Schützenheim Degelsdorf** besteht die beste Möglichkeit, die Auerochsen live zu erleben. Hier wird nämlich manchmal vom LBV gefüttert, was die gemütlichen Hornträger wissen und deshalb gerne hier herumlungern.

Wir wechseln auf die rote Markierung „Ochsentour 2.0“. Der kleine Rundweg um das Naturschutzgebiet wurde von einer Jugendprojektgruppe des LBV zu einem digitalen Erlebnisweg aufgewertet. An zehn Stationen können wir mit unseren Handys QR-Codes einscannen und erhalten Informationen oder Lernspiele zum Naturschutzgebiet. Bevor wir das austesten, machen wir Pause im **Landgasthof Zur Leonie ❹**, der praktischerweise auf dem Weg liegt und eine kleine, aber feine Speisekarte bereithält.

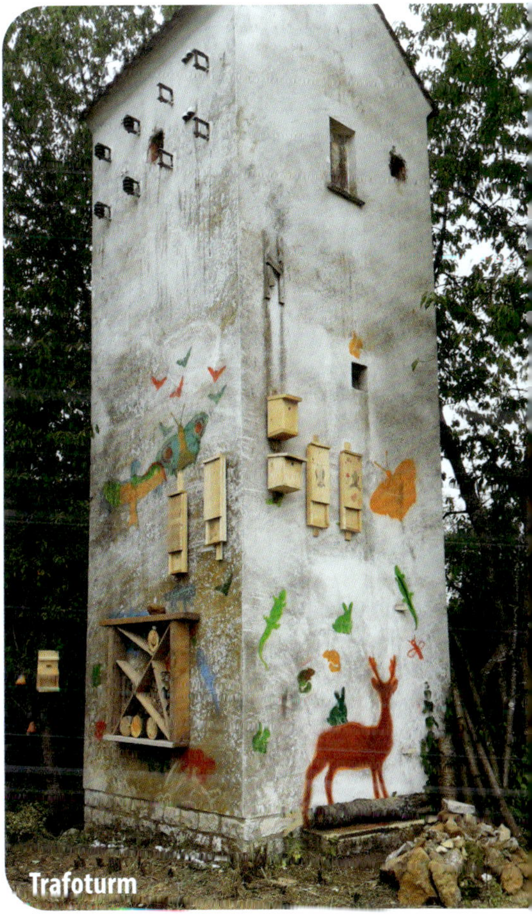

Trafoturm

Von dort ist es nur einen Steinwurf zum **Aussichtspunkt Auf dem Letten ❺**, der mit dem ersten Spiel und einer idyllischen Sicht über das Auerochsengelände aufwartet.

Der weitere Wegverlauf führt zwar am Weidezaun entlang, dafür entschädigen aber die weiten Blicke in das Gelände und die Ferne und die bunte Blumenpracht rechts und links des Weges.

Vor dem zum Wildtierhotel ausgebauten alten **Trafoturm ❻** lädt eine Sitzgruppe zum Verweilen ein. Mit etwas Glück lassen sich auch die Exmoor-Ponys blicken, die in dieser Ecke leben. Ein fast lebensgroßer „Kreativ-Ochse“ aus Holz ist das Gästebuch des Wanderweges und fordert zum Bemalen auf.

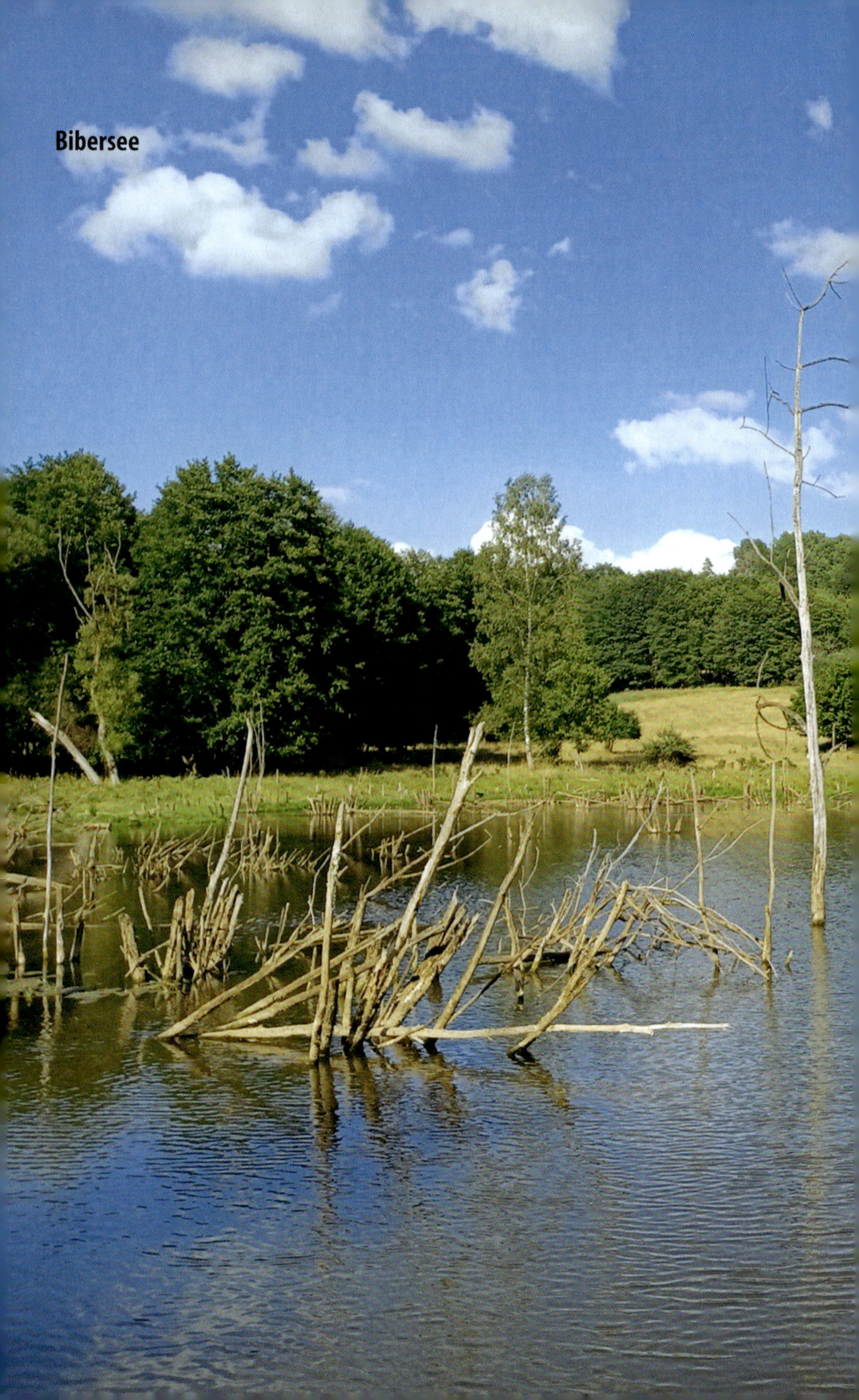

Bibersee

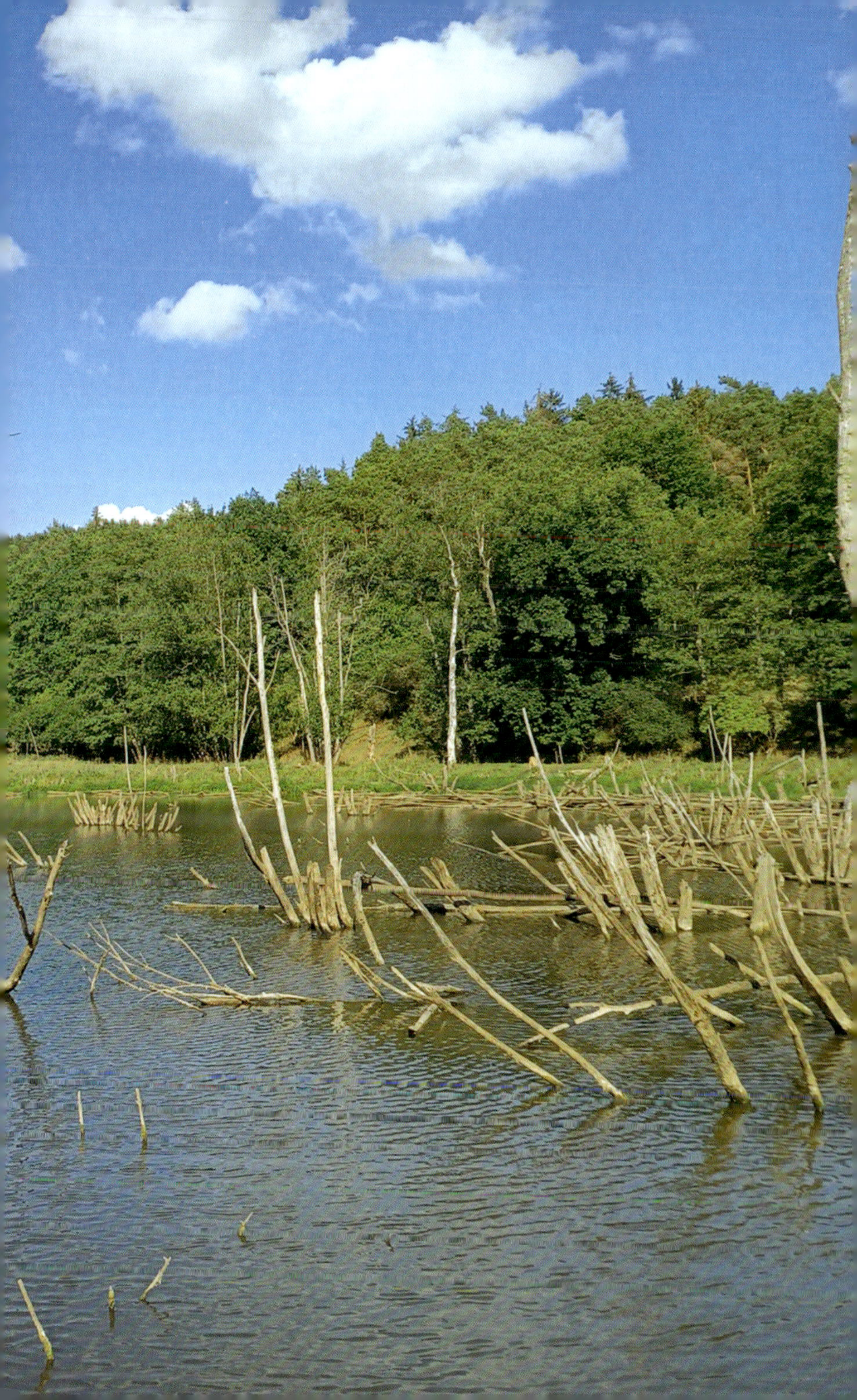

Entschleunigungstour 13

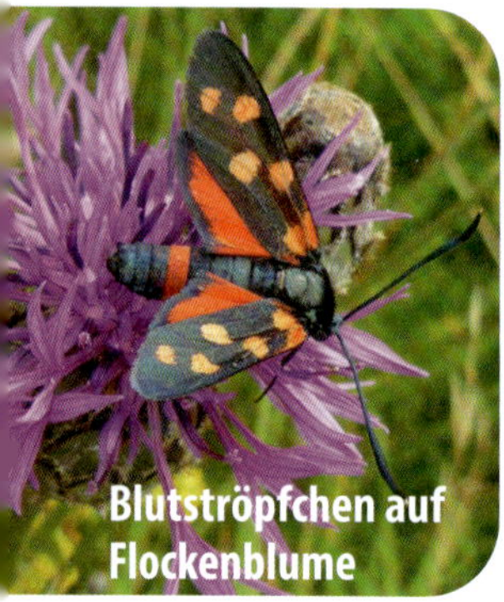

Blutströpfchen auf Flockenblume

Wieder im Wald, spielen wir uns durch die Spechtstation und lernen vom Weißdorn, der hier in großer Menge wächst.

Schließlich mündet der Pfad in den Verbindungsweg Degelsdorf-Auerbach. Uns gegenüber schimmert der **Bibersee 7**, auf dessen Steg wir uns einige Zeit auf die Lauer legen, um vielleicht das namensgebende Tier zu entdecken. Aber die sind nachtaktiv und vorsichtig, stattdessen beobachten wir Enten, Blässhühner, Reiher und Milane, die über unseren Köpfen kreisen.

Hier verabschieden wir uns von der Ochsentour 2.0 und wandern wieder mit dem Erzweg zurück in die Ortsmitte von Auerbach.

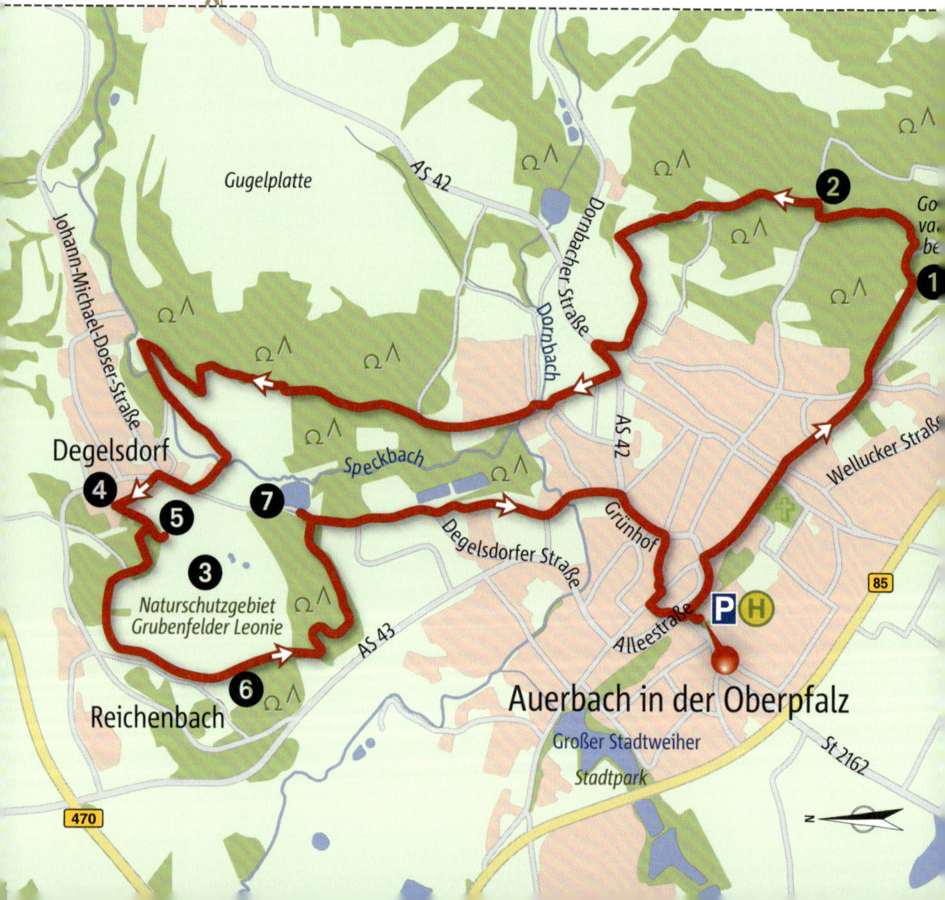

Alles auf einen Blick

WIE & WANN:
Gut ausgeschilderte Wanderwege mit ein Drittel Wald und zwei Drittel offener Landschaft. Am schönsten im Frühling zur Schlehen- und Weißdornblüte.

HIN & WEG:
Auto: Parkplatz vor der Schule/Helmut-Ott-Halle, Neuhauser Straße 2, 91275 Auerbach/Oberpfalz (GPS: 49.691479, 11.628895)
ÖPNV: Bus 452 von Neuhaus a. d. Pegnitz Bf oder Bus 457 von Sulzbach-Rosenberg Bf bis Schule/Auerbach

ESSEN & ENTSPANNEN:
Landgasthof Zur Leonie ❹ Caféstraße 4, 91275 Auerbach/Oberpfalz, Tel. (01 77) 1 65 71 82

ENTDECKEN & ERLEBEN:
Gipfelkreuz Gottvaterberg ❶
Gottvaterkapelle ❷
NSG Grubenfelder Leonie ❸
Aussichtspunkt Auf dem Letten ❺
Trafoturm ❻
Bibersee ❼

Entspannung ★★★★☆
Genuss ★★★☆☆
Romantik ★★☆☆☆

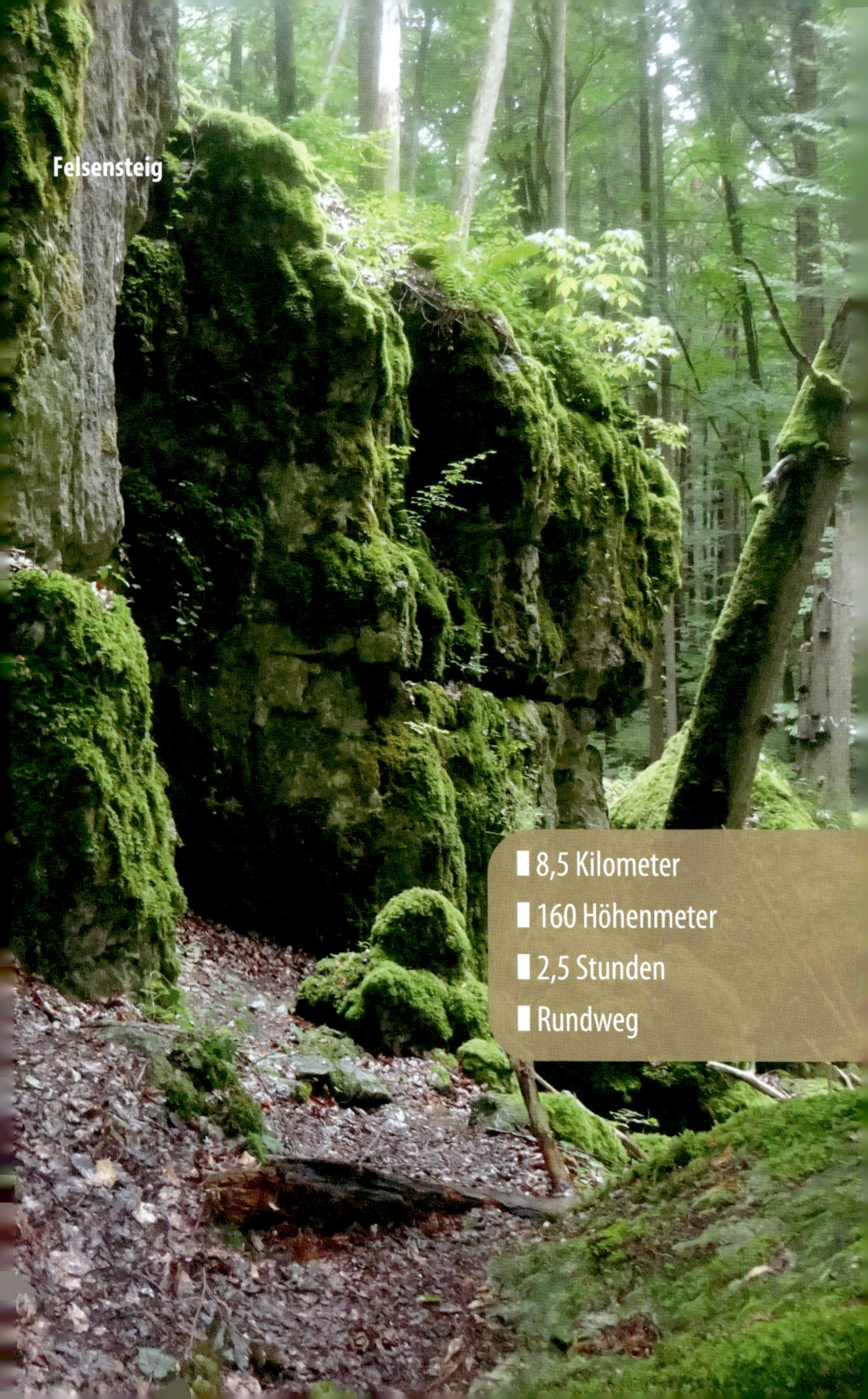

Felsensteig

- 8,5 Kilometer
- 160 Höhenmeter
- 2,5 Stunden
- Rundweg

Die Höhlen und den Felsensteig bei **Neukirchen bei Sulzbach-Rosenberg** wollen wir heute erkunden. Die Gegend hat eine Siedlungsgeschichte, die bis 500 Jahre vor Christus zurückgeht, wie Hügelgräber bezeugen. Zur Erkundung der Kleinhöhlen haben wir Taschenlampen im Gepäck.

Die evangelische Pfarrkirche Peter und Paul ist für uns als Fledermausfreunde ein Begriff, denn hier wohnt im Sommer eine Mausohrwochenstube mit bis zu 1000 Tieren, deren Ausflug in der Abenddämmerung beobachtet werden kann.

Start ist der Parkplatz vor dem Friedhof. Richtung Norden zweigt ein mit rotem Querbalken markierter Wanderweg ab, den wir als Zubringer auf unsere Hauptwanderroute nutzen. Er macht einen scharfen Rechtsknick an einer Pferdekoppel, verläuft durch Felder auf die Verbindungsstraße Neukirchen–Peilstein zu, der wir einige Meter folgen, um ab jetzt der Markierung „3“ (weiße Ziffer auf rotem Grund) zu folgen.

Sie läuft schnurstracks auf den mit Wald bedeckten Hartenfels zu. Wir wählen natürlich die Variante „steiler

__Mausohren__ sind die Kosmopoliten unter den Fledermäusen, sie kommen weltweit vor. Die Wochenstuben bestehen aus den weiblichen Tieren mit ihren Jungen. Die Männchen verbringen die Sommermonate allein im Wald.

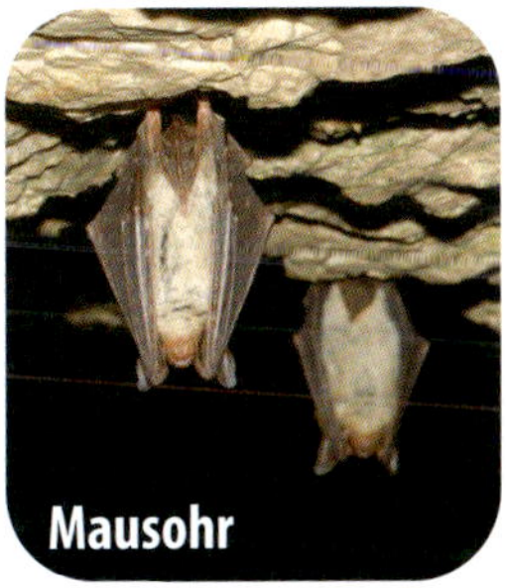

Mausohr

Frühlingsgöttin

Der Höhlensteig bei Neukirchen

Anstieg zum Hartenfels“, damit der Kreislauf in Schwung kommt. Auf halber Hanghöhe machen wir einen Abstecher zur **Wiedelhöhle** ❶, einer kleinen Höhle, die sich über zwei Etagen erstreckt und nur mit professioneller Ausrüstung begangen werden sollte. Der Name leitet sich vom Bauer Wiedel her, von dem eine Kuh in die Höhle stürzte und dort notgeschlachtet werden musste.

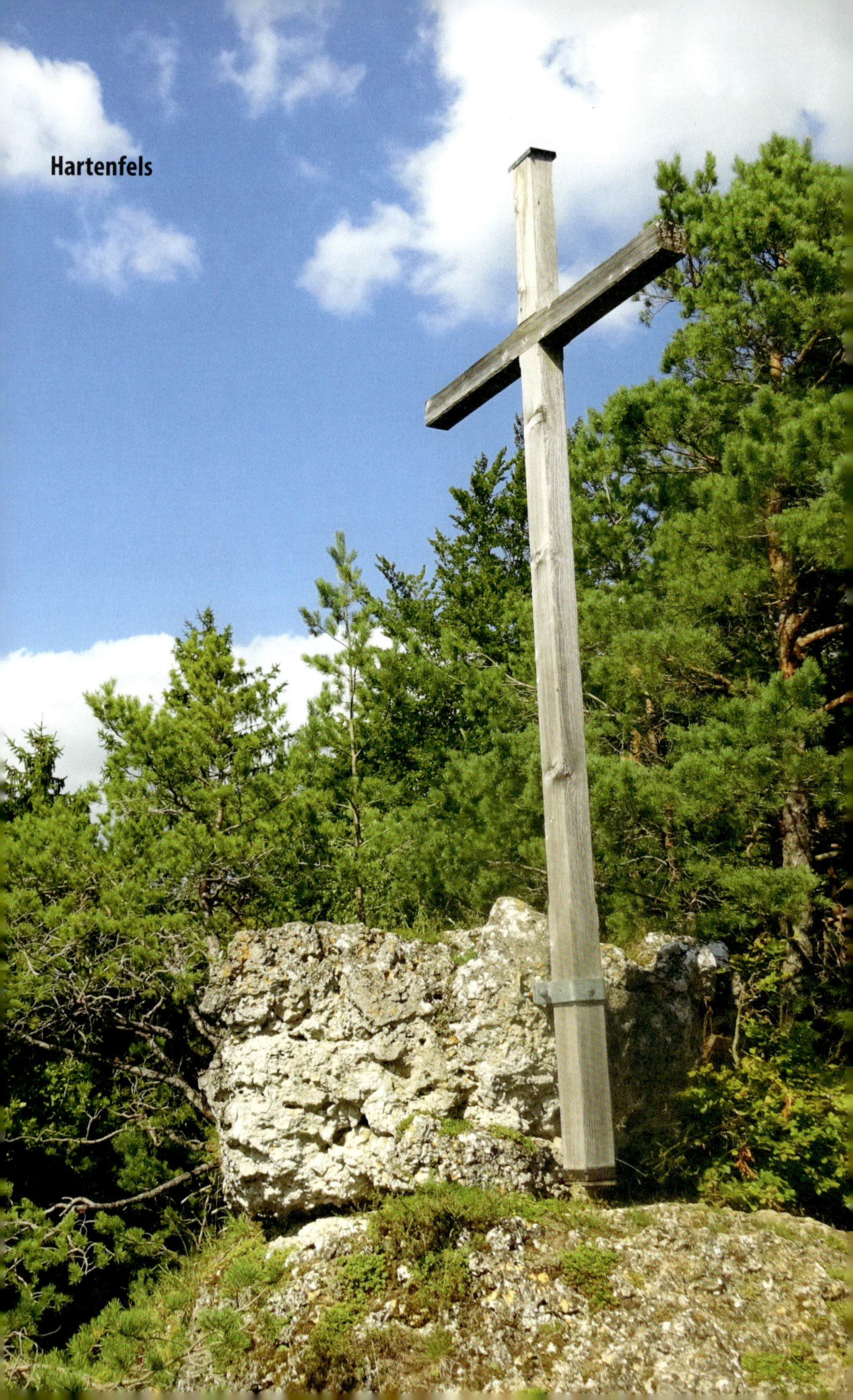
Hartenfels

Wieder aufrecht stehend legen wir die letzten Meter auf die Kuppe des 531 Meter hohen **Hartenfelsen** ② zurück. Eine Bank hinter dem Gipfelkreuz lädt dazu ein, den Ausblick auf die Kuppenalb zu genießen, die sich südwestlich von uns erstreckt. Auch hier wurde eine Burg aus dem 13. Jahrhundert nachgewiesen, von der nur noch zwei Gräben und ein Mauerrest vorhanden sind. Über die Bewohner und die Geschichte der Burg ist wenig bekannt.

Auf der anderen Seite des Hartenfelsens stoßen wir auf das **Franzosenloch** ③, ein kleineres, verzweigtes Gang- und Höhlensystem, in dem im 18. Jahrhundert französische Truppen lagerten und das sich mühelos erkunden lässt.

Die rote 3 führt uns anschließend aus dem Buchenwald hinaus zur Straße, wir durchqueren **Peilstein**, dann die Bahnlinie und streben an Wiesen vorbei auf den Lenzenberg zu.

Am Waldrand empfängt uns sofort das großräumige Doppelportal der **Geiskirche** ④, das von einem zierlichen Pfeiler getrennt wird.

Eine Begleitpflanze der Frühlingsgöttin ist die ***Schlüsselblume****, „die den Frühling aufschließt". Es ist auch die Wunderblume aus der Sage, die verborgene Felstore zu Goldschätzen öffnet. Das Blümchen ist geschützt und darf nicht gepflückt werden.*

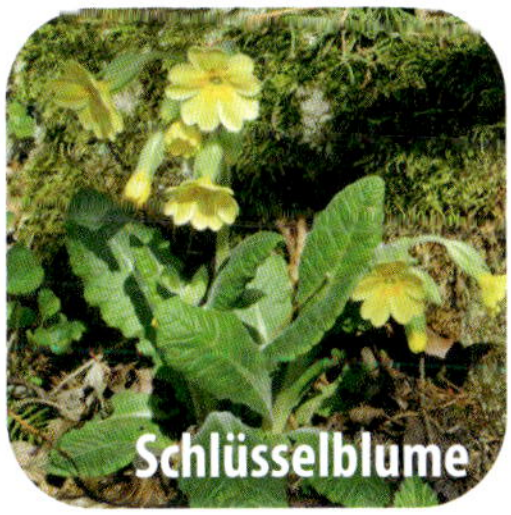

Schlüsselblume

Für die Seele

Wir wüssten gerne mehr über die Felsenbärbel. Das Leben in den Höhlen war sicherlich jenseits von Survivalromantik. Wie hat sie dort überlebt?

Danach wird der Wanderweg zu einem schmalen **Felsensteig** ⑤, der sich an den Dolomitwänden des Lenzenberges an mehreren Höhlen vorbeischlängelt. Hinter einer unscheinbaren horizontalen Felsspalte verbirgt sich der **Gaisbrunnen**. Die flache Höhle misst rund 9 Meter und birgt im hinteren Teil ein Wasserbecken. Der Eingang der ähnlich tiefen, aber breiteren und höheren **Bettelmannsküche** versteckt sich hinter einem großen Felsblock.

Interessanter ist das **Bärenloch 6**, eine flache Halle von 40 Metern Tiefe mit versinterten Verbruchblöcken, die wir länger erkunden. Das Bärenloch, die Bettelmannsküche, der Gaisbrunnen und die Gaiskirche wurden um das Jahr 1925 herum von einer Babette Hauser bewohnt, die als Felsenbärbel und Hexe verrufen war.

Nach dem Bärenloch verlassen wir den Felsensteig und wandern über weiche Waldwege weiter, bis wir an der **Buchberghöhle** mit ihrer vertikalen Eingangskluft vorbeikommen. Die Spaltenhöhle ist 8 Meter hoch und knapp 20 Meter lang.

Die rote 3 bietet uns eine Schlaufe um den **Scheckenfels** an, um uns die Scheckenfelshöhle und das Scheckenfelsabri, ein Felsdach, zu zeigen. Nach diesem Schlenker ist die Osterhöhle nicht mehr weit, die letzten Meter führen über den gleichnamigen Osterberg.

*Das keltische **Frühlingsfest** der Göttin Ostara feierte am 21. März das Leben und die Fruchtbarkeit. Ostaras Symboltier war der Hase. Wahrscheinlich sind diese Rituale die Basis unseres christlichen Osterfestes.*

Vor der **Osterhöhle 7** befindet sich eine **Waldschänke mit Biergarten 8**, die im Sommer Brotzeiten und hausgemachte Kuchen anbietet. Zuerst wollen wir aber in das unterirdische Reich von Ostara einsteigen, deren Gesicht über dem Höhleneingang in den Stein gemeißelt wurde und der Höhle ihren Namen gab. Sie galt als Göttin des aufsteigenden Lichtes und des Lebens.

Die kleine Schauhöhle wartet mit insgesamt 185 Gangmetern auf, die mit einem steilen Abstieg über Steinstufen beginnen, durch einen Dom mit Verbruchblöcken und Versinterungen führen, vorbei an Tropfsteinen und Sinterbecken, aus denen die Hütte in ferner Vergangenheit ihr Trinkwasser schöpfte. Funde aus der Hallstatt- und Latènezeit belegen eine frühe kultische Nutzung der Höhle. Im Winter ist die Höhle ein wichtiges Fledermausquartier, u. a. für die Mausohren, die zur Zeit noch bei Peter und Paul abhängen.

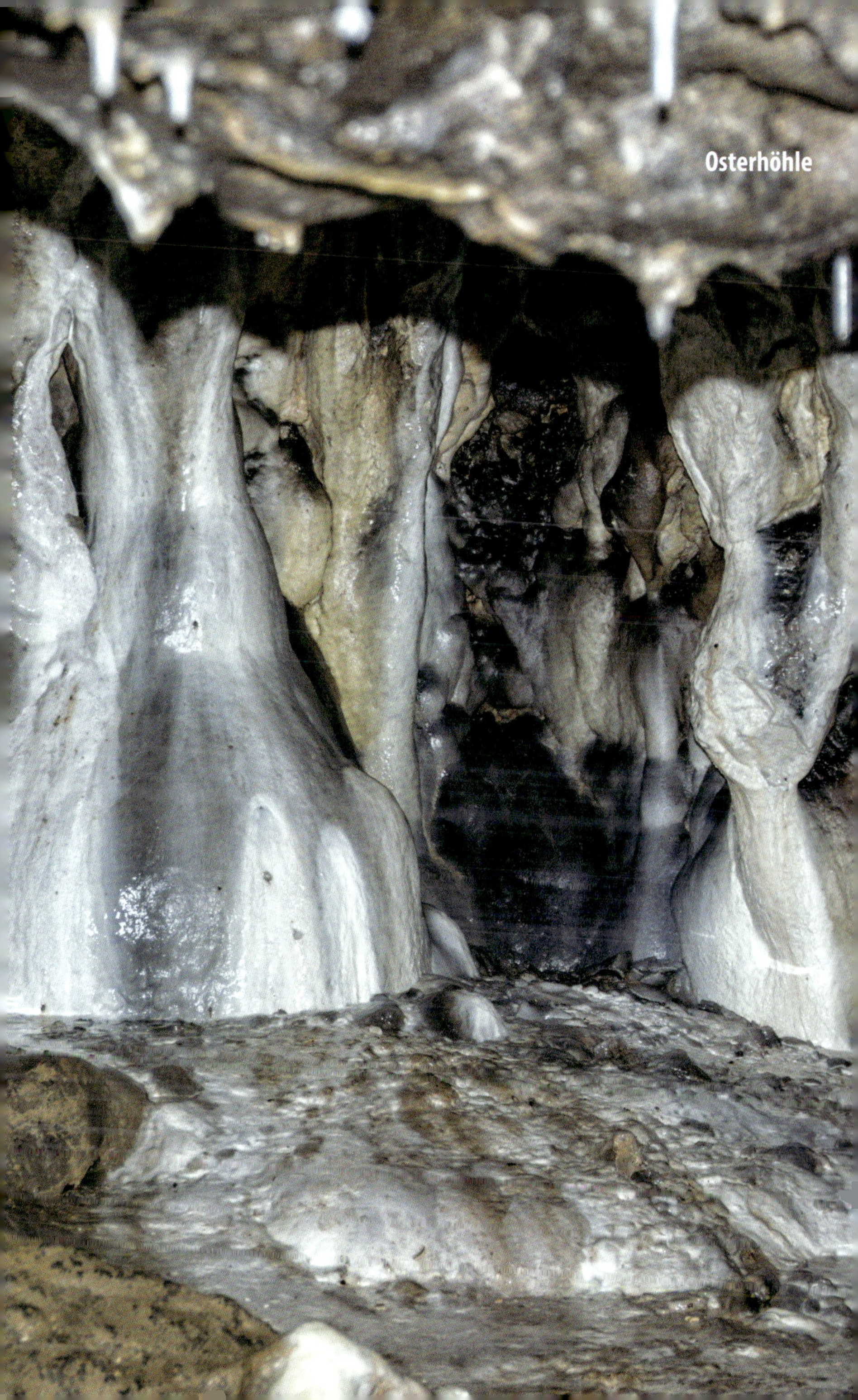
Osterhöhle

Frühlingswaldpesto:
250 g junge Baumblätter (Rotbuche, Linde, Birke), 200 g Cashews, Pflanzenöl, Zitronensaft, Salz, Pfeffer und Galgant zu einem cremigen Pesto pürieren.

Wieder an der Oberfläche im warmen Sonnenlicht lassen wir uns Kaffee und Kuchen im Biergarten schmecken.

Die rote 3 bringt uns zuverlässig wieder nach Neukirchen. Der erste Kilometer über den Osterberg entspricht noch dem Hinweg, vor dem **Lupberg** zweigen wir links ab. Auf dem Weg durch den Rotbuchenwald des Lupberges sammeln wir junge Baumblätter für unser Frühlingswaldpesto, ein Souvenir an diese schöne Tour.

Nach dem Lupberg geht es über Feld- und Wiesenwege entspannt unter blauem Frühlingshimmel nach Neukirchen zurück.

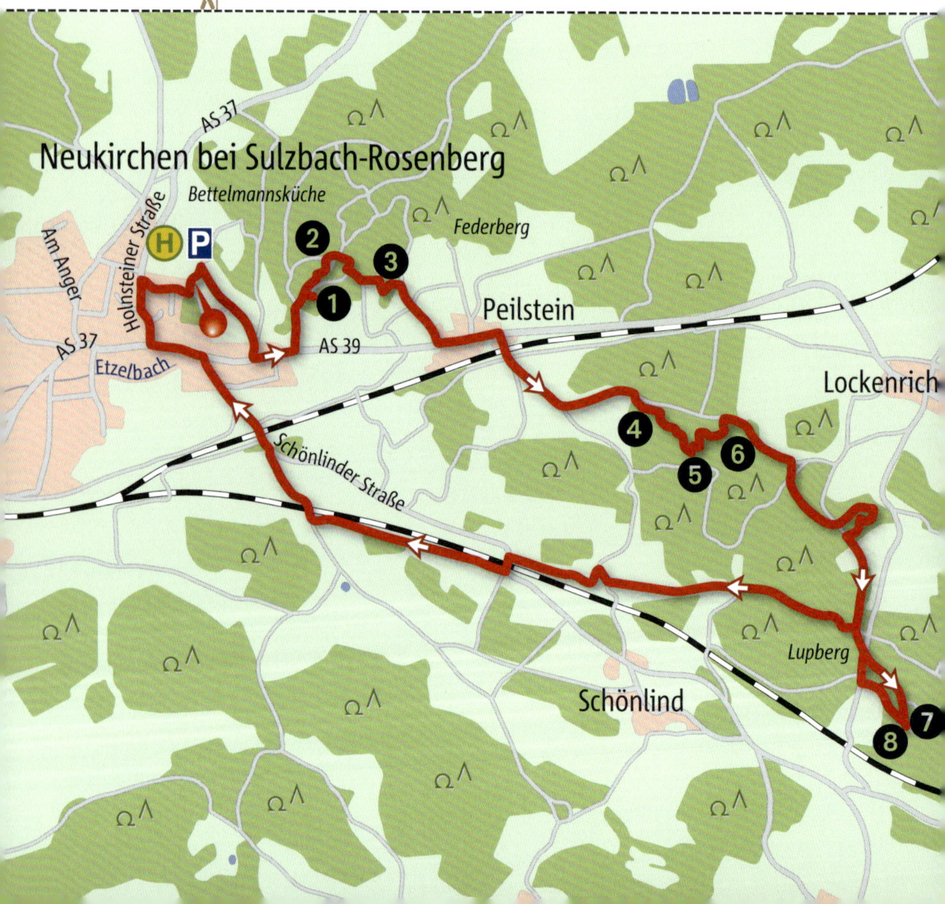

Alles auf einen Blick

WIE & WANN:
Schattige Waldwege, ein Stück Felsensteig, der etwas Trittsicherheit erfordert. Am besten während der Öffnungszeiten der Osterhöhle von April bis Oktober.

HIN & WEG:
Auto: Parkplatz am Friedhof, Hartenfelsblick, 92259 Neukirchen bei Sulzbach-Rosenberg (GPS: 49.530681, 11.631329)
ÖPNV: Bus 448 von Sulzbach-Rosenberg Bf bis Neukirchen Abzweigung Schönlind

ESSEN & ENTSPANNEN:
Waldschänke mit Biergarten ❽ Trondorf, 92259 Neukirchen bei Sulzbach-Rosenberg, Tel. (0 96 63) 2 00 97 47

ENTDECKEN & ERLEBEN:
Wiedelhöhle ❶
Hartenfels ❷
Franzosenloch ❸
Geiskirche ❹
Felsensteig ❺
Bärenloch ❻
Osterhöhle ❼ Trondorf, 92259 Neukirchen bei Sulzbach-Rosenberg

Entspannung ✱✱✱✱✱
Genuss ✱✱✱✱✱
Romantik ✱✱✱✱✱

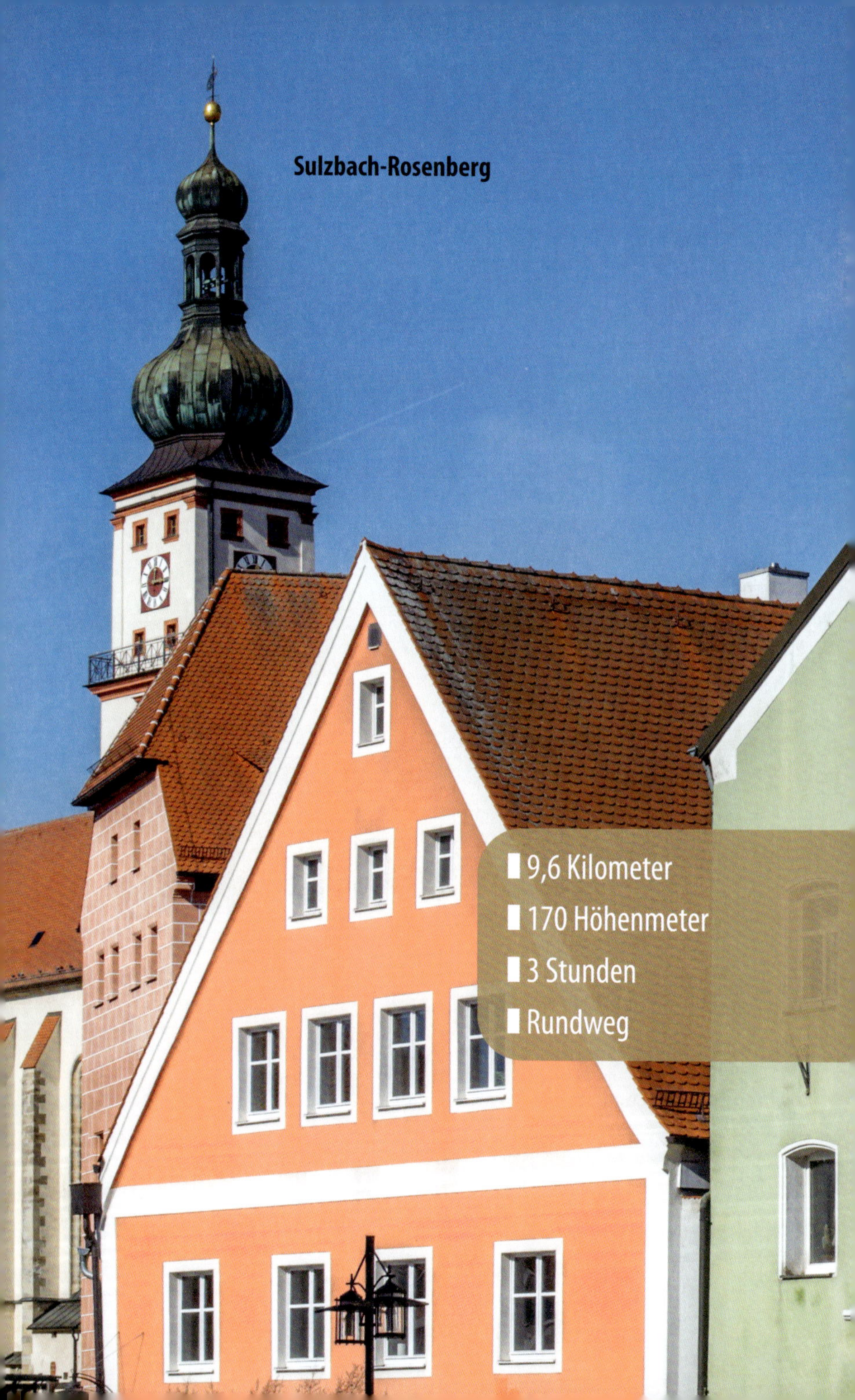
Sulzbach-Rosenberg
9,6 Kilometer
170 Höhenmeter
3 Stunden
Rundweg

Die Stadt **Sulzbach-Rosenberg** liegt im Amberger Land und blickt auf eine wechselhafte Geschichte zurück. Lange galt das Jahr 1024 als Gründungsdatum, aber archäologische Ausgrabungen belegten, dass die ersten Menschen bereits im frühen 8. Jahrhundert das fruchtbare Tal des Rosenbachs besiedelten – und wahrscheinlich schon das hier vorkommende Eisenerz zu schätzen wussten. Seinen Höhepunkt erlebte es im Mittelalter als Zentrum des Oberpfälzer Bergbaus und der Metallindustrie, hier wurden Erz und Braunkohle in bedeutenden Mengen abgebaut. Außerdem war es ein wichtiger Knotenpunkt der Bayerischen Eisenstraße. Im 19. Jahrhundert waren es wieder Bergbau und Stahlherstellung, die einen gewissen Wohlstand in die Gegend brachten.

Heute ist es ruhig geworden in und um Sulzbach-Rosenberg. Wir wollen uns auf die Spuren der bewegten Zeiten begeben und starten am kostenlosen Parkplatz unterhalb des Annaberges. Dort beginnen der „Südliche und Nördliche Bergbaupfad", dargestellt durch zwei überkreuzte Hammer.

Feuer und Erz

Der Bergbaupfad bei Sulzbach

Wir machen einen kurzen Abstecher auf den Südlichen Bergbaupfad, um zur **Wallfahrtskirche St. Anna** (1) zu gelangen. Ein **Aussichtspunkt** lädt zum Blick auf die Stadt mit der Grube St. Anna und dem Förderturm ein. Nur wenige Minuten später haben wir den Gipfel des Annaberges erreicht. Uns empfängt die **Loretokapelle** von 1753, weiter oben St. Anna von 1656 mit einer Lourdes-

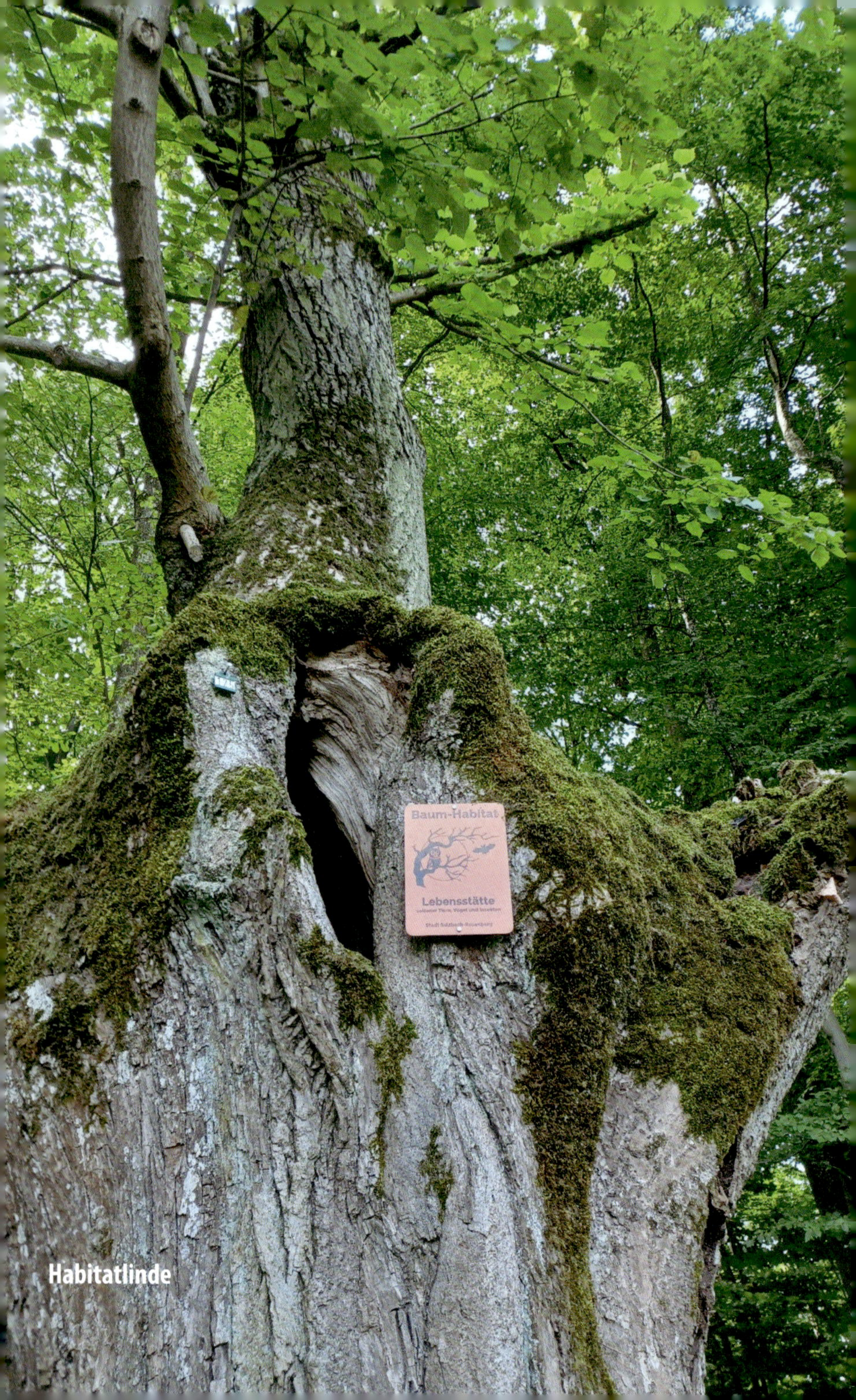

Habitatlinde

grotte im Untergeschoss des Turmes. Überregionale Anziehungskraft hat das jährliche Annabergfest Ende Juli. Eine Woche lang finden sich hier Gläubige, Wallfahrtspilger und Einheimische ein, um bei Gottesdiensten, Bier und Bratwürsten Leib und Seele zu stärken.

Unterhalb der Kreuzigungsgruppe umrunden wir die Kirche und laufen gewissermaßen den Kreuzweg rückwärts, wobei wir einen offenen Blick gen Nordosten in die Oberpfalz genießen.

Die alten, den Kreuzweg beschattenden Linden sind teilweise umgestürzt oder zerfallen. Die Stadt schützt und bewahrt sie trotzdem als Habitat für Höhlenbewohner wie zum Beispiel Fledermäuse. Das gefällt uns Fledermausfreunden natürlich sehr!

Am Parkplatz vorbei steigen wir jetzt in den Nördlichen Bergbaupfad ein, der eine lange Schlaufe Richtung Norden bis zum Naturschutzgebiet Großenfalz macht. Eine leichte Steigung bringt uns auf den Galgenberg und die Station **Wetterschacht Galgenberg** ②, der ab 1952 rund zehn Jahre in Betrieb war und 1970 aufgegeben und verschüttet wurde. Durch die Bergbautätigkeit ist ein Bruchfeld entstanden, dessen Bewegungen immer noch nicht abgeschlossen sind. Das Gebiet sollte nicht betreten werden und ist ein Rückzugsgebiet für die Tierwelt geworden.

Achtung: Der Bergbaupfad biegt scharf links ab, wir laufen aber geradeaus mit der Markierung „1“

__St. Anna__ gilt als Mutter Marias, also Oma von Jesus. Sie war im späten Mittelalter die populärste Heilige und Schutzpatronin vieler Stände, wie z. B. der Bergleute, Schiffer, Kaufleute und Dienstboten, sowie der Witwen und Schwangeren.

Die __Linde__ gilt als weiblicher, sanfter Baum. Die jungen Blätter lassen sich wie Weinblätter in der Kulinarik verwenden und aus den Blüten erhalten wir einen schweißtreibenden, schleimlösenden Tee.

Für die Seele

Wir stellen uns die Höfe und Wohnhäuser der Siedlung Großenfalz um uns herum vor, ein geruhsames Treiben aus Menschen, Tieren und wenig Autos.

(schwarze Ziffer auf gelbem Grund) über den alten Henkersplatz der Stadt bis zur Bundesstraße 14, die wir überqueren, um auf der anderen Seite nach wenigen Metern wieder auf unsere Bergbaupfad-Markierung zu treffen und uns links in die Landschaft einzufädeln.

Jetzt beginnt eine entspannte Etappe durch den Wald des Etzmannberges. Diesen Weg sollen schon die Bergleute zur Grube Großenfalz gelaufen sein.

Wir gelangen zur ehemaligen **Grube Fromm 3**, wo in 80 Meter Bodentiefe Erz abgebaut wurde. Ein beschaulicher Teich hat sich in der Bodenabsenkung gebildet.

Der Weg führt aus dem Mischwald hinaus, vorbei an einer Hofstelle und biegt rechts auf eine Teerstraße ab. Wir laufen auf das Bruchgebiet **Feld Großenfalz 4** zu und machen an einem Infohäuschen halt. Über 700 Jahre war genau hier der Dorfplatz des Dörfchens

*Aufmerksame Augen entdecken auf dem Waldboden **blaues Holz.** Diese Färbung wird durch das Myzel eines Pilzes, des Grünspanbecherlings, hervorgerufen. Im Barock und Rokoko war das blaue Holz begehrt für Intarsienarbeiten.*

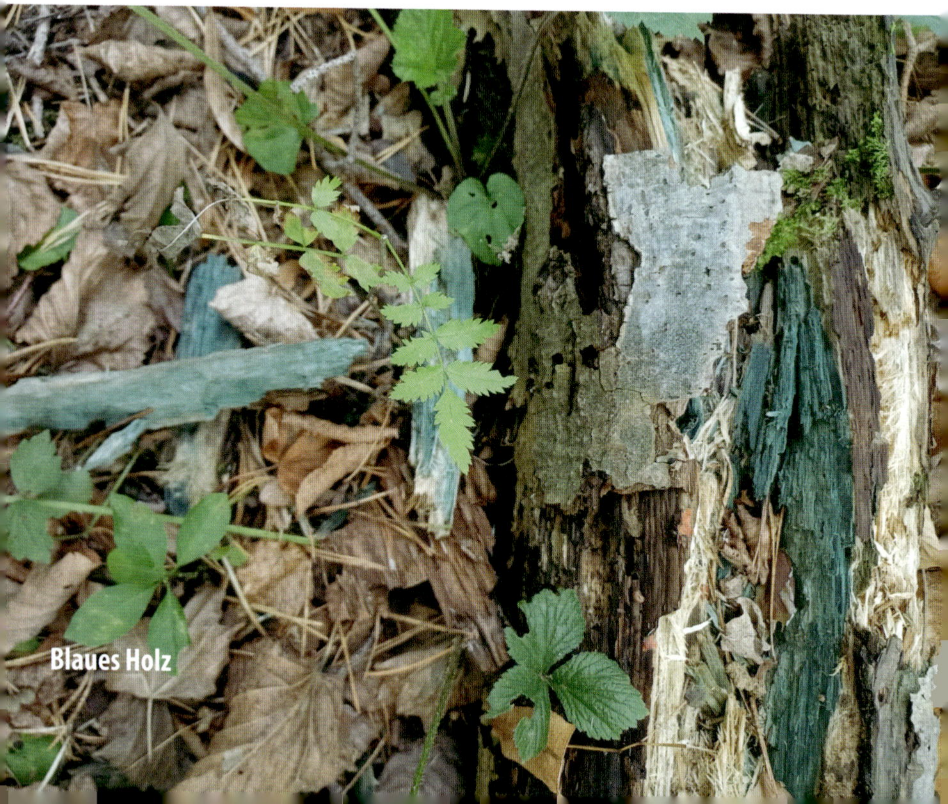

Blaues Holz

Großenfalz, bis Mitte des 20. Jahrhunderts exakt unter den Häusern Eisenerz entdeckt wurde. In den 1960er-Jahren mussten die Einwohner dem Erzabbau weichen, der in knapp zwei Jahrzehnten die Erdoberfläche unter den Grundwasserspiegel absinken ließ. So entstand der Weiher in der Mitte des heute als Naturschutzgebiet ausgewiesenen Geländes. Noch immer sind Mauerreste der geschliffenen Häuser im neu entstandenen Mischwalddschungel zu erkennen. Das Naturschutzgebiet ist inzwischen ein Vogelparadies und beherbergt viele seltene Arten.

Zurück an der Hofstelle führt der Bergbaupfad jetzt geradeaus auf eine Teerstraße, steuert links wieder auf den Etzmannsberger Wald zu und verschwindet in diesem, quasi parallel zum Hinweg. Wir passieren die ehemalige **Erzgrube Etzmannsberg** und das ehemalige Grubengelände. Hier haben sich durch den Bergbau und die Erdabsenkungen zahlreiche Tümpel gebildet, in denen sich Amphibien tummeln, ein positiver Effekt.

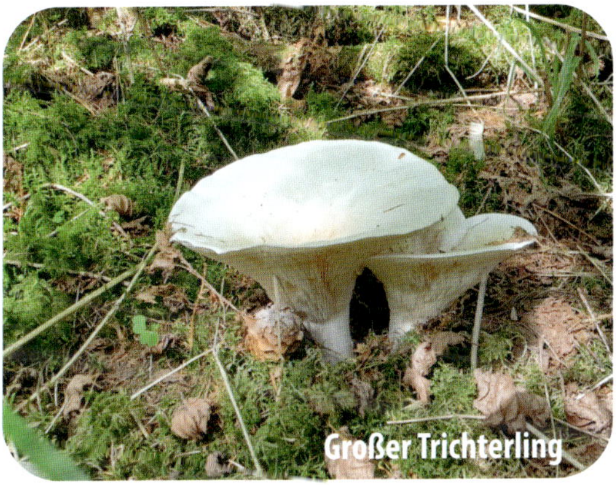

Großer Trichterling

Rechts des Weges entdecken wir den **Jüdischen Friedhof** ⑤ der Stadt Sulzbach-Rosenberg. Er stammt aus dem 17. Jahrhundert und ist als Baudenkmal ausgewiesen. Bis in das 19. Jahrhundert war ein großer Teil der Bevölkerung jüdisch und die klassizistische Synagoge gilt als eine der schönsten in Bayern. Heute ist sie nach einer Restaurierung ein Begegnungszentrum.

Kurz vor Sulzbach-Rosenberg passieren wir die ehemalige **Erzgrube Karoline** ⑥, den ältesten und tiefsten Schacht, der unterirdisch mit den Gruben Fromm

In den Monaten mit r finden wir auf den Speisekarten der Oberpfalz den in **Bierteig gebackenen Karpfen.** Diese regionale Spezialität sollte man sich nicht entgehen lassen und zusammen mit Kartoffelsalat und einem guten Bier genießen!

und Etzmannsberg verbunden war. Ob diese alten Gänge immer noch existieren?

Dann sind wir schon in einem ruhigen Wohngebiet am Stadtrand, müssen ein zweites Mal die Bundesstraße 14 queren und können unterhalb des Galgenberges auf halber Hanghöhe zum Abschluss noch einen Blick auf Sulzbach-Rosenberg genießen.

Oben treffen wir auf die Abzweigung vom Beginn der Wanderung und laufen dic letzten Meter zum Parkplatz mit Blick auf den Annaberg.

Diese entspannte Tour schließen wir mit einer Einkehr in der gutbürgerlichen Sulzbach-Rosenberger Gastronomie ab.

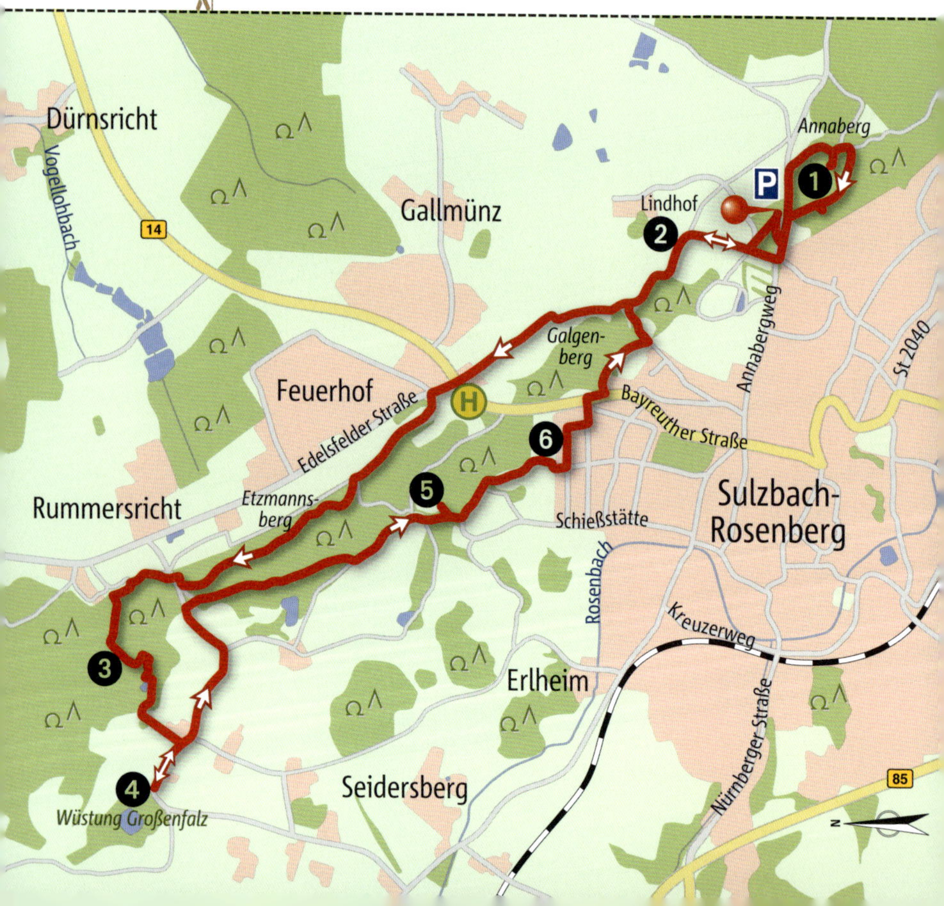

Alles auf einen Blick

WIE & WANN:
Mehr Wiesen- und Feldwege als Wald, breit und gut begehbar, teilweise Teerstraße im Stadtgebiet Sulzbach. Ganzjährig begehbar, am schönsten im Herbst.

HIN & WEG:
Auto: Kostenfreier Parkplatz links der Straße, Annabergweg, 92237 Sulzbach-Rosenberg (GPS: 49.505368, 11.753841)
ÖPNV: Bus 425, 463, 464, 480 von Sulzbach-Rosenberg Bf bis Feuerhof (an der B 14) (Einstieg in die Tour auch hier möglich)

ESSEN & ENTSPANNEN:
Bitte an Rucksackverpflegung denken.
Traditionelle Oberpfälzer Gastronomie im Stadtkern von Sulzbach.

ENTDECKEN & ERLEBEN:
Wallfahrtskirche St. Anna ❶ Annabergweg 32, 92237 Sulzbach-Rosenberg
Wetterschacht Galgenberg ❷
Grube Fromm ❸
Bruchgebiet Feld Großenfalz ❹
Jüdischer Friedhof ❺
Erzgrube Karoline ❻

Entspannung ✱✱✱✱✱ (3 von 5)
Genuss ✱✱✱✱✱ (1 von 5)
Romantik ✱✱✱✱✱ (2 von 5)

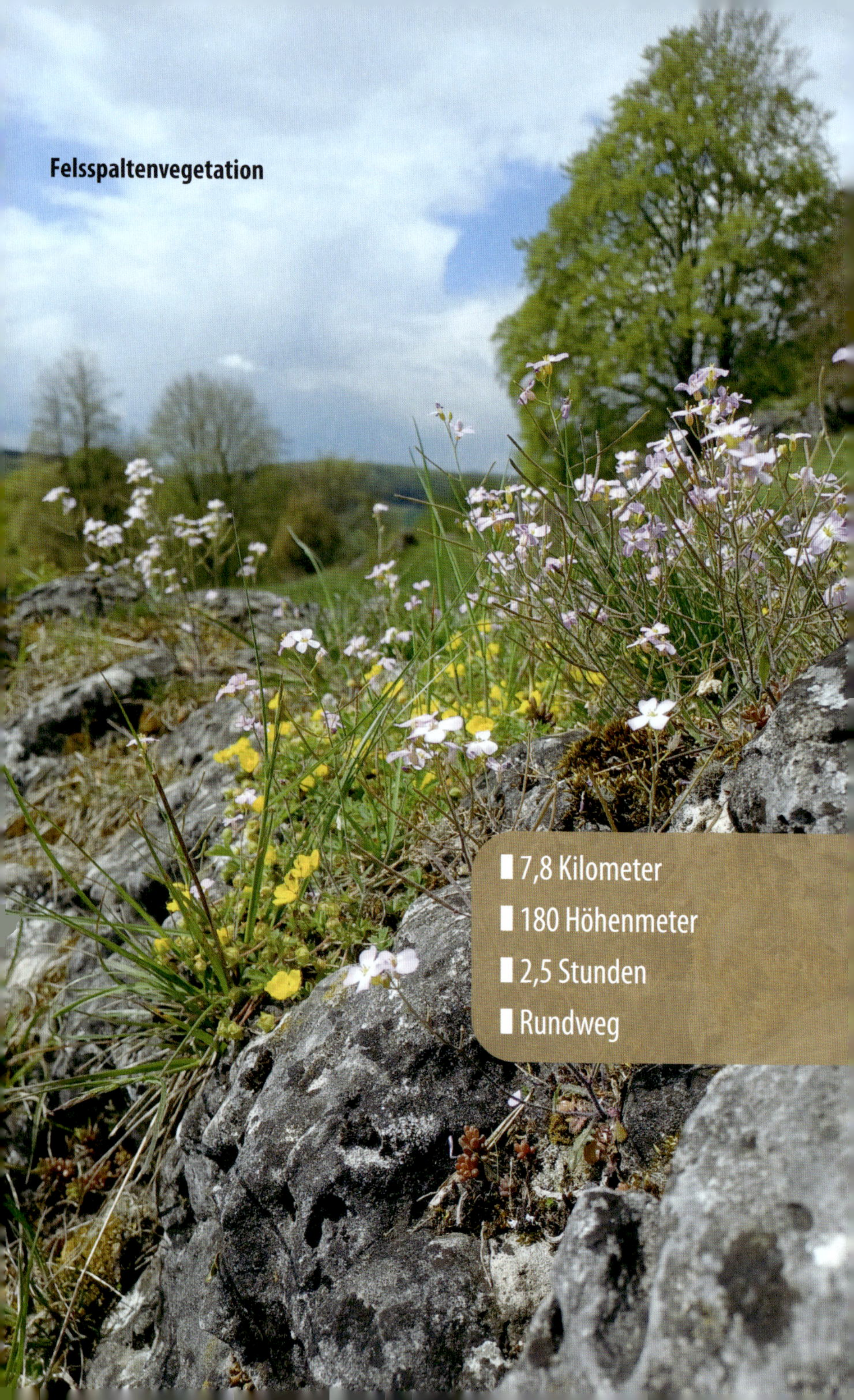

Felsspaltenvegetation

- 7,8 Kilometer
- 180 Höhenmeter
- 2,5 Stunden
- Rundweg

Heute tauchen wir ein in das smaragdfarbene Grün der Buchenwälder bei Neumarkt. Wir parken auf dem Parkplatz der König-Otto-Tropfsteinhöhle in Sankt Colomann. Den Besuch der Höhle heben wir uns für den Schluss auf. Unser erster Wegweiser ist der blaue Balken auf weißem Grund.

Er führt uns an **Sankt Colomann** vorbei über die Landstraße und verschwindet auf der anderen Straßenseite im Waldschatten des Osterberges. Wir betreten das 160 Quadratmeter große **FFH-Gebiet Schlossberg, Wolfgangsberg und Hohllochberg ①**. Besonders macht das Gebiet sein Rotbuchenanteil von knapp über 50 Prozent – das suchen wir andernorts lange und vergeblich. Hier treffen wir auf einen Wald, dessen Boden im zeitigen Frühjahr mit Leberblümchen, Buschwindröschen und Waldmeister bedeckt ist. Auf großen Flächen sprießt das Waldbingelkraut, ein Zeiger für alte, urtümlich gewachsene Wälder. Später im Jahr erscheinen Orchideen wie das Weiße und Rote Waldvöglein, die Vogelnestwurz und der Frauenschuh.

*Das **Kürzel FFH** steht für Fauna-Flora-Habitat und bezeichnet ein Schutzgebiet im Rahmen des Natur- und Landschaftsschutzes. Zusammen mit den Europäischen Vogelschutzgebieten bilden sie das Netzwerk Natura 2000.*

Rotbuchenland

Zur Baumgreisin bei Velburg

Die Markierung „Blaustrich" vereint sich mit dem Walderlebnispfad, ideal für Familien. Wir nehmen uns ab und an die Muße, um die liebevoll und witzig gestalteten Stationen zu studieren. „STEIN-Zeit – im Reich des Höhlenbären" zum Beispiel klärt uns auf, dass Bären am liebsten vegetarisch fressen. Wer hätte

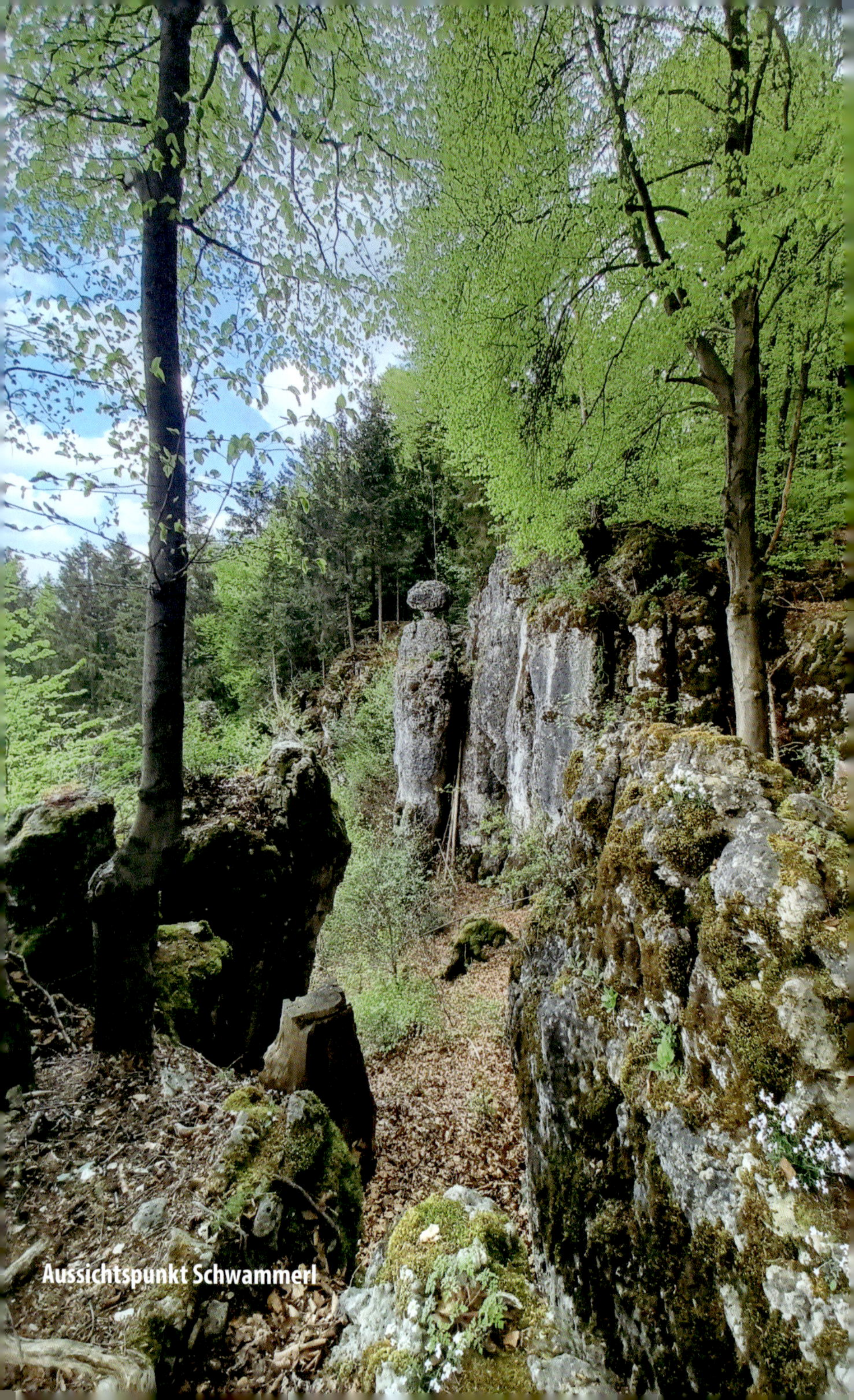

Aussichtspunkt Schwammerl

das gedacht? Kurz darauf folgen wir dem Wegweiser „Schwammerl" nach links auf einen Weg, der in moosige Steinstufen übergeht. Sie führen zünftig bergauf in die Felslandschaft des Osterberges. Eine Aussichtsbank lädt zum Luftholen und Pulsherunterfahren ein. Wir wenden den Blick nach rechts und erblicken den angekündigten **Schwammerl ❷**, einen kugeligen Dolomitfelsen auf einem dünnen Füßchen auf einer Felsnadel. So zierlich, als könnte eine etwas plumpere Vogellandung den Stein ins Rollen bringen. Das Schwammerl erinnert uns daran, dass wir uns auf ehemaligem Meeresboden bewegen, denn es besteht aus fossilen Schwammkalken, die sich vor etwa 150 bis 200 Millionen Jahren in einem subtropisch warmen Meer gebildet haben. Der Kopf aus härterem Dolomit verwittert langsamer als der Fuß aus wasserlöslicherem Kalk. Dadurch entsteht die Pilzform, der wir im Oberpfälzer und Fränkischen Jura häufiger begegnen.

Über die **Colomanner Höhe** schlendern wir südwärts und genießen das Lichtspiel der Sonne in den Buchenblättern und schätzen, wie viele Grüntöne es sein könnten.

*Aus den jungen, im April austreibenden **Buchenblättern** stellen wir ein nussiges Pesto her: zwei Handvoll Buchenblätter, eine halbe Handvoll geröstete Cashewkerne, Salz, Pfeffer und den Saft einer halben Zitrone mit dem Zauberstab unter Zugabe von Sonnenblumenöl pürieren, bis eine cremige Masse entstanden ist.*

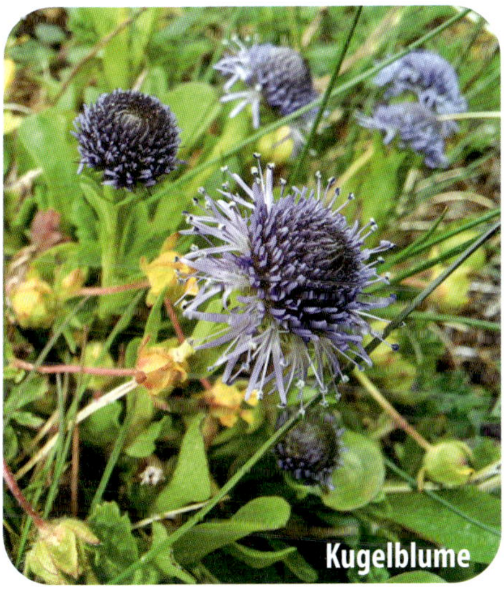

Kugelblume

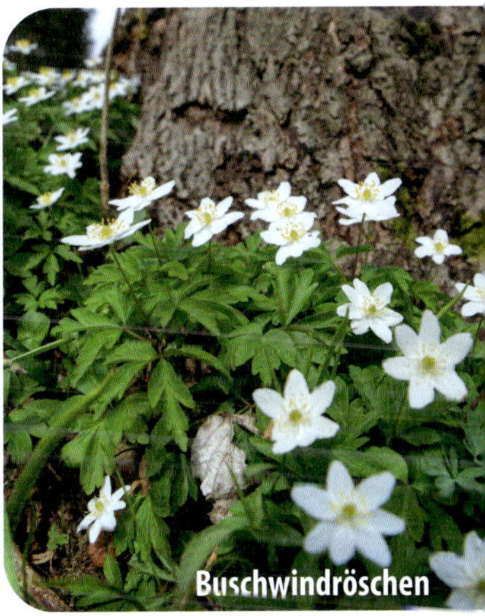

Buschwindröschen

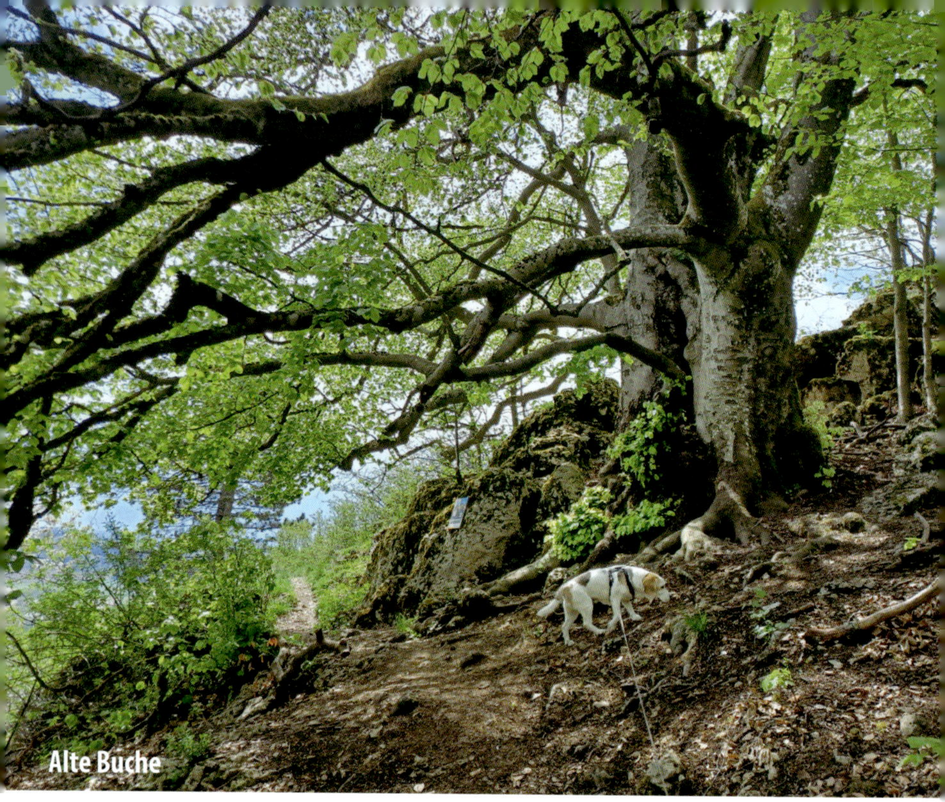

Alte Buche

Wir erreichen einen Hinweis auf die **Drei Steinernen Jungfrauen ③,** die sich mit einem Abstecher vom Hauptweg besuchen lassen. Drei manns- bzw. weibshohe schlanke Felsen stehen ganz isoliert im Wald. Es geht die Sage, dass es sich um die Töchter des Ritters von Burg Velburg handelt, die sich eines Nachts von einem feschen Burschen entführen ließen. Das erboste den Vater so sehr, dass er ihnen einen furchtbaren Fluch nachschrie, der sie in Stein verwandelte. Der fesche Bursche kam offenbar unverflucht davon.

An der nächsten Gabelung verlässt uns die Markierung „Blaustrich" nach rechts, wir wechseln jetzt auf die Markierung „König-Otto-Schlaufe des Juraweges", einen Weg, der uns mit meditativen Sprüchen über die Zeit und das Sein beglückt. Ganz nachdenklich geworden, verpassen wir fast die Markierung „Ritter Wonnebold", die nach links deutend auf einen ahorngesäumten Waldweg aufmerksam macht, der am Fuß des Schlossberges einen Bogen um die Ruine Velburg beschreibt. Die Ahornbäume entlassen uns in eine sonnige Kalkmagerrasen- und Schutthaldenlandschaft. Einzelne Weißdornsträucher und Wacholder bewachen eine vielfältige, bunte Vegetation seltener Arten wie die Sandschaumkresse, den Ruprechtsfarn und verschiedene Sommerwurzen. Schmetterlinge flattern, Bienen summen.

Hochwärts schauend erkennen wir die beiden Kleinhöhlen im Schlossberg, wo verschiedene Fledermausarten wie zum Beispiel das Große Mausohr oder die sehr seltene Hufeisennase nachgewiesen wurden.

Wir folgen dem steinigen Pfad südwestlich um den Burgberg herum, bis er einen Knick nach rechts macht und ins steilere Gelände führt. Nach mehreren Serpentinen erblicken wir einen beeindruckenden Baum, der sich wie ein Bauwerk, eine Kirche, über den Weg neigt. Eine uralte, zweistämmige **Buche** ④, jeder einzelne Ast hat schon Baumdicke. Kurz vor dem Ziel unserer Tour, der Ruine Velburg, machen wir hier eine längere Rast und träumen uns in die alte Baumgestalt hinein.

*Die **Rotbuche** ist von der Dr. Silvius Wodarz-Stiftung zum Baum des Jahres 2022 ernannt worden. Ihr Vorkommen beschränkt sich auf den europäischen Kontinent. Reine Rotbuchenwälder sind selten geworden und einige von ihnen gehören zum UNESCO-Weltnaturerbe.*

Für die Seele

Wenn der alte Baum reden könnte, was würde er uns erzählen von Aufbau, Geschichte und Zerfall der Burg und des Städtchens Velburg?

Eine kleine Infotafel informiert darüber, dass dieser Baum es in die „Kraftorte-Wanderung“ von Velburg geschafft hat. Das wundert uns nicht. Ein schöner Ort, den es häufiger aufzusuchen lohnt.

Das nahezu dreieckige Gelände der **Ruine Velburg** ⑤ betreten wir durch einen seitlichen Mauerdurchbruch.

Wir befinden uns auf einer Höhe von 621,5 Meter über NN östlich des Ortes Velburg und schauen über die Reste der alten Ringmauer hinweg auf eine grandiose Juralandschaft und Kuppenalb. Der Ursprung der Burg liegt im Schatten der Geschichte, er wird auf etwa 1117 datiert. Der gleichnamige Ort Velburg entstand gut 200 Jahre später. Die Burg überstand selbst den Dreißigjährigen Krieg mit nur kleinen Blessuren, verfiel dann aber aufgrund diverser Besitzerwechsel und der Erlaubnis für die Bürger, Burgsteine für den eigenen Hausbau abzutragen.

Wir erklimmen den 12 Meter hohen Bergfried und genießen den Panoramablick in die Landschaft – in Vorfreude auf die kommenden Wandertouren, die uns die unter dem Blätterdach verborgenen Geheimnisse erkunden lassen.

Durch das Haupttor verlassen wir den geschichtsträchtigen Ort nordwärts. Wir treffen ein weiteres Mal auf die König-Otto-Schlaufe des Jurasteigs mit den besinnlichen Zeit-Zitaten, biegen rechts ab und erreichen am Ortsrand von **Velburg** wieder die Markierung „Blaustrich". Dieser folgen wir nach Norden, leicht bergauf, aus dem Ort heraus. Nach dem letzten Anwesen zweigt der Rückweg etwas versteckt nach links ab, durch den Wald, beschreibt einen scharfen Knick und landet schließlich auf einem sanften Waldweg, der zuverlässig nach Sankt Colomann zurückführt.

Nach dieser abwechslungsreichen Tour kommt eine kulinarische Erfrischung im **Biergarten** ❻ neben der König-Otto-Tropfsteinhöhle gerade recht. Mit Kaffee und Kuchen stärken wir uns für den Ausflug in die Unterwelt, mit einem Pullover trotzen wir den Kühlschranktemperaturen. Möglich ist eine Besichtigung allerdings nur von Anfang April bis Ende Oktober.

Bei der **König-Otto-Tropfsteinhöhle** ❼ handelt es sich um eine im Weißen Jura gelegene Hallenhöhle. Es ist eine Schauhöhle, gut gesichert mit Stufen und Geländern und gut begehbar. Der erste Teil mit der

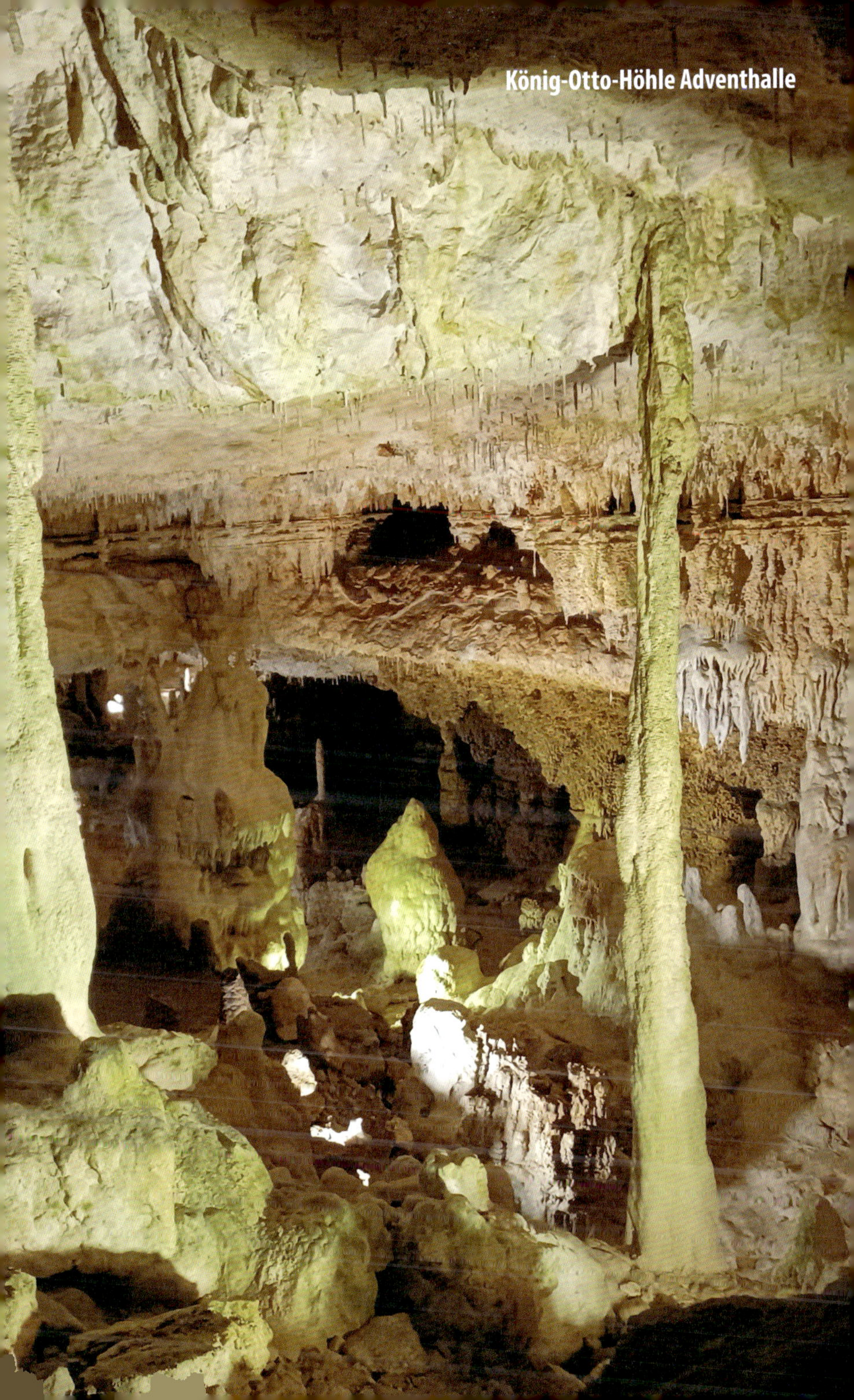
König-Otto-Höhle Adventhalle

*Am 30. September 1895 verfolgte ein Schäfer einen Fuchs, der auf einmal im Berg verschwand. Der Schäfer blieb beharrlich und entdeckte die ersten Räume der **Tropfsteinhöhle.** Da an diesem Tag der Namenstag des Bayernkönigs Otto war, wurde das der Name der Höhle.*

Königsgrotte und dem Erlhain weist manchmal schwarze Verfärbungen von rußenden Fackeln auf, der hintere und später entdeckte Teil imponiert mit reinweißen und pastellfarbenen Sinterbildungen. Die Adventhalle zählt zu den schönsten Höhlenräumen im Fränkisch-Bayerischen Jura. Unser Lieblingsabschnitt aber ist der Erlhain, zu Recht auch Märchenwald genannt, denn hier haben Stalagmiten, Stalaktiten und Stalagnaten einen verdrehten, verwunschen wirkenden Wuchs, der an knorrige Bäume erinnert.

Wieder im Sonnenlicht lassen wir auf dem Weg zum Parkplatz diesen herrlichen Tag nochmals gedanklich durchlaufen.

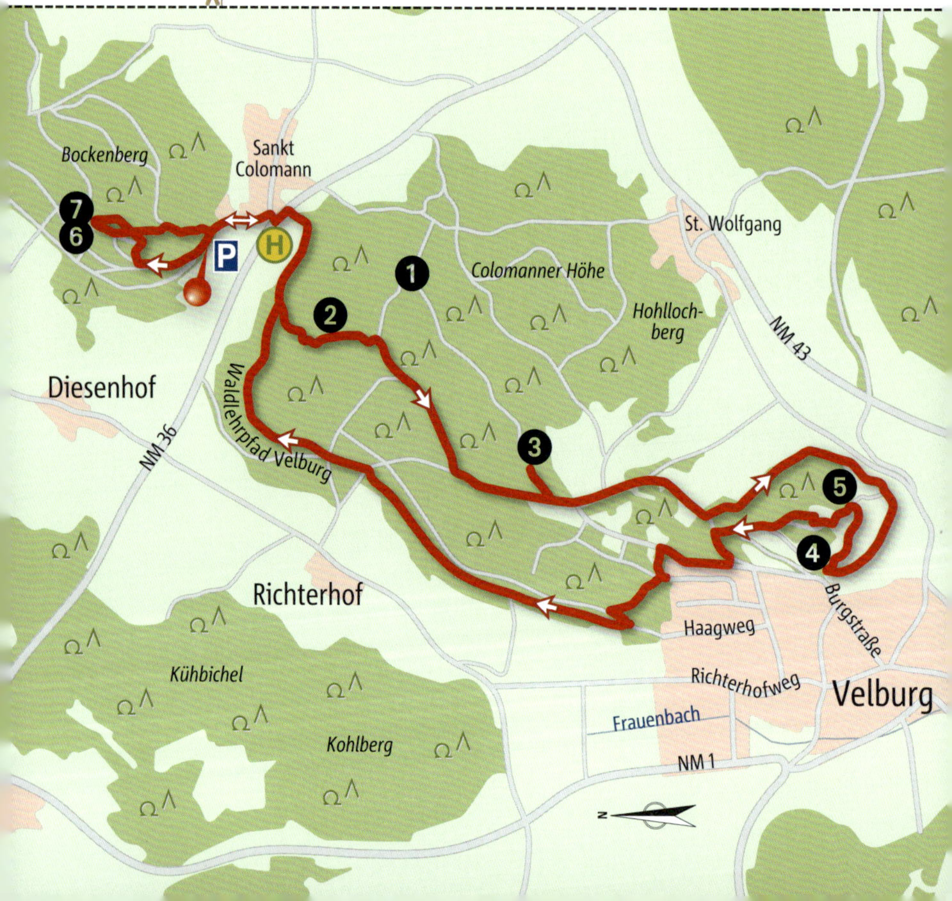

Alles auf einen Blick

WIE & WANN:
Naturbelassene Wald- und Wanderwege mit viel Buchenwald. Besonders schön im April/Mai während des Laubaustriebs.

HIN & WEG:
Auto: Wanderparkplatz vor der König-Otto-Tropfsteinhöhle, Sankt Colomann 10, 92355 Velburg (GPS: 49.251703, 11.689646)
ÖPNV: Bus 541 von Parsberg Bf oder Bus 589 von Neumarkt Bf bis Sankt Colomann

ESSEN & ENTSPANNEN:
Biergarten König-Otto-Tropfsteinhöhle ❻ Sankt Colomann 11, 92355 Velburg, Tel. (0 91 82) 4 46

ENTDECKEN & ERLEBEN:
FFH-Gebiet Schlossberg, Wolfgangsberg und Hohllochberg ❶
Dolomitfelsen Schwammerl ❷
Drei Steinerne Jungfrauen ❸
Alte Buche ❹
Ruine Velburg ❺ Burgstraße, 92355 Velburg
König-Otto-Tropfsteinhöhle ❼ Sankt Colomann 10, 92355 Velburg

Entspannung ✱✱✱✱✱
Genuss ✱✱✱✱✱
Romantik ✱✱✱✱✱

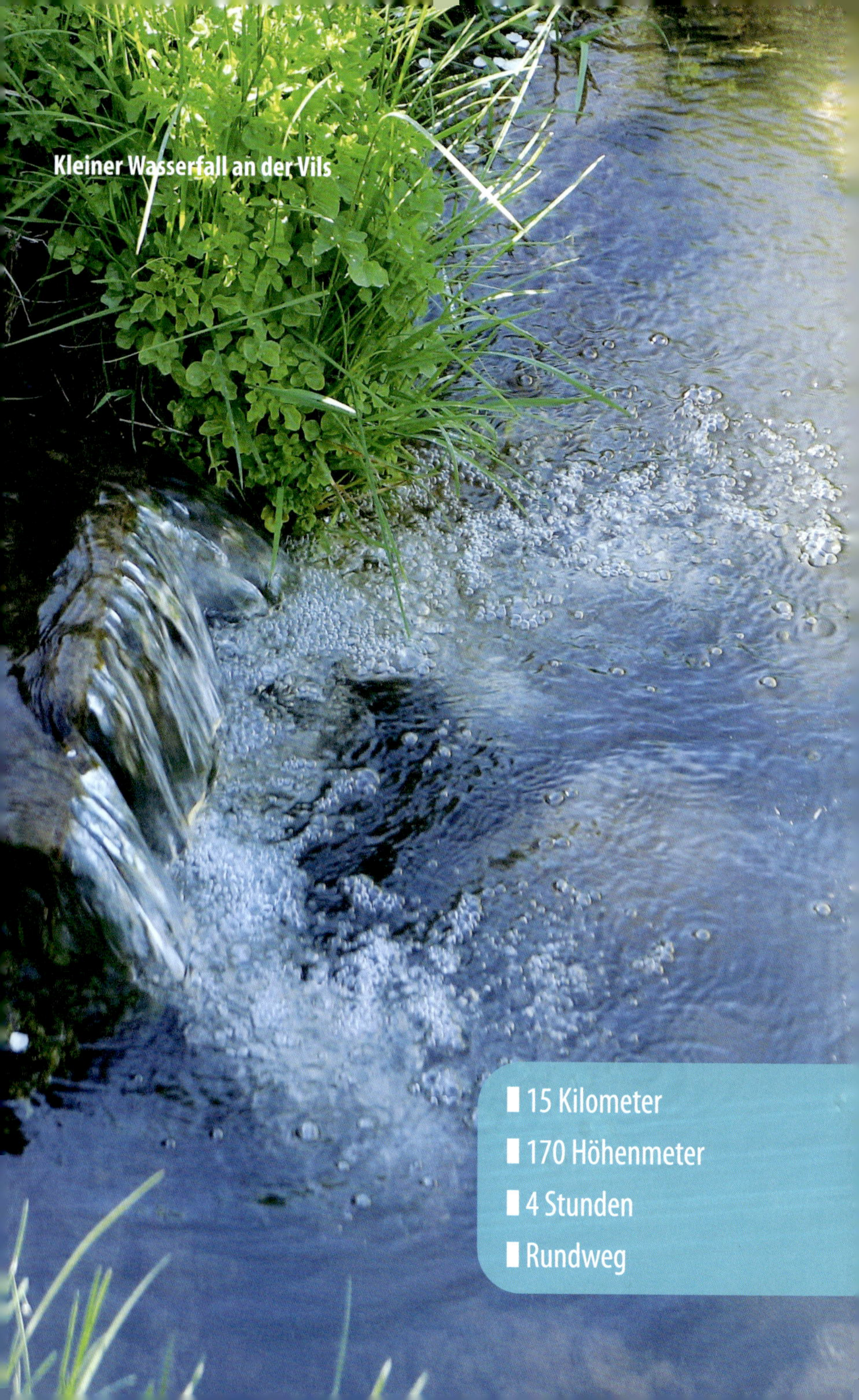
Kleiner Wasserfall an der Vils
15 Kilometer
170 Höhenmeter
4 Stunden
Rundweg

Wem der Sinn nach unbegrenztem Waldwandern steht, der ist mit der heutigen Tour glücklich. Wir packen sorgfältig unsere Rucksäcke, denn es stehen 15 Kilometer auf selten begangenen Wegen mit maximal einer Einkehrmöglichkeit (abhängig von Wochentag und Jahreszeit) an: Brotzeit, Getränke, aufgeladenes Handy und eine Wanderkarte kommen mit. Wir wollen zur Quelle der Vils, dem Flüsschen, das uns kraftvoll in Ensdorf und alt und weise in Kallmünz begegnet.

Der Parkplatz liegt mittig an der **Staatsstraße zwischen Vilseck und Freihung,** wir sind weit im Norden des Bayerischen Jura. Beide Orte grenzen an den Truppenübungsplatz Grafenwöhr.

Scheinbar am Ende der Welt überrascht ein wenig ein Schild, das uns darüber aufklärt, dass wir uns im NATURA 2000-Gebiet **Vilsecker Mulde** **1** befinden. Die erste Etappe der Tour geht durch ein Vogelschutzgebiet von insgesamt über 900 Hektar mit europaweiter Bedeutung für den Fortbestand vieler Arten. Hier leben Wasser- und Sumpfvögel wie zum Beispiel die Rohrdommel, Schwarz- und Weißstorch, Kiebitz, Fisch- und Seeadler. Den stabilen Bestand vor allem der letzten beiden Arten haben wir dem nur wenige 100 Meter entfernten militärischen Übungsplatz zu verdanken, wo sie sich in den letzten Jahrzehnten ungestört vermehren konnten. Der bayerische Seeadlerbestand hat seine Wurzeln hier. An den Ufern der Vils – die wir hier noch nicht zu sehen bekommen – hat sich durch naturschutzkundliche Bemühungen ein

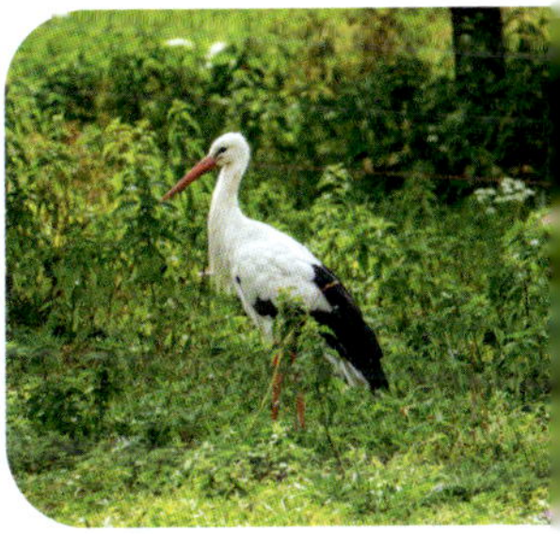

Vilsgeflüster

Waldeinsamkeit bei Vilseck

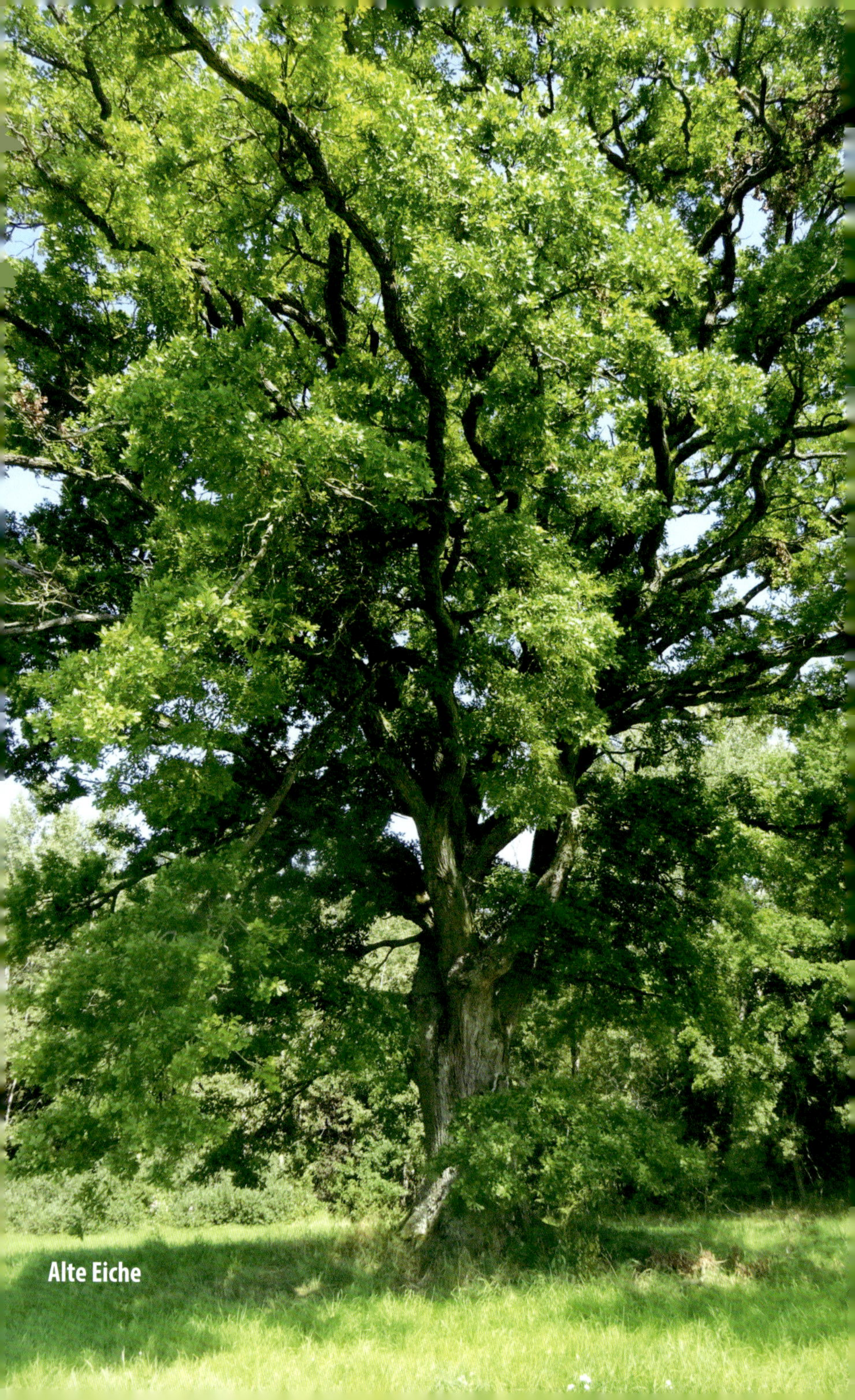

Alte Eiche

dicht verzahntes Netz aus von Erlen und Weiden bestimmten Bruchwäldern, Moorwiesen und Feuchtbiotopen gebildet.

Außerdem beginnt hier der „Biber-Lehrpfad Leinschlag“, dem wir einen halben Kilometer durch ein Nadelbaumwäldchen zu einer Offenlandfläche folgen, dem **Leinschlag ②.**

Um 1800 herum herrschte hier reges Treiben. Eine kleine Siedlung, eine Gastwirtschaft. Man baute Lein an, woraus Öl, Farbzusätze und Linoleum hergestellt wurden. Wer genau hinschaut, sieht links des Weges, noch im Wald, Mauerreste unter Laub und Ästen – die verlassene Siedlung wurde im Zuge polizeilicher Übungen gesprengt. Seit 1978 gehört das Gebiet den Bayerischen Staatsforsten.

Die Feuchtwiesen gehen in dichte, üppige Schilfgürtel über. Zweisprachige Infotafeln klären uns über den faunistischen und floristischen Artenreichtum der Landschaft auf. König im Leinschlag ist seit 1996 der Biber. Durch seine unermüdlichen Baukonstruktionen hat er Wasser aufgestaut, neue Wasserläufe geschaffen, Wald geflutet und damit Nährboden und Zuflucht für eine Vielzahl anderer Tiere geschaffen: Kleine Fische suchen unter seinen Nahrungsflößen Schutz, was wiederum Reiher, Seeadler und Fischotter anzieht.

Schon von Weitem sehen wir die alte **Leinschlag-Eiche ③,** die seit Jahrhunderten allen Veränderungen trotzt und ihre mächtige Krone über die Wiesen

Gewusst? Der bundesdeutsche Wappenvogel, der auch die 1-Euro-Münze ziert, ist ein ***Europäischer Seeadler,*** *kein Steinadler. Letzterer ist der Wappenvogel Österreichs.*

Für die Seele

Wir laufen zu einer Quelle, deren Wasser die Landschaft formt und nährt und das manchmal zur Taufe eines neuen Erdenbürgers verwendet wird.

spannt. Sie ist ein beliebtes Fotomotiv, eine Kraftquelle zum Innehalten, der Mittelpunkt des Leinschlags. In angemessener Ehrfurcht streichen wir über die Rinde.

Wir erklimmen den komfortablen **Aussichts- und Beobachtungsturm** hinter der alten Eiche. Es lohnt sich, es sich hier für einige Stunden mit einem Fernglas gemütlich zu machen. Südwärts blicken wir auf zwei Weiher und eine urwüchsige Moor-, Auen- und Feuchtwiesenlandschaft, die in lockere Birkenwaldstrukturen übergeht. Für uns Menschen gibt es da kein Durchkommen. Aber mit etwas Glück – oder sehr viel Geduld – werden wir eines Fischadlers oder einer Wiesenweihe ansichtig.

Aber heute steht Wandern auf dem Programm und nicht Birdwatching. Also runter vom Turm und weiter dem Biberlehrpfad folgen. An einer Gabelung wenige 100 Meter später wechseln wir auf die Markierung „blaues Andreaskreuz", die uns bis zur Vilsquelle bringen wird.

Der schmale Waldpfad führt an der **Weiherkette** des Modler-, Almosen- und Lindenweihers vorbei, eine Erinnerung daran, dass die Mönche des nahen Klosters Michelfeld das Gelände für die Karpfenzucht nutzten. Der Weg beschreibt einen Rechtsbogen durch einsamsten Nadelwald. Es herrscht vollkommene Stille und wir haben das Gefühl, vielleicht aus dem Zeitgefüge gerutscht zu sein.

Der Weg mündet in einen Forstweg, der die **Verbindungstraße Vilseck–Freihung** quert. Ein Auto saust vorbei, die Welt dreht sich offensichtlich doch noch weiter. Auf dem folgenden, einsamen Waldweg riecht es nach Moos, Erde und Pilzen. Vor allem im Spätsommer und Frühherbst schlägt hier das Mykologenherz höher. Dabei interessieren uns weniger die Speisepilze als die schiere Vielfalt, die der Wald hervorbringt. Hier das märchenhafte Rotweiß der Fliegenpilze, das leuchtende Gelb des Zwergenfeuers, Täublinge in Orange, Rot und Violett, Totentrompeten, Korallenpilze und die bunten

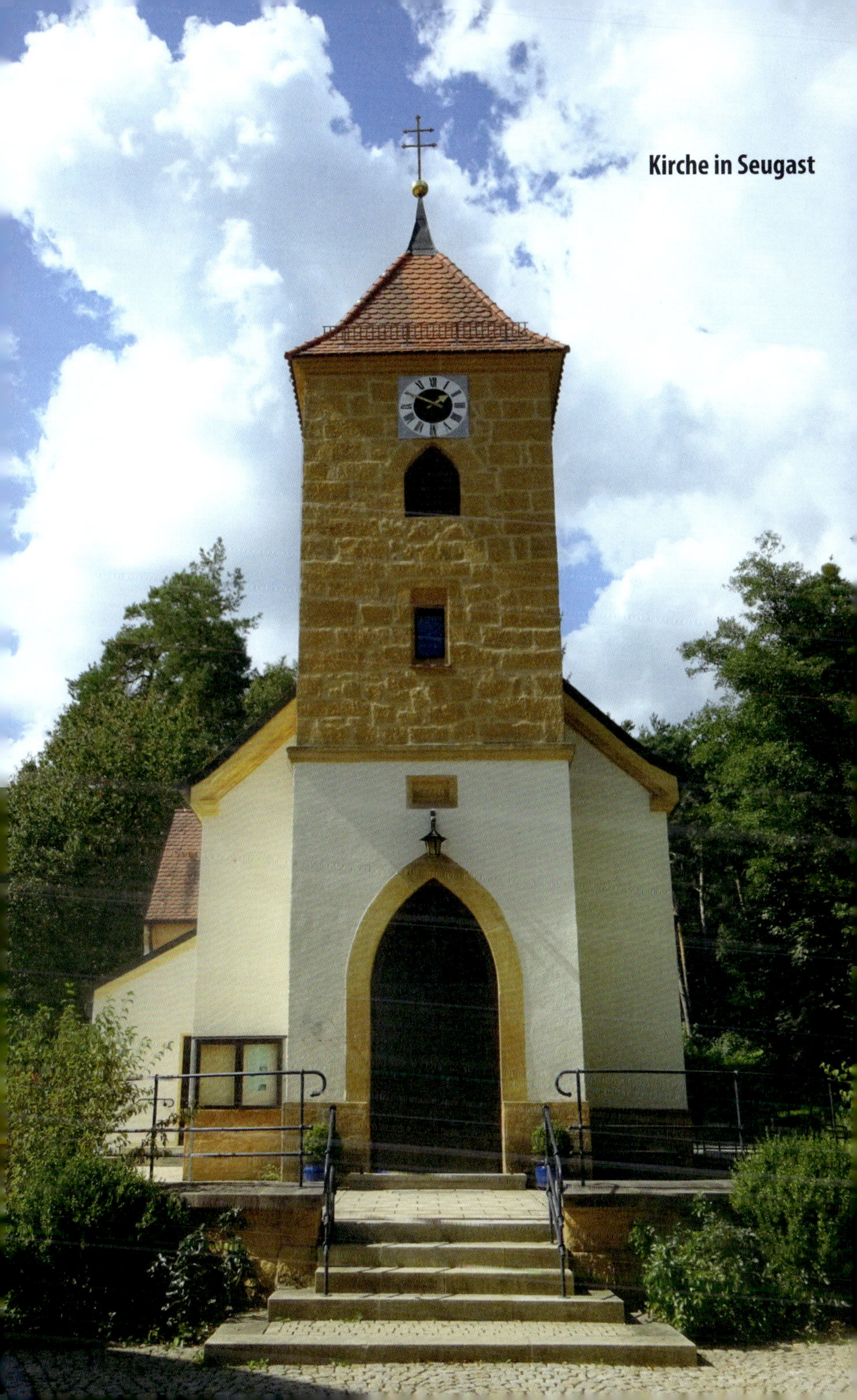

Kirche in Seugast

Schmetterlingstrameten am Totholz – wir kommen kaum von der Stelle vor Begeisterung.

Am Waldrand entlang laufen wir auf **Seugast** zu, ein typisches Straßendorf, das zu Freihung gehört. Wir passieren die Dorfkirche St. Marien, marschieren eine kurze Strecke an der Hauptstraße entlang, bevor uns das Blaukreuz nach rechts führt, an den Sportplätzen vorbei, in den Wald zur jungen **Vils 4.**

Das Flüsschen ist hier erst wenige Kilometer alt und versteckt sich schüchtern hinter der Ufervegetation. Es hat noch gute 85 Kilometer vor sich, bevor es bei Kallmünz in die Naab mündet und dabei fast unser komplettes Wandergebiet durchquert: Vilseck, Sulzbach-Rosenberg, Amberg, an Ensdorf vorbei und durch Schmidmühlen. Im deutschsprachigen Raum hat die Vils einige Namensschwestern, die Herleitung kommt höchstwahrscheinlich vom germanischen *felvo*, was Weide heißt. Ergibt Sinn, denn Weiden lieben Gewässernähe und wiegen sich auch hier am Ufer.

*Der **Fichten-Steinpilz** heißt so, weil er ein Mykorrhiza-Partner der Fichte ist. Alle Steinpilzarten stehen unter Naturschutz und dürfen nur in kleinen Mengen für den Eigenbedarf gesammelt werden.*

*Als **Schichtquelle** wird der Wasseraustritt zwischen zwei verschiedenen Gesteinsschichten bezeichnet. In diesem Fall ist oben der wasserdurchlässige Kalk, die untere Schicht besteht aus wasserstauenden Sedimenten.*

Die letzten Meter bis zur Quelle führen durch eine idyllische, offene Wiesenlandschaft.

Wir erreichen das Dorf Kleinschönbrunn. „Kleiner schöner Brunnen" – ist damit die Vilsquelle gemeint? Die ist unverfehlbar, liegt direkt an Wanderweg und Straße. Bei der **Vilsquelle 5** handelt es sich um eine Schichtquelle, die konstant 11 Liter Wasser pro Sekunde in einen kleinen Teich schüttet. Steinerne Wassergeister bewachen das kostbare Nass und lächeln dem Besucher zu.

Die fantasievolle Ausgestaltung der Quelle hat den Ort zu einem familienfreundlichen Treffpunkt gemacht. Ein Spielplatz, eine Wetterschutzhütte für Wanderer und verstreute Bänke laden zum Verweilen ein. Erst kürzlich haben Eltern ihr Kind an der Quelle mit Vilswasser taufen lassen – was für eine schöne Umsetzung alter Traditionen.

Direkt an der Vilsquelle bewirtet das denkmalgeschützte, stilvoll restaurierte **Hüthäusl 6** Wanderer,

Radfahrer, Einheimische und Quellbesucher mit Speis und Trank. Hier lassen wir uns dankbar unter einem Schatten spendenden Sonnenschirm nieder und stärken uns für den Rückweg. Wer auf Nummer sicher gehen will, dass es mit der Einkehr klappt, fragt vorher telefonisch nach.

Achtung: Wir verlassen jetzt die markierten Wanderwege. Der Rückweg führt über gute Wald- und Forstwege durch die Forstlohe, ein großes, einsames Waldgebiet zwischen Vilseck und Freihung. Weil sich in solchen Gebieten die Wege sehr gleichen, bitte genau in die Karte schauen und die Beschreibung lesen. Wir gehen zum Ortsrand zurück und nehmen den Feldweg, der nordwestlich auf den Wald zuführt.

Die **Forstlohe** ⑦ wird von den Bayerischen Staatsforsten bewirtschaftet. Die Endung -lohe erzählt uns, dass hier einst in hohem Maß Baumrinde für das Ger-

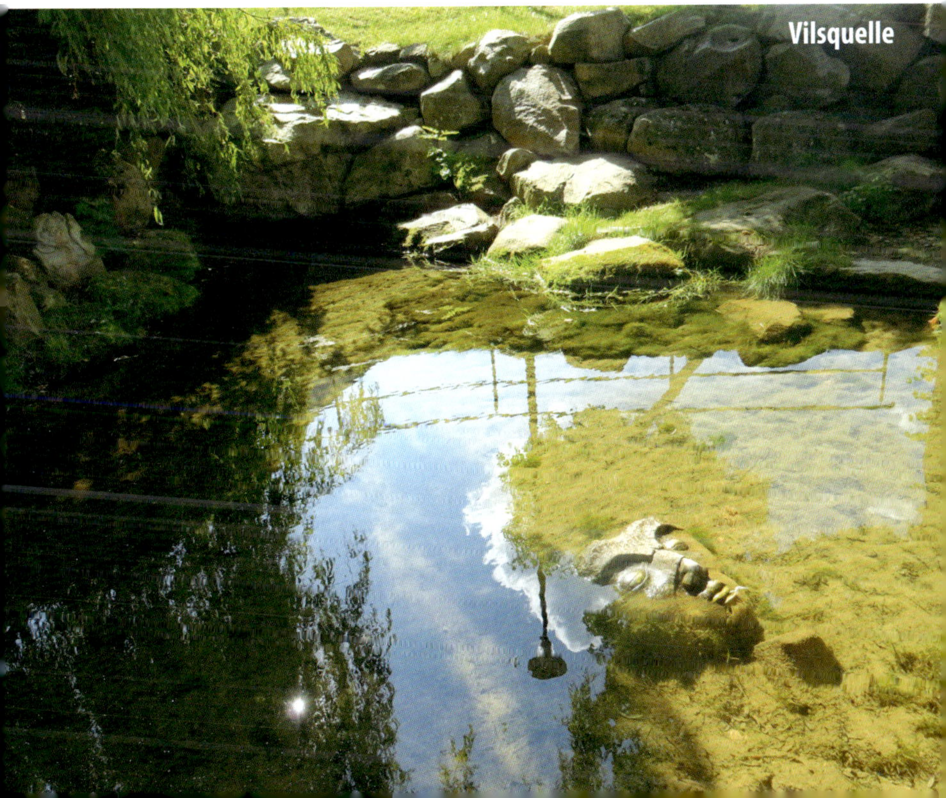

Vilsquelle

ben von Leder angebaut und geerntet wurde. Den höchsten Gerbstoffanteil enthält Eichenrinde, aber in einigen Regionen Deutschlands wurde ersatzweise Fichte verwendet. Die herrscht auch in diesem Waldgebiet vor, durchsetzt mit Kiefernbeständen. Da die Fichte, der Brotbaum, den Klimawandel in unseren Breitengraden nicht überstehen wird, experimentiert die Forstwirtschaft mit wärmeverträglicheren Baumarten und Waldkonzepten – in der Forstlohe gibt es unter anderem einen Testbereich.

Welche Tiere uns wohl beobachten und unseren Gesprächen lauschen? Ein geschlossenes Waldstück wie dieses ist natürlich ein Paradies für Rehe, Füchse und Wildschweine. Sogar einzelne Hirsche wurden schon gesichtet.

Nach etwa 300 Metern im Wald kreuzt ein breiterer Forstweg, auf den wir rechts (Norden) abbiegen. Bei der nächsten Gabelung gehen wir links bis zum

Ab Juli blüht das pinkfarbene ***Tausendgüldenkraut,*** *die heimische Pflanze mit dem höchsten reinen Bitterwert. Bitterstoffe sind gut für unseren Magen, Organismus und Wohlbefinden – eine Wirkung, die den Menschen früher viel Geld wert war. Das Tausendgüldenkraut darf nicht gepflückt werden.*

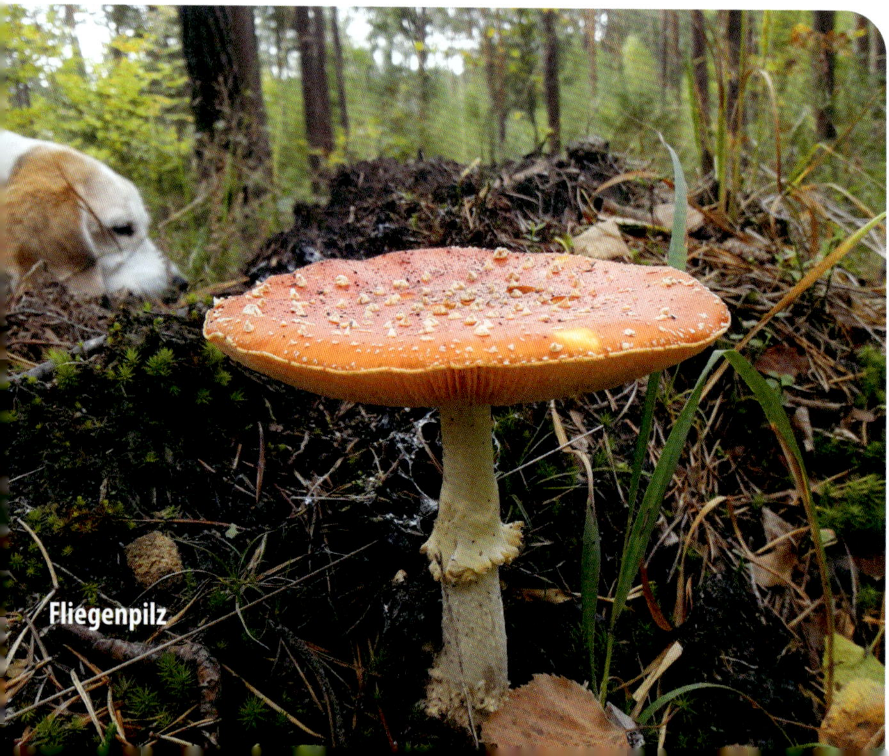
Fliegenpilz

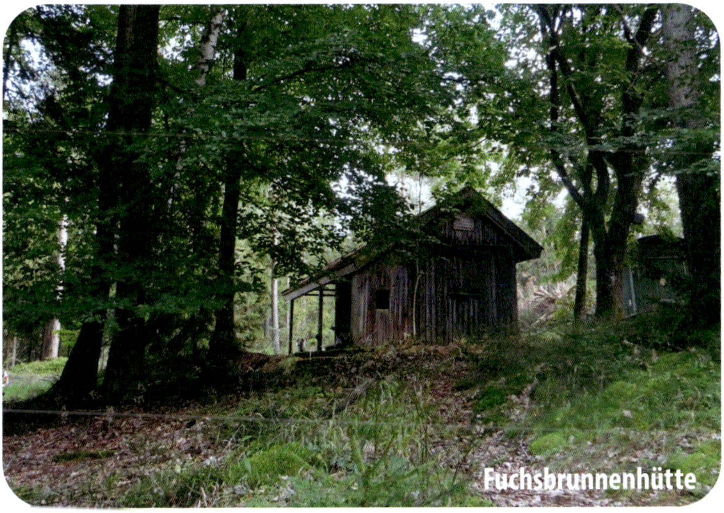

nächsten kreuzenden Forstweg. Dieses Mal biegen wir links ein (Südwesten) in das Flurstück Am Toten Mann. Nach etwa 750 Metern erreichen wir eine scharfe Gabelung, wir biegen scharf rechts ab (Norden) und bleiben auf diesem Forstweg, bis wir nach knapp 1 Kilometer einen von West-Ost kreuzenden Weg mit der Markierung „rotes Kreuz und A2" erreichen. Links abbiegen (Westen) und an der nächsten Kreuzung rechts (ohne Markierung). Nach 500 Metern erscheint links die **Fuchsbrunnen-Hütte,** sofern man alles richtig gemacht hat.

Die kleine Fuchsbrunnen-Hütte dient den Waldarbeitern als Lager. Außen stehen für müde Wanderer wie uns Tische und Bänke im Außenbereich bereit. Wir legen eine Pause ein, atmen tief die saubere Luft und genießen Stille und Einsamkeit inmitten dieses riesigen Waldes.

Auf der anderen Seite verläuft ein weiterer Weg, das Gelände dahinter ist abschüssig. Hier entspringt der Fuchsbrunnen, eine winzige Quelle, die sich damit begnügt, den unter ihr liegenden Wald flächig anzufeuchten, bevor das Wasser wieder versiegt.

Wir laufen vor zu einer Kreuzung und nehmen links (westlich) einen leicht abwärts führenden Weg. An der tiefsten Stelle zweigt rechts (Norden) ein Weg ab, den wir einschlagen. Er führt linker Hand an zwei interessanten Flächen vorbei, an denen wir staunend erkennen, wie schnell sich Natur und Wald von Sturmschäden und Holzernte erholen. Wo nach den Ereignissen blanker Waldboden war, wächst jetzt ein junger artenreicher Laubwald nach.

Der Forstweg schnürt in sanften Windungen weiter Richtung Norden und endet an der Verbindungsstraße Vilseck–Freihung. Gegenüber ist unser Startparkplatz. Etwas fußlahm, aber glücklich treten wir die Rückfahrt an.

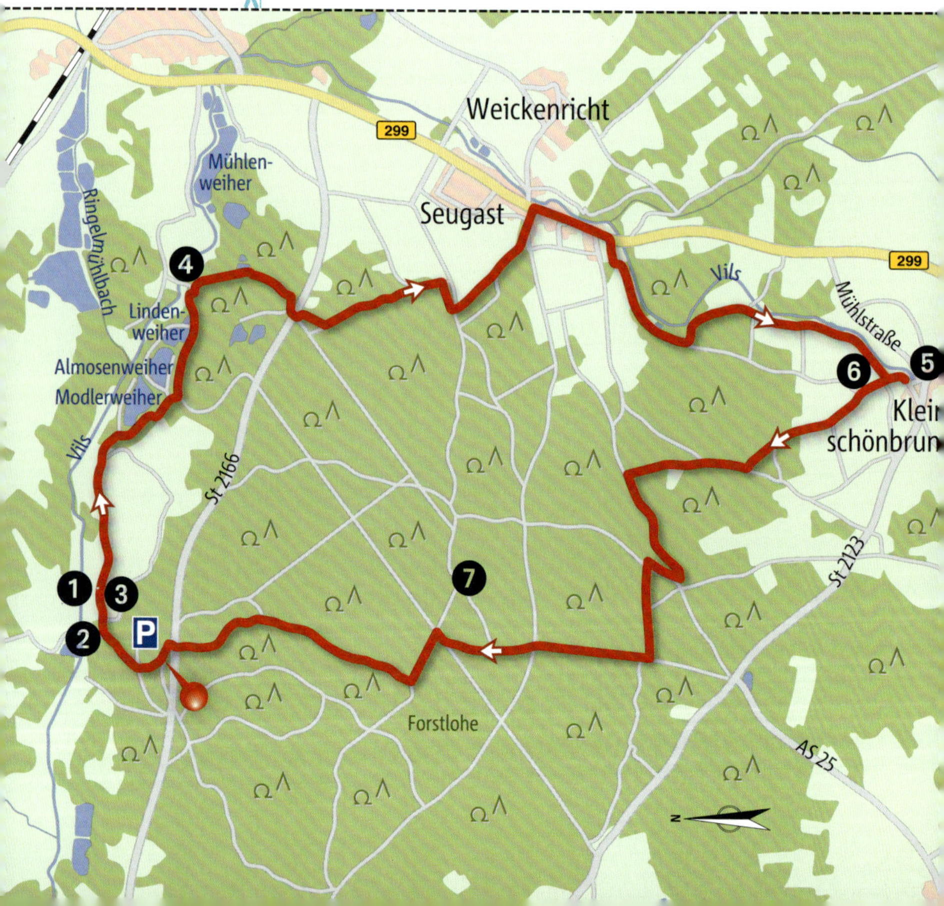

Alles auf einen Blick

WIE & WANN:
Hauptsächlich weiche Waldwege, im letzten Teil Forstwege.
Die schönste Jahreszeit ist der Herbst mit seiner Laubfärbung und Pilzen.

HIN & WEG:
Auto: Parkplatz an der Verbindungsstraße 2166 zwischen Vilseck und Freihung (von Vilseck kommend auf der linken Seite) (GPS: 49.621413, 11.857771)
ÖPNV: Keine Anbindung an den öffentlichen Nahverkehr.

ESSEN & ENTSPANNEN:
Hüthäusl ❻ Zur Vilsquelle 4, 92271 Freihung-Kleinschönbrunn,
Tel. (0 96 22) 8 09 98 57

ENTDECKEN & ERLEBEN:
Vilsecker Mulde ❶
Leinschlag ❷
Leinschlag-Eiche ❸
Vils ❹
Vilsquelle ❺
Forstlohe ❼

Entspannung ✱✱✱✱✱
Genuss ✱✱✱✱✱
Romantik ✱✱✱✱✱

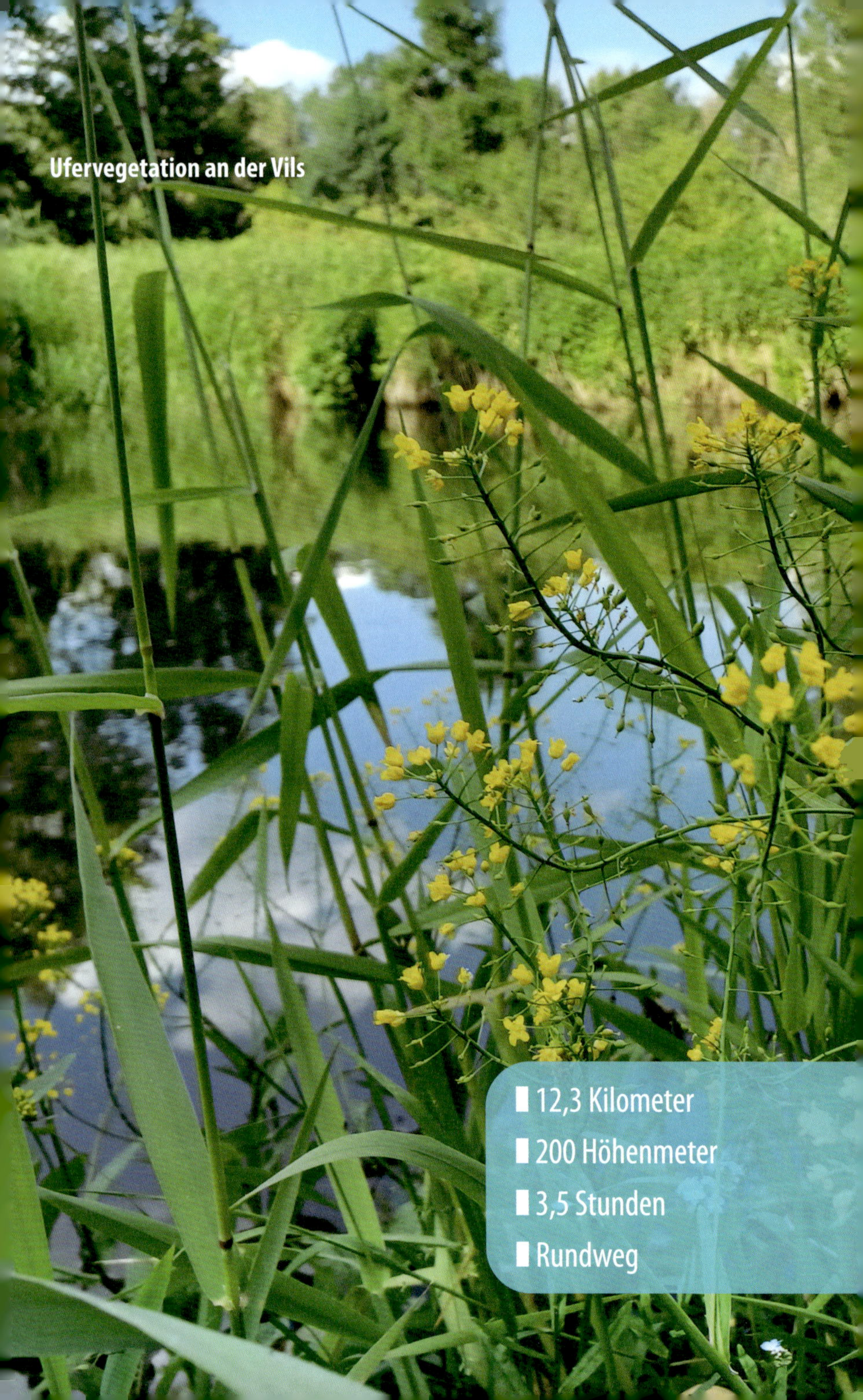
Ufervegetation an der Vils
12,3 Kilometer
200 Höhenmeter
3,5 Stunden
Rundweg

Hirschwald

Durch Ambergs grünes Herz

Mitten im Bayerischen Jura, im Amberger Land, liegt der **Naturpark Hirschwald** ①. Er ist der kleinste Naturpark Deutschlands. Begrenzt im Osten durch die Vils und im Süden durch die Lauterach, besteht er überwiegend aus dem namensgebenden Hirschwald. Klein, aber fein könnte das Motto des Naturparks sein, dessen Facettenreichtum wir auch bei Verwöhntour 10 und Auszeittour 1 kennenlernen. Das große Waldgebiet durchkreuzen nur wenige Wanderwege. Zahlreiche Wildtierarten, auch seltene, finden in dem ehemaligen Jagdgebiet des Adels ein ungestörtes Zuhause. Mit etwas Glück kreuzen Hirsch, Fuchs und Wildschwein unsere Wege.

Da eine Einkehr erst am Ende der Tour möglich ist, sind wir mit ausreichend Getränken und einer Brotzeit ausgerüstet.

Start ist in der Ortschaft Wolfsbach zwischen Amberg und Ensdorf. Von der **Kirche St. Magdalena** gehen wir über die Ring- und Waldhausstraße an die westliche Ortsgrenze, bis wir auf die Markierung „grüne 3“ (weiße 3 auf grünem Grund) treffen. Dieser folgen wir aus **Wolfsbach** hinaus in die Felder. In der Ferne sehen wir schon den dunkelgrünen Rand des Hirschwaldes.

Nach wenigen Metern zweigt links die Markierung „rotes Kreuz/Erzweg“ ab, die uns durch die erste Etappe führt. Schmale, weiche Waldpfade schlängeln sich durch das Lehenholz und den Klosterschlag. Im dunklen Grün leuchten kräftig pink die Blüten der Fingerhüte. Heißt es nicht, wo Fingerhüte wachsen,

Der Name **Blutwurz** beruft sich auf die rötliche Wurzel der Pflanze. Sie ist extrem gerbstoffhaltig und die Basis für den magenberuhigenden gleichnamigen Likör.

Der **heilige Hubertus** ist der Schutzpatron der Jäger, Förster, Waldarbeiter und Schützenvereine. Der ungewöhnliche Klang der jagdlichen Parforcehörner ertönt an seinem Ehrentag, dem 3. November, in unseren Kirchen.

leben Elfen? Abwegig erscheint uns das in der schattigen Waldeinsamkeit nicht. Schulterhohe Farne wechseln mit moosigen Flächen. Am Wegesrand entdecken wir die kleinen gelben Blüten des Blutwurzes. Reife Walderdbeeren laden zum Naschen ein.

Nach einer Weile kreuzt ein geschotterter Forstweg, dem wir nach links (Südosten) folgen. An der nächsten Forstwegkreuzung verlassen wir den Erzweg und machen einen Abstecher nach links. Hier haben sich hinter Schilf und Springkraut zwei flache Weiher versteckt, die einzigen größeren Wasserstellen des Waldes. Auf der Bank machen wir eine erste Rast und entspannen beim Beobachten der Libellen und Schmetterlinge.

Zurück zur Kreuzung gehen wir links, der Markierung „E5“ nach bis zum Flurstück Hammerleite mit der nächsten Kreuzung, wo wir der Markierung „E5“ nach rechts folgen und nach kurzer Strecke auf eine Schotterpiste treffen: die selten befahrene Verbindungsstraße Ensdorf mit der Ortschaft Hirschwald. Links entlang Richtung Osten marschieren wir auf die **Hubertuskapelle** ❷ am rechten Wegesrand zu. Neben dem kleinen Kapellchen lädt eine Sitzgruppe zum Verweilen ein.

Wir schlendern auf der Straße den **Eggenberg** entlang, begleitet von Ausläufern des modernen **Baumlehrpfades** ❸ vom Naturpark Hirschwald. Durch das Scannen des QR-Codes erfahren wir Erstaunliches und Wissenswertes über die Baumarten am Wegesrand.

Am höchsten Punkt des Eggenberges ruht auf 485 Metern über NN ganz gelassen und schlicht die kleine **Wallfahrtskirche St. Dionys und Nothelfer** ❹. Leider ist sie verschlossen, sodass wir ihre legendäre Akustik nicht testen können. Ein von der Bevölkerung verehrtes Marienbildnis an einem Baum auf dem Eggenberg war vor über 300 Jahren die Initialzündung für die Gründung der Kirche. Buntes Treiben herrscht heutzutage am dritten Septembersonntag um das Kirchlein, wenn Pilger und Einheimische zum Eggenbergfest kommen.

Für den Abstieg ins Vilstal nach Ensdorf wählen wir nicht den Kreuzweg, sondern gehen am linken Waldrand entlang. Die Markierung „E8" führt uns zu einem der vier **Landschaftskinos** 5 der Region. Neun Holzsitze laden zum Ausruhen und Schauen ein. Heute läuft „Ensdorf unter weiß-blauem Himmel", Haupt-

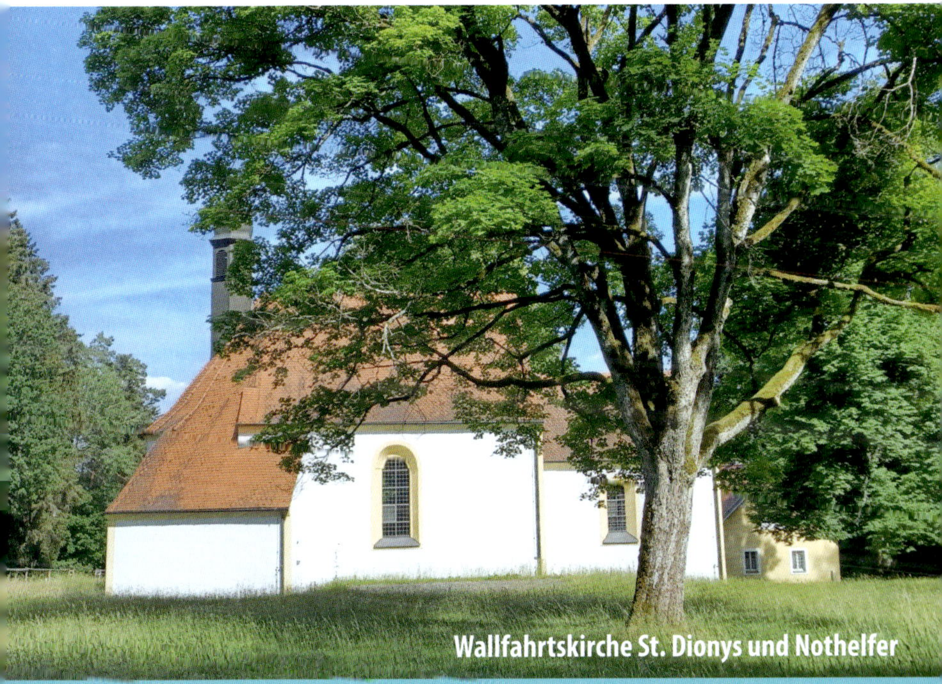

Wallfahrtskirche St. Dionys und Nothelfer

Für die Seele

Der Eisvogel als Krafttier steht für Frieden und Wohlstand. Wir deuten das als kleines Zukunftsorakel der Natur und freuen uns auf glückliche Zeiten.

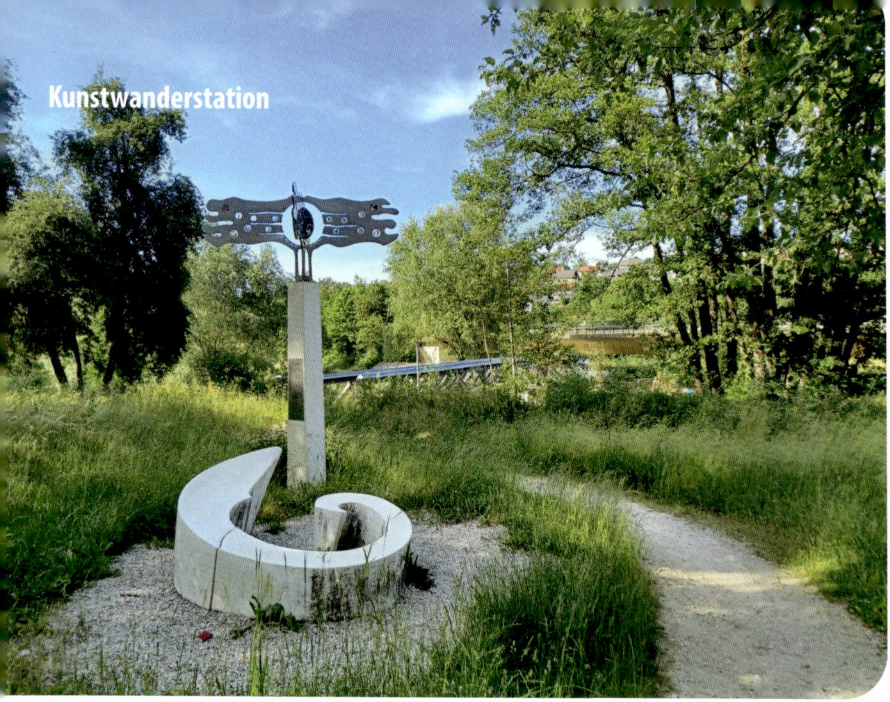
Kunstwanderstation

darsteller ist das Kloster mit seinen weitläufigen Nebengebäuden. Unser nächstes Etappenziel.

Unter den alten Linden (Baumlehrpfad!) verbindet ein Pfad das Landschaftskino mit dem Kreuzweg aus moosigen Steinstufen, die sogenannte Himmelsleiter. Wir landen im Vilstal und folgen der Markierung „blaues Kreuz" in den Ort, durch eine Unterführung. Von der Vilsbrücke haben wir einen ersten ausgiebigen Blick auf den Fluss, dessen Verlauf wir von der Quelle bis zur Vereinigung mit der Naab miterleben. Hier ist die Vils breit und gemütlich, mit Seerosen geschmückt.

An der Hauptstraße biegen wir links ab und erreichen das **Kloster Ensdorf** 6 und reihen uns damit in die Fußstapfen Tausender Pilger ein, die seit dem Mittelalter auf dem Jakobsweg nach Santiago de Compostela hier Halt machten.

Gegründet wurde das St. Jakobus dem Älteren geweihte Kloster im frühen 12. Jahrhundert als einfacher Holzbau. Durch die Jahrhunderte wurde es kontinuierlich ausgebaut und war bis zur gewaltsamen Auflösung im Jahr 1802 ein Benediktinerkloster. Die Salesianer Don Boscos zogen 1920 in die verwaisten Mauern und sorgten für frischen Wind. Heute noch verbringen hier die Alt-Salesianer ihren Ruhestand. Untergebracht sind hier auch eine Musikwerkstatt sowie eine Umweltbildungsstation, die regelmäßig Kräuterexkursionen und Kochworkshops anbietet.

Der Zugang zum wildromantischen Klosterpark ist jederzeit möglich. Wir erfrischen uns in der naturnahen Kneippanlage unter alten Linden und erkunden im rückwärtigen Teil den Kräutergarten mit seinen heimischen Heilpflanzen. Riesige schwarze Holzbienen umschwärmen den Muskatellersalbei. Malven, Königskerzen und Rosen duften in der angenehmen Sommerwärme.

Der Klosterladen im Erdgeschoss bietet neben religiöser Ausstattung auch Honig, Likör und Bienen-

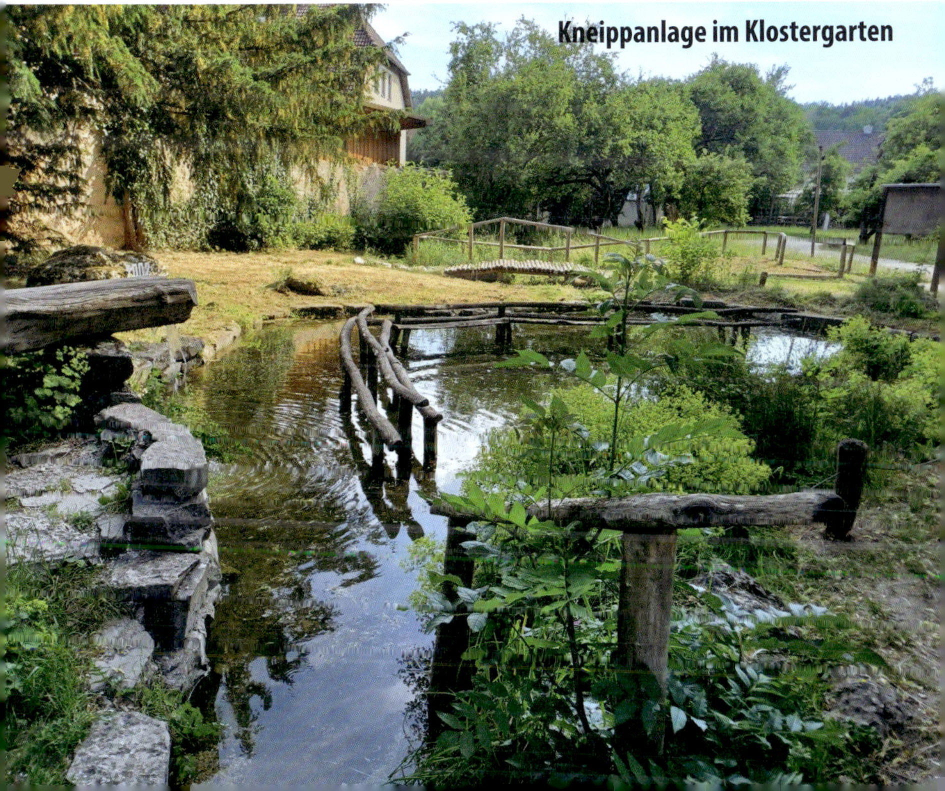

Kneippanlage im Klostergarten

Honig *wird in der Volksheilkunde seit jeher ein großes Wirkungsspektrum zugesprochen. Gemischt mit Apfelessig und mit Wasser verdünnt, erhalten wir einen Energy-Drink, der schon die römischen Legionäre fit gehalten hat.*

wachskerzen aus eigener Herstellung an. Davon wandert einiges als Souvenir in unsere Rucksäcke.

Wieder vor der Klostereinfahrt wenden wir uns nach rechts, biegen zwischen Rathaus und Spielplatz links Richtung Vilsauen ab, überqueren das Gewässer ein zweites Mal und begegnen der Markierung „blaues Kreuz" wieder, der wir nach rechts (Norden) folgen. Achtung: Entlang der Vils verlaufen zwei Wege. Der untere ist bei schönem Wetter der vielbefahrene Fünf-Flüsse-Radweg. Wir wechseln so bald wie möglich auf den oberen, am Waldrand entlangführenden Pfad.

Nach etwa 1 Kilometer erscheint rechts oberhalb des Weges eine Dolomitfelsgruppe mit einer Art Felsdach. Eine Tafel klärt uns auf, dass wir einen besonderen Ort erreicht haben. Die Halbhöhle in der **Steinbergwand** 7 wurde bereits von altsteinzeitlichen Jägern mit Stangen und Flechtwerk als Schutzhütte ausgebaut. Durch das Vilstal und die umliegenden Wälder zogen Hirsche, Elche, Auerochsen und Wildschweine. Werkzeuge aus Knochen wie Ahlen und Nadeln wurden hier ebenso ausgegraben wie Einsätze für Pfeile, Speere und Harpunen.

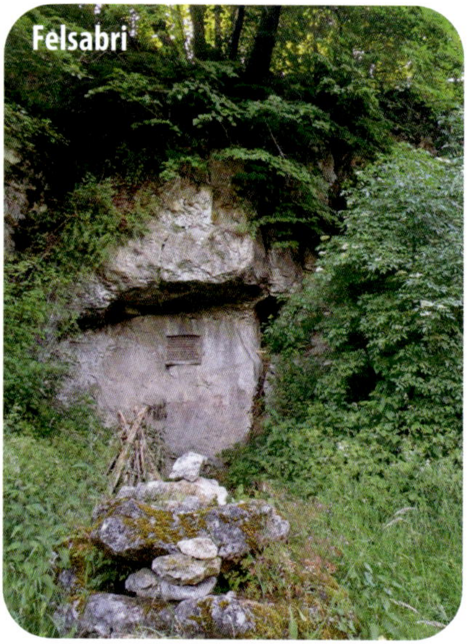
Felsabri

Kurze Zeit später treffen wir auf mehrere Wanderwegmarkierungen, die von links durch das Wassertal der Vils zustreben. Als echte Waldmenschen verlassen wir kurz das blaue Kreuz, das auf einem Schotterweg durch Leidersdorf führt, zugunsten der Markierung „E5", die im Waldschatten bleibt, um sich nach etwa 2 Kilometern wieder mit dem Blaukreuz zu vereinen.

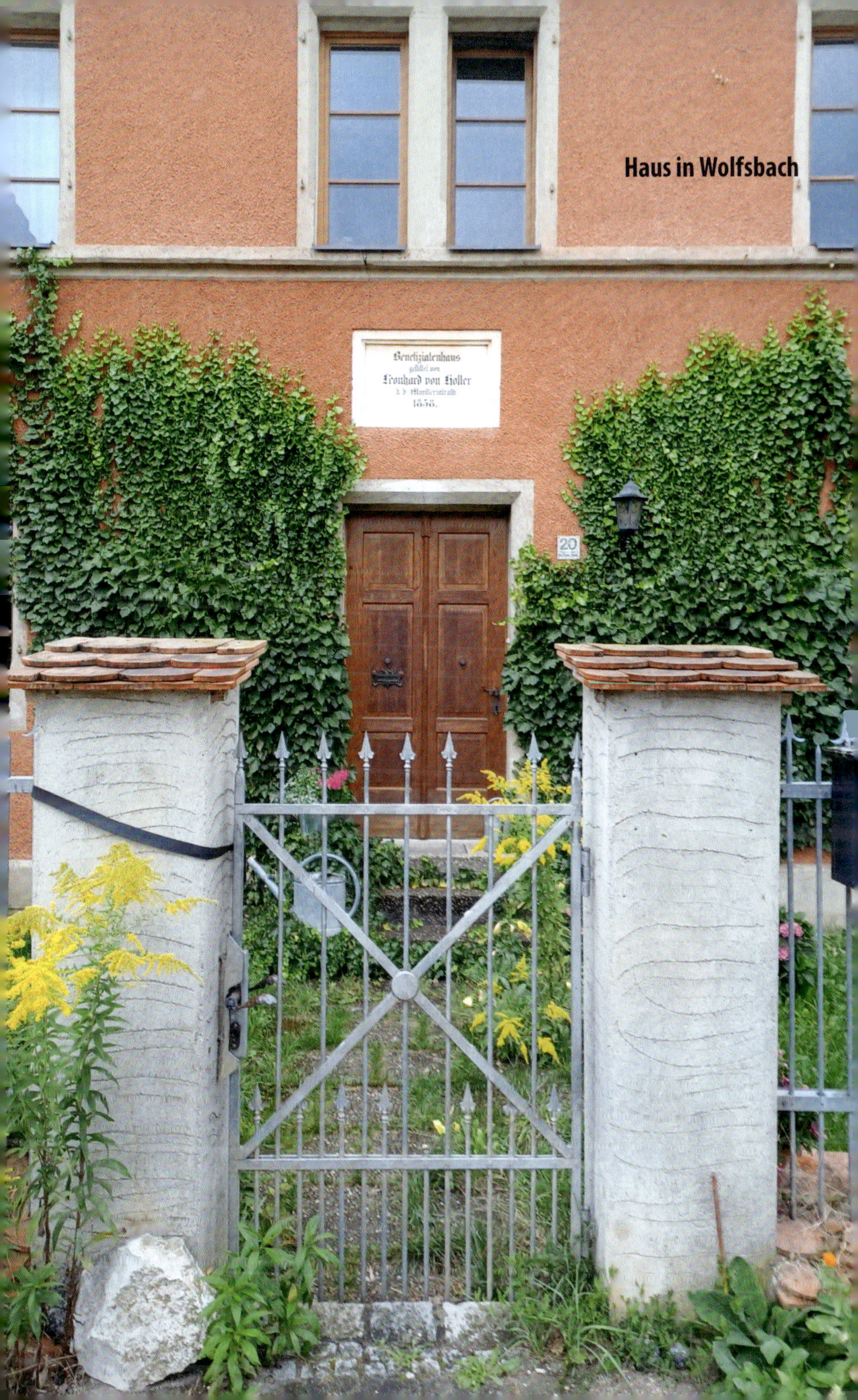

Haus in Wolfsbach

Nicht weit von der Steinbergwand entfernt sprudelt der ***Rammertsbrunn.*** *Die Quelle entwässert große Teile des Hirschwaldes mit einer Schüttung von 3–10 Litern pro Sekunde. „Brunn" steht für Quelle, „Ram" für Schafbock.*

Kurz vor Wolfsbach grenzt der Wanderweg direkt an die Vils, die hier verwunschen und bewachsen ganz einsam vor sich hin mäandert. Biber haben ihre Spuren hinterlassen. Libellen surren über die Wasseroberfläche. Und dann – ein hellblaues Funkeln wie ein Farbblitz! Ein Eisvogel fliegt durch sein Revier. Das ist ein selten schöner Anblick, an den wir noch lange denken werden.

Wieder in Wolfsbach lenken wir unsere Schritte an der Kirche St. Magdalena vorbei zum **Gasthaus Schützenheim 8**, um den Tag bei einer herzhaften Brotzeit ausklingen zu lassen.

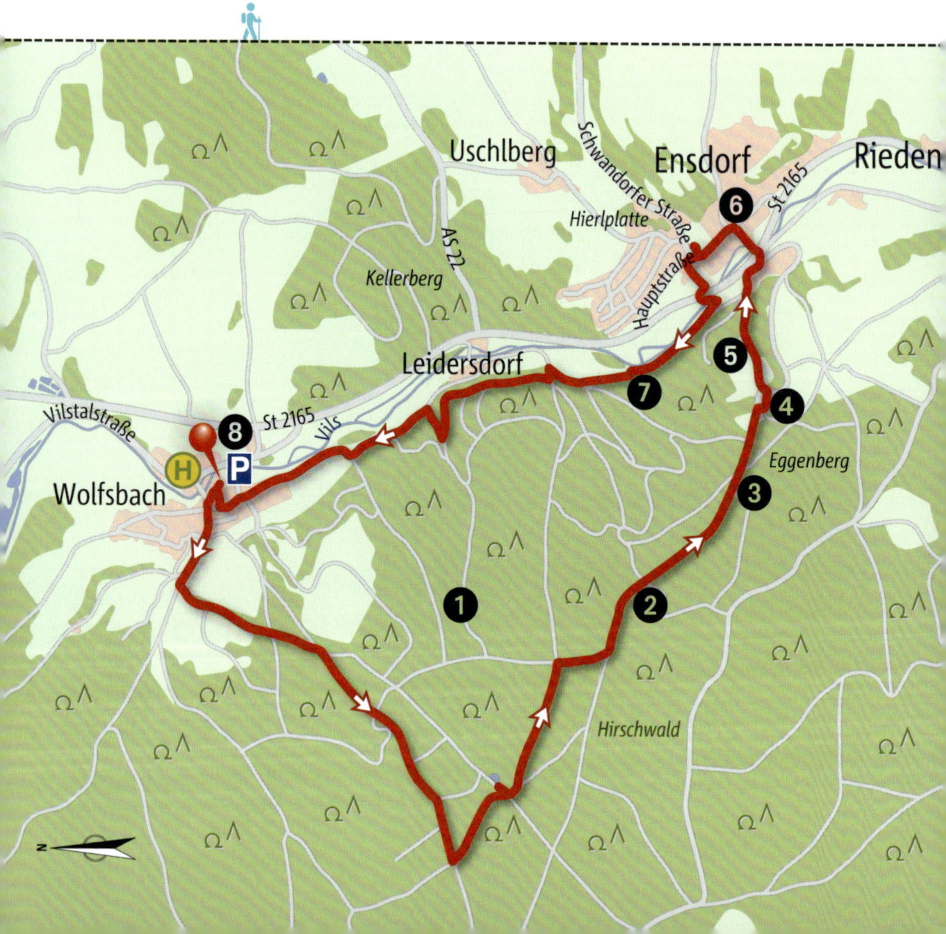

Alles auf einen Blick

WIE & WANN:
Überwiegend schattige Wald- und Forstwege, wenig befahrene Straße im Ortsbereich Wolfsbach und Ensdorf. Zu jeder Jahreszeit problemlos begehbar, besonders schön im Sommer.

HIN & WEG:
Auto: Parkplatz an der Kirche St. Magdalena, Ringstraße 10, 92266 Wolfsbach (GPS: 49.365057, 11.917768)
ÖPNV: Bus 454 von Amberg Hbf bis Wolfsbach (beim Schützenheim)

ESSEN & ENTSPANNEN:
Gasthaus Schützenheim ❽ Waldhausstraße 2, 92266 Ensdorf-Wolfsbach, Tel. (0 96 24) 9 22 68 76

ENTDECKEN & ERLEBEN:
Naturpark Hirschwald ❶
Hubertuskapelle ❷
Baumlehrpfad ❸
Wallfahrtskirche St. Dionys und Nothelfer ❹ Eggenberg, 92266 Ensdorf
Landschaftskino Ensdorf ❺
Kloster Ensdorf ❻ Hauptstraße 9, 92266 Ensdorf
Steinbergwand ❼

Entspannung ★★★★★
Genuss ★★★☆☆
Romantik ★★★☆☆

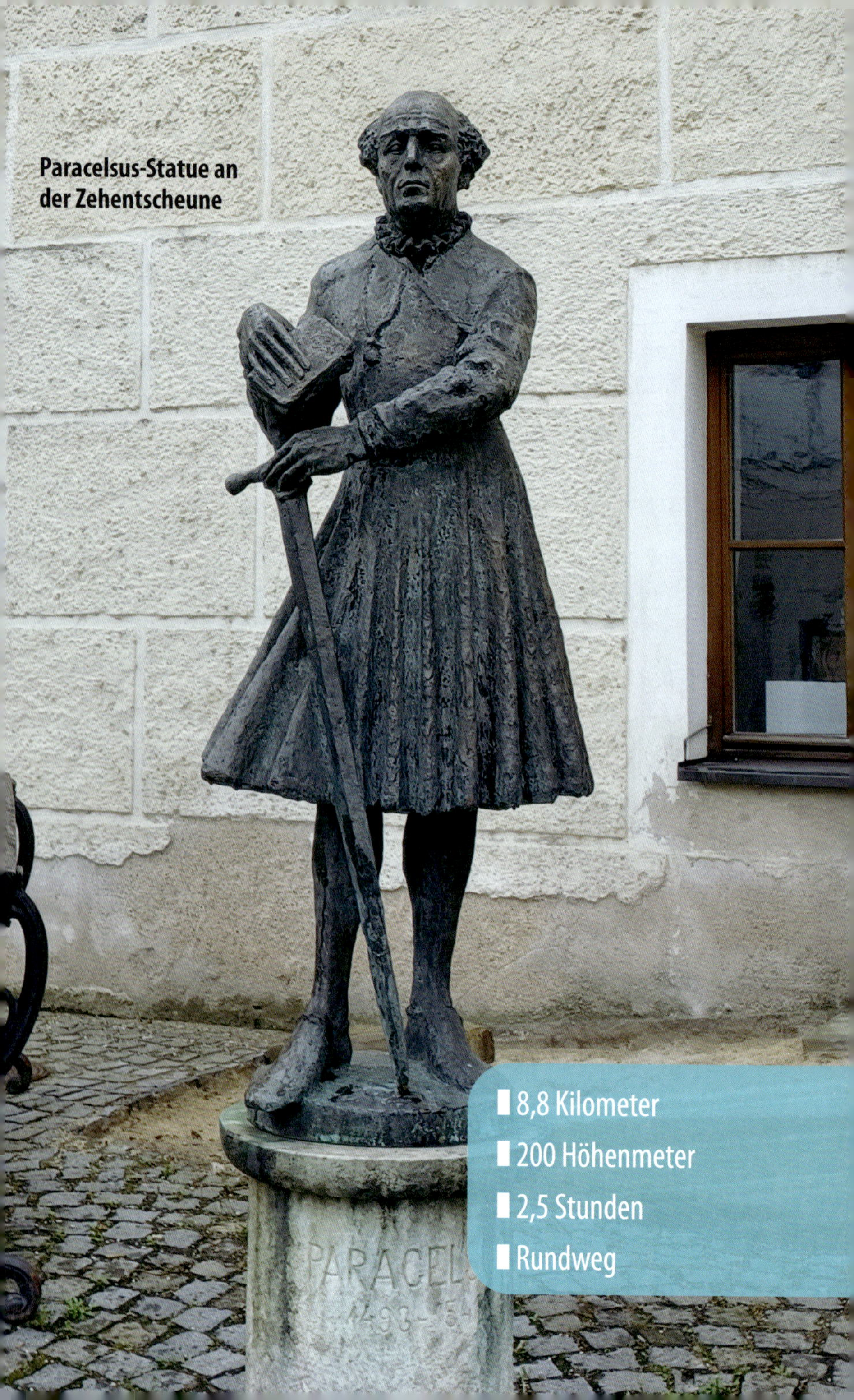

Paracelsus-Statue an der Zehentscheune

- 8,8 Kilometer
- 200 Höhenmeter
- 2,5 Stunden
- Rundweg

Der Markt **Beratzhausen** liegt im Landkreis Regensburger Land an der Schwarzen Laber. Paracelsus, mit bürgerlichem Namen Theophrastus Bombast von Hohenheim und bis heute bekannt als wegweisender Arzt seiner Zeit, Naturphilosoph und Laientheologe, verbrachte hier zwei Jahre seines Lebens.

Inspiriert von seinem wissensdurstigen Geist erkunden wir heute die Natur rund um die Marktgemeinde. Der Wanderparkplatz liegt unscheinbar an der nördlichen Zufahrtsstraße nach Beratzhausen. Wer mit der Bahn anreist, beginnt seine Tour mit dem **Paracelsus-Denkmal** an der Zehntscheune.

Die gelbe 4 (schwarze Ziffer auf gelbem Grund) führt uns durch eine Bahnunterführung und nimmt Kurs auf den Schlossberg mit der Ruine Ehrenfels. Durch grün schimmernden Buchenwald geht es an der Südflanke entlang bis zum moderaten Aufstieg an der Westseite.

Die **Ruine Ehrenfels** (1) träumt auf 555 Metern über NN von ihrer Glanzzeit im 13. Jahrhundert. Gut möglich, dass Paracelsus mit den Burgherren bei einem guten bayerischen Bier über moderne Heilmethoden fachsimpelte. Heute sehen wir nur noch Wall- und Grabenreste, die Ruinen zweier Rundtürme und diverse Mauer- und Fundamentreste des Wohntraktes. Zwei alte Rotbuchen haben sich im Hof niedergelassen. Umgeben vom Laubwald und im spätnachmittäglichen Licht hat der Ort eine mystische Aura, die wir sehr genießen.

*Sein unruhiges Leben führte **Paracelsus** um 1530 nach Beratzhausen, wo er das Werk „Opus Paragranum" über die vier Säulen der Heilkunst beendete.*

Paracelsus' Spuren

Rund um Beratzhausen

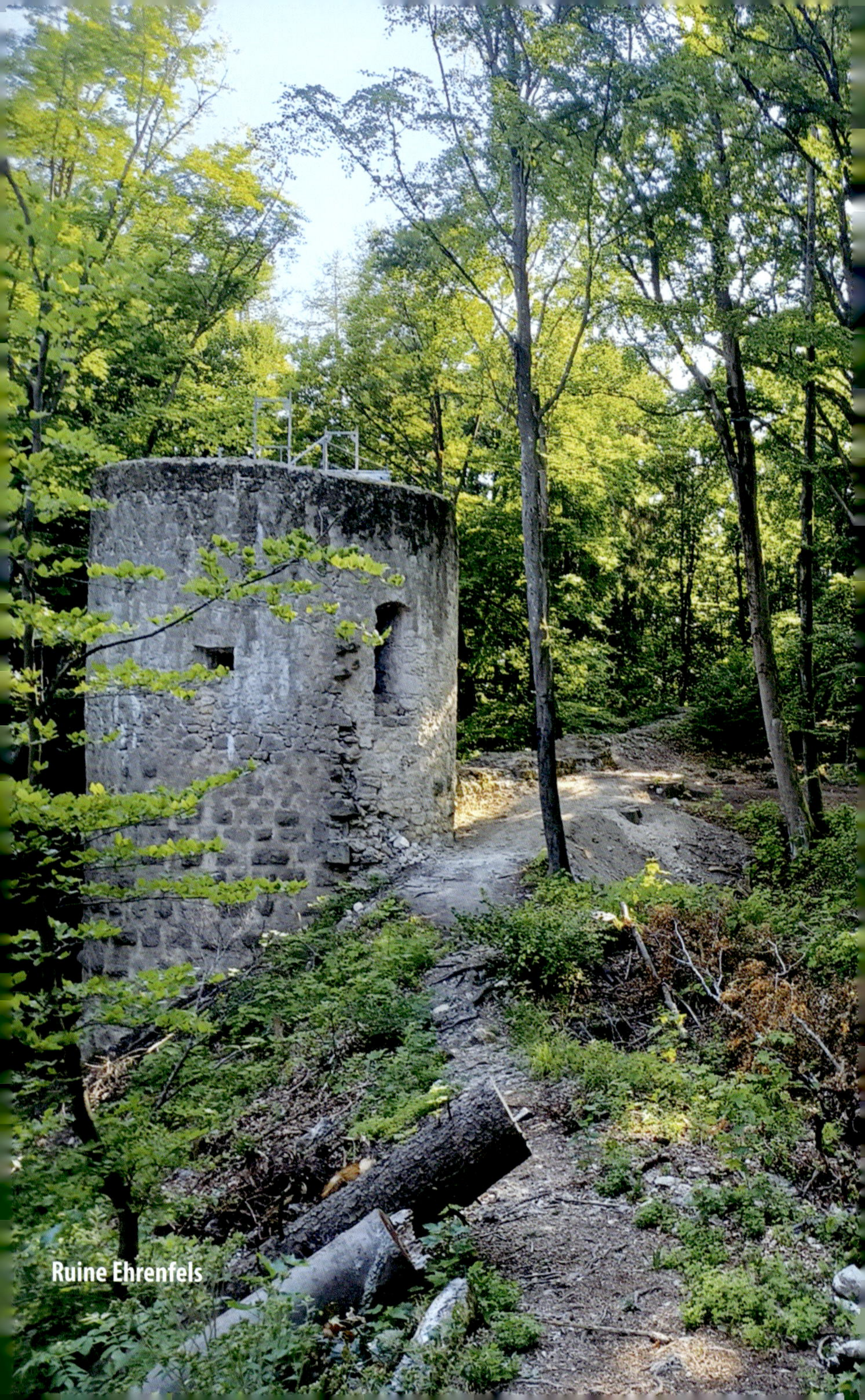

Ruine Ehrenfels

Entlang der Ostflanke verlassen wir den Schlossberg Richtung Weiler Haderlsdorf. Die Markierung „grüner Schrägstrich“ führt durch Felder, durch eine zweite Bahnunterführung und strebt auf der anderen Seite der **Schwarzen Laber** ❷ zu. Wir begegnen dem Flüsschen, das den südöstlichen Teil des Oberpfälzer Jura entwässert, auch in Parsberg und Eichhofen. Auffällig ist die dunkle Farbe, hervorgerufen durch das schwache Gefälle und die gemächliche Fließgeschwindigkeit. Die Schwarze Laber entspringt in Laaber bei Neumarkt und mäandert 77 Kilometer lang durch die Oberpfalz, bis sie bei Sinzing in die Donau fließt.

An der Schwarzen Laber treffen wir auf die Markierung „Ritter Wonnebold“, die uns links entlangführt. Bei der Kohlmühle überqueren wir den Fluss und steigen durch Wald hinauf zum **Burgstall Alte Burg/Kohlmühle** ❸.

Irgendwelche Mauer- oder Grabenreste sind für unsere Laienaugen nicht erkennbar. Ein Schild weist auf den Standort hin und gibt die karge Information preis, dass die Burg schon im 9. oder 10. Jahrhundert auf diesem exponierten Bergsporn gegründet wurde. Die schlichte Anlage bestand aus Holz, weshalb es keine Überreste gibt. Ob der ehrenwerte Paracelsus bei seinen Streifzügen nach Naturheilmitteln hier noch ein Glas Wein angeboten bekam, ist fraglich.

Weiter geht es durch lichter werdenden Wald, bis wir eine karge, mit Kiefern bewachsene Hochfläche mit herrlichem Weitblick queren und wieder ins Tal

Für die Seele

Eine rätselhafte Burg zwischen Felszacken und verwitternden Holzskulpturen – wir verweilen länger an dem Kraftort und lassen unseren Gedanken Freilauf.

der Schwarzen Laber hinabsteigen. Der Wanderweg trifft auf eine von Beratzhausen kommende Landstraße. Richtung Süden blickend sehen wir schon die Riffbänke des Geotops Hohe Felsen, die wir aber nicht von unten bewundern wollen, sondern von oben. Hier müssen wir genau hinschauen, um vor den Wohnhäusern auf der linken Straßenseite Ritter Wonnebold zu entdecken, der uns einen schmalen Pfad über Wacholderwiesen den Kirchlberg hochschickt. Wir befinden uns in einem die Schwarze Laber begleitenden FFH- und Natura2000-Gebiet mit einem schützenswerten Bestand an Sonnenröschen, Silberdisteln und Arznei-Thymian, dessen belebender Duft uns beim Wandern erfrischt.

Die Eigenschaften des Lippenblütengewächses ***Thymian*** *wusste bestimmt schon Paracelsus zu schätzen. Auch heute werden Auszüge aus der Pflanze z. B. bei Husten und Schnupfen eingesetzt.*

Auf der Hochebene läuft Ritter Wonnebold nach rechts ein Stückchen Straße entlang, bevor er Richtung Hangkante und **Geotop Hohe Felsen** ❹ abbiegt. Diese Schwammriffe stuft das Bayerische Landesamt als geologisch besonders wertvoll ein. Uns führen sie zu versteckten Plätzen unter alten Bäumen mit fantastischen Ausblicken über das Labertal. Wir entdecken eine Infotafel zu einer weiteren bescheidenen, kleinen Burg, die hier im Frühmittelalter stand. Name, Baujahr, Bewohner und Geschichte sind nicht mehr rekonstruierbar und lassen Raum für Spekulationen.

Schließlich lösen wir uns von diesem Platz und steuern auf die Maria-Hilf-Kirche von Beratzhausen zu. Wir besuchen sie aber dieses Mal nicht, sondern steigen rechts über die Stufen des Kreuzwegs ins Tal hinab.

Ein zweites Mal überqueren wir die Schwarze Laber. Am anderen Ufer fällt uns die Holzskulptur „Schrein der blauen Lilie“ (Künstler Ludwig Bäuml) auf, die zum **Europa-Skulpturen-Park** ❺ in der Ortsmitte von Beratzhausen gehört. Seit 1992 bietet der Park Raum für Bildhauerarbeiten aus Stein, Metall und Holz für Künstler aus ganz Europa. Jetzt ist auch das Rätsel um die ungewöhnlichen Kunstwerke auf den Hohen Felsen gelöst.

Unser nächster Weg führt schnurstracks zur Bäckerei Seidl und dem **Café der Illusionen** 6. Eigentlich handelt es sich um eine Confiserie, die feinste Schokoladen, Pralinen, Gebäcke, Kaffee und einiges mehr anbietet. Wir schwelgen bei einem späten hausgerösteten Kaffee und verführerischen Kuchen. Das alles hat es zu Paracelsus' Zeiten noch nicht gegeben! Wir versorgen uns mit einer Packung „Bayerischem Schlechtwetter-Tee" (wenn wir den trinken, regnet es dann endlich wieder?) und streben unsere letzte Station an.

Vor der Zehntscheune in der Paracelsus Straße 29 erreichen wir das **Denkmal** 7 des Mittelalterarztes und rufen noch mal ab, was wir als Kräuterfrauen über diesen viel zitierten Menschen wissen. Er stand in ständi-

Schokolade ist gesund! Eine ***Kakaobohne*** *steckt voller heilkräftiger Inhaltsstoffe, die unsere Endorphine freisetzen und die Immunabwehr stärken.*

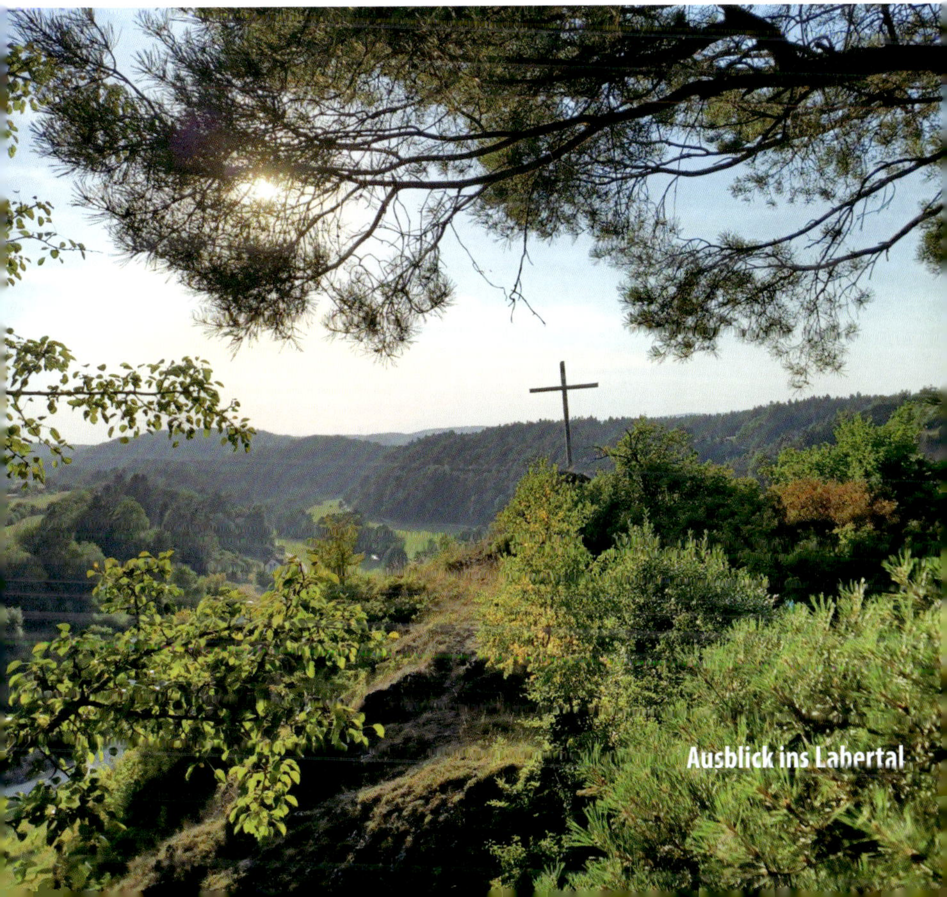

Ausblick ins Labertal

*Vielleicht hat Paracelsus den Bau des **Zehntstadels** oder seine Nutzung miterlebt. Er wurde im 16. Jahrhundert zum Einlagern der Getreideeinahmen, dem „Zehnten", den die Bauern zu entrichten hatten, erbaut.*

gem Disput mit anderen Ärzten seiner Zeit, band Astrologie und Metalle in seine Heilkunde mit ein und verfasste seine Schriften in Deutsch statt Latein, um sie der Bevölkerung zugänglich zu machen. Aber er plädierte auch für das reinigende Feuer – die Verbrennung sogenannter Hexen!

Wir kehren zurück zum Marktplatz und gehen Richtung Laberbrücke, an der **Falkenstraße** biegen wir links ab und folgen den Wegweisern „Burgruine Ehrenfels", „Wanderweg Schloßberg" und der Markierung „grünes Dreieck" die Straße entlang und aus Beratzhausen hinaus. Kurz hinter den letzten Wohnhäusern biegen wir links ab, queren die Landstraße und stehen wieder auf dem Parkplatz.

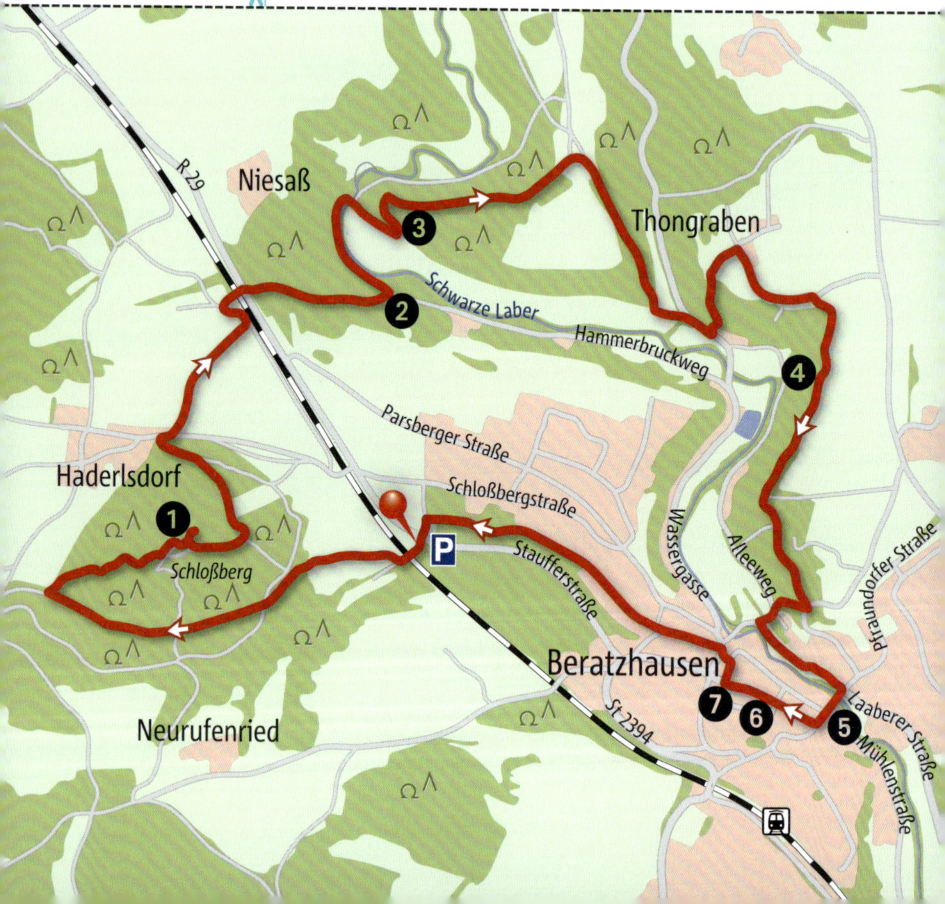

Alles auf einen Blick

WIE & WANN:
Überwiegend einsame Wald- und Wiesenpfade, nur in Beratzhausen Asphalt. Die Tour ist zu jeder Jahreszeit ein schönes Erlebnis.

HIN & WEG:
Auto: Wanderparkplatz an der Straße R 29, kurz vor 93176 Beratzhausen-Haderlsdorf (GPS: 49.099488, 11.794515)
ÖPNV: RB 4864 von Regensburg Hbf bis Beratzhausen Bf (dann Paracelsus-Denkmal als Start und Skulpturenpark am Ende)

ESSEN & ENTSPANNEN:
Café der Illusionen ❻ Bäckerei Seidl, Marktstraße 25, 93176 Beratzhausen, Tel. (0 94 93) 7 84

ENTDECKEN & ERLEBEN:
Ruine Ehrenfels ❶ 93176 Beratzhausen
Schwarze Laber ❷
Burgstall Alte Burg/Kohlmühle ❸
Geotop Hohe Felsen ❹
Europa-Skulpturen-Park ❺
Paracelsus-Denkmal ❼

Entspannung ✱✱✱✱
Genuss ✱✱✱
Romantik ✱✱✱✱

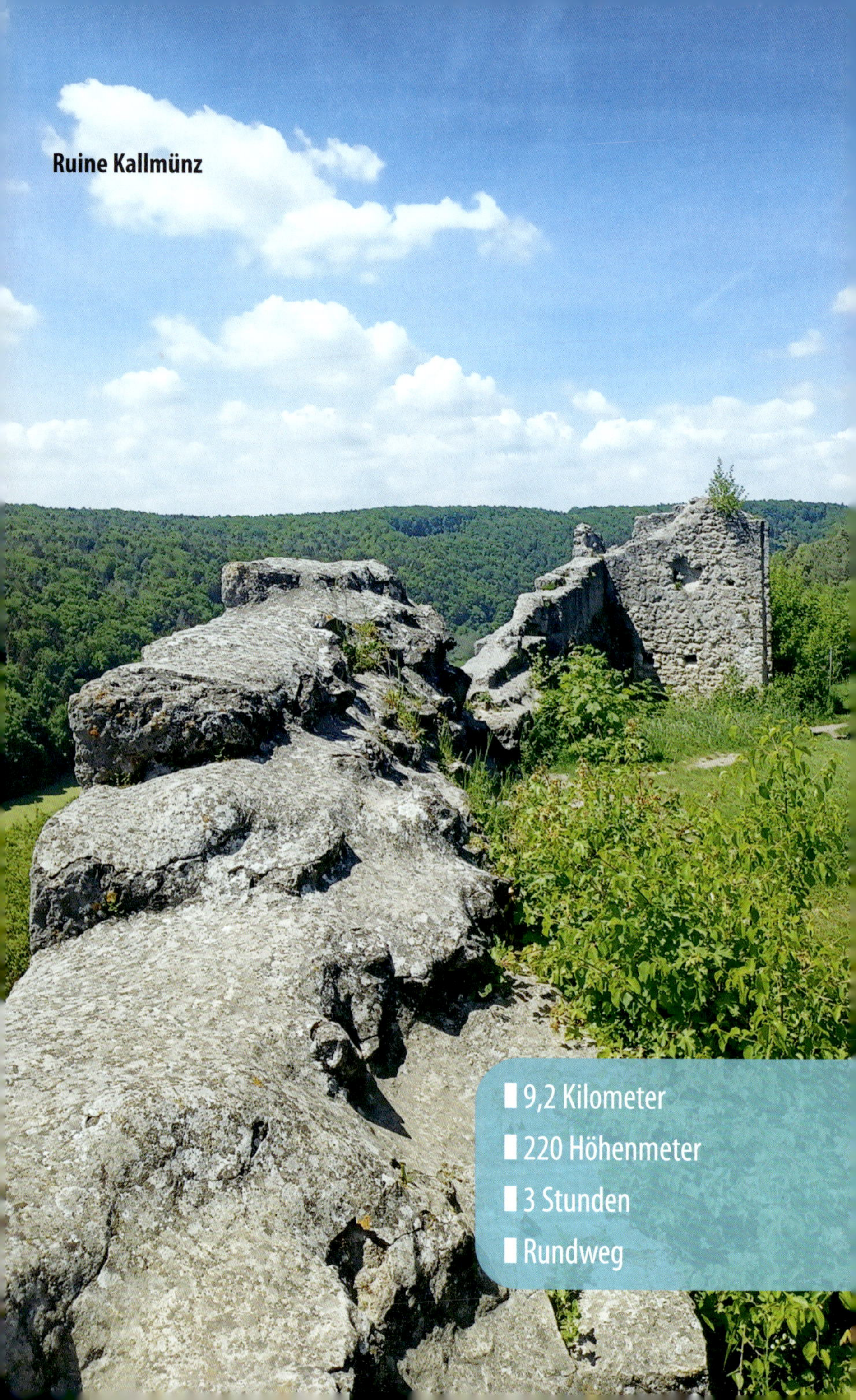
Ruine Kallmünz
9,2 Kilometer
220 Höhenmeter
3 Stunden
Rundweg

Auf 433 Meter über NN überragt die Burgruine Kallmünz vom Schlossberg das Land und zeigt uns schon von Weitem die richtige Richtung an. Wir parken auf dem großen, kostenlosen Parkplatz am Schmiedwöhr und schlendern erst mal Richtung Naabufer.

Kallmünz blickt auf mehrere Tausend Jahre Geschichte zurück. Die Vorzüge der felsigen Landspitze zwischen Naab und Vils wurden schon in der Bronzezeit (2000–1900 v. Chr.) bemerkt, wie eine ausgedehnte, vorgeschichtliche Anlage zutage gebracht hat. Erstmals schriftlich erwähnt wurde es im 10. Jahrhundert.

Heute wirkt Kallmünz mit seinen bunten, an die Felsen geschmiegten Häusern, den weißen Felswänden und den blauen Flüssen, den Cafés und Galerien wie ein Urlaubsort sehr viel weiter südlich auf dem Kontinent. Kunst und Kreativität liegen in der Luft, schon Kandinsky wurde hier von der Landschaft inspiriert und diesen Spirit führen die Galerien und Künstlervereine fort.

Vor der Kunst war der Handel. Im Mittelalter war ***Kallmünz*** *ein wichtiger Standort auf den alten Erz- und Salzwegen zwischen Amberg und Regensburg.*

Am Naabufer liegt nachdenklich eine steinerne Jungfrau und schaut auf die Wellen. Der Name **Naab** 1 leitet sich vom urindogermanischen Wort *nebh* = „feucht, nebelig werden“ ab. Mit ihrem nördlichen Quellfluss Waldnaab bringt sie es auf 197 Kilometer, bis sie auf die Donau

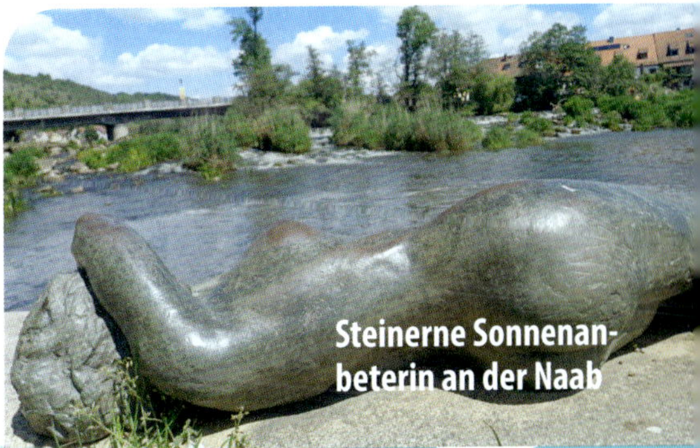

Steinerne Sonnenanbeterin an der Naab

Kunst im Karst

Naab und Vils bei Kallmünz

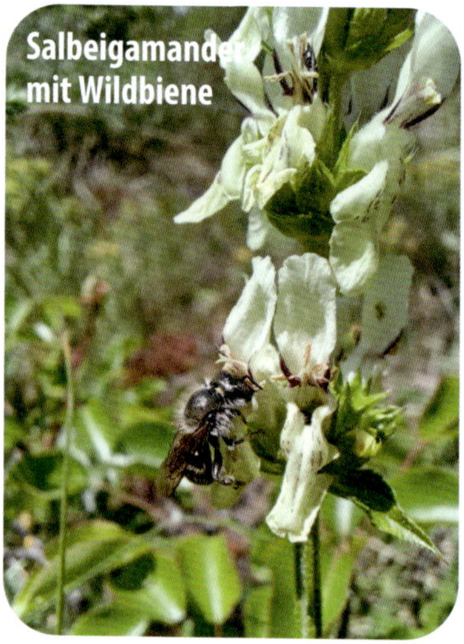

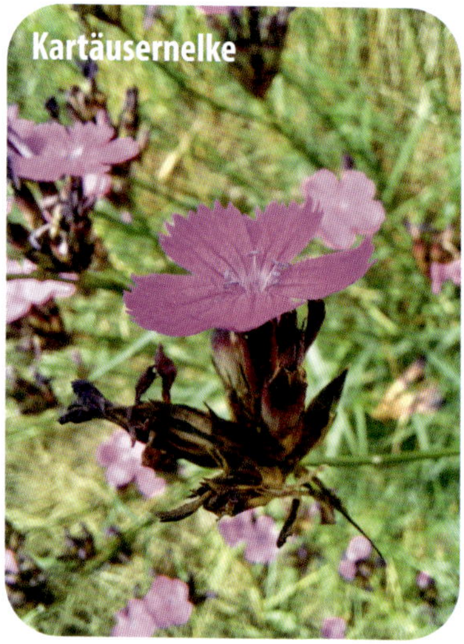

trifft. Sie entwässert ein Einzugsgebiet vom Fichtelgebirge über den Oberpfälzer Wald bis zur Grenze der Fränkischen Alb. Gute 50 Kubikmeter Wasser pro Sekunde führt sie der Donau zu, ist damit der größte Zufluss oberhalb von Wien.

Hier in Kallmünz nimmt sie die Vils auf, die wir als jungen Fluss und Quelle in der Erfrischungstour 17 und als älteren Strom zwischen Ensdorf und Wolfsbach kennengelernt haben. Hier beendet die Vils ihre Reise durch die Oberpfalz.

Wir folgen der Ausschilderung zur Burgruine durch die Gassen und Treppen, immer bergauf, an den letzten Häusern vorbei. Die moosigen Stufen durch den Wald sind steil und nicht unanstrengend. Die Bäume weichen zurück und die letzten Meter gehen über besonnte Magerrasen durch ein Seitenportal auf das Gelände der **Burgruine Kallmünz 2**.

Erste Schutzwälle lassen sich auf 1600 v. Chr. datieren, das heißt, diese Hochfläche war schon immer Schutz und Rückzugsort für die Bevölkerung. Im Mittelalter kontrollierte die Burg Kallmünz die Erz- und Salzwege zwischen Amberg und Regensburg. Sie durchlief danach das Schicksal vieler Burgen: geplündert, niedergebrannt, aufgebaut, im Dreißigjährigen Krieg endgültig zerstört und als Steinbruch ausgenutzt. In jüngster Vergangenheit gab es Ansätze, das Gelände touristisch mit Shuttlebussen und Kinderspielplätzen auszubauen. Zum Glück ist daraus nichts geworden und wir können die Stille zwischen den Mauerresten und den Blick auf das Naabtal und den Bayerischen Wald genießen.

Zu sehen sind heute der gut erhaltene Bergfried, die dicken Mauern des Palas, imposante Mauerreste und der Rest der Burgkapelle.

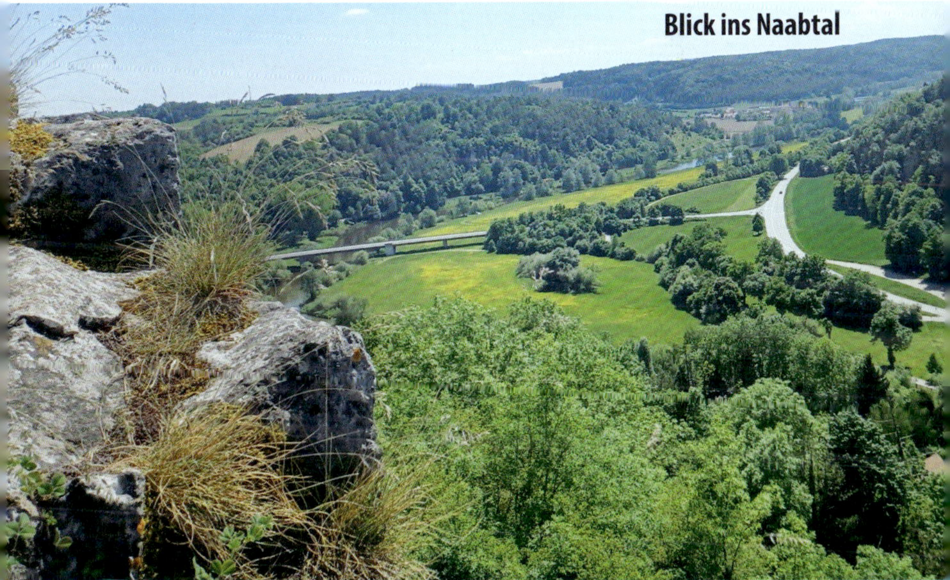

Blick ins Naabtal

Für die Seele

Wir dösen in den Sesseln des Landschaftskinos bei milder Maisonne ein wenig weg und nehmen dieses Gefühl der totalen Entspannung als Erinnerung mit nach Hause.

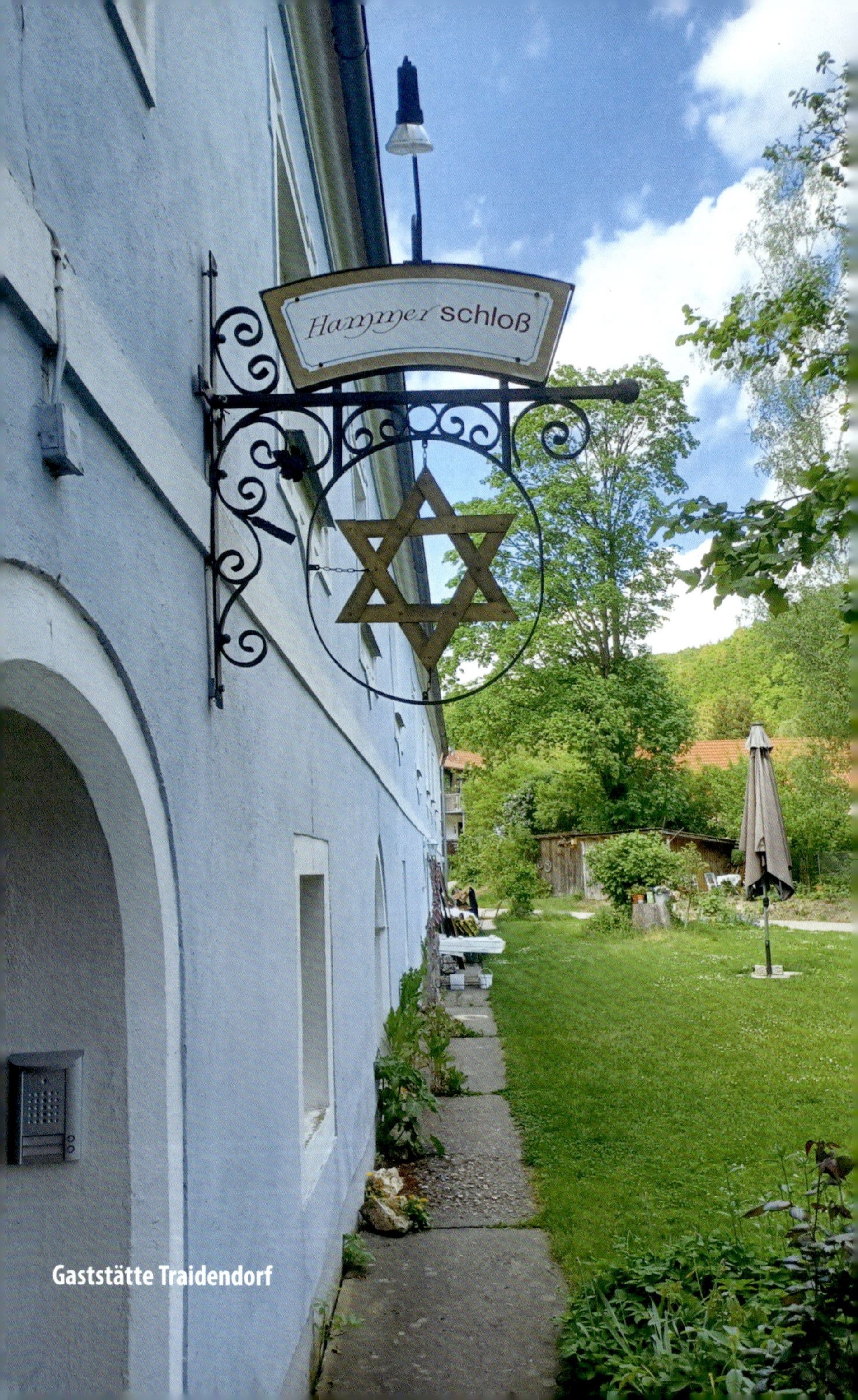

Gaststätte Traidendorf

Wir folgen einmalig der Markierung „Wittelsbacher Burgensteig“, um das Gelände zu verlassen und auf unsere Markierung „roter Querstrich“ zu treffen. Auf dem Außengelände treffen wir auf eine hölzerne Skulpturengruppe und folgen ihren Blicken prüfend in die Landschaft. Einige Meter weiter erreichen wir das Gelände des ehemaligen „Ungarnwalls“, der wahrscheinlich um 900 hier als Schutzwall errichtet wurde.

Der rote Querbalken führt uns rechts auf einen sonnigen Feldweg. Wir durchwandern nun das **FFH-Gebiet Trockenhänge bei Kallmünz** ❸ mit Kalkmagerrasen, wärmeliebenden Kiefernbeständen und Wacholderheiden. Uns fällt eine Pflanze besonders auf, die jetzt im Mai hier in großer Zahl wächst. Sie ist komplett goldgelb, Blüten und Stängel, nichts an ihr ist grün, und sie fühlt sich haarig-filzig an. Es ist eine Sommerwurz, eine Pflanze, die selbst keine Energie durch die Fotosynthese bilden kann und deshalb unterirdisch andere Pflanzen mit ihren Wurzeln anzapft. Ein Vollschmarotzer, der am liebsten an Kleearten parasitiert. Eine clevere Strategie auf diesem nährstoffarmen Boden. Sie gilt in Bayern als gefährdet – gedüngter Boden ist ihr Tod – und darf nicht gepflückt werden.

Wir passieren das Gipfelkreuz, ein beliebter Absprungort für Drachenflieger, und ziehen weiter über die Hochfläche. Dort, wo Ritter Wonnebold nach rechts abbiegt, nehmen wir die linke Gabel, steuern auf den Mühlberg zu, queren hangabwärts ein Waldstück, das wir in einer Linkskurve umrunden, um auf der Landstraße nach Eich herauszukommen. Etwas Pflastertreten, dann lenkt uns die Markierung „Rotstrich“ nach rechts über Streuobstwiesenhänge den Meilerberg hinauf.

Rechter Hand erscheint das **Landschaftskino Rohrbach** ❹ des Juradistelprojektes. Zwei weitere besuchen wir bei Verwöhntour 9 und Erfrischungstour 18. Gerne nehmen wir auf den Stühlen Platz. Was wird heute gezeigt? Auf der anderen Talseite liegt das Örtchen Rohrbach mit seiner Bergkirche. Ziegen springen am

*Auf mageren Standorten finden wir häufig die **Schafgarbe** (Achillea millefolium), für den Wanderer ein super Erste-Hilfe-Kraut. Bei Kratzern das Kraut ankauen und auf die Haut reiben, bei Nasenbluten das zerkaute Kraut in die Nase stopfen und bei Zahnschmerzen langsam kauen.*

Kallmünz

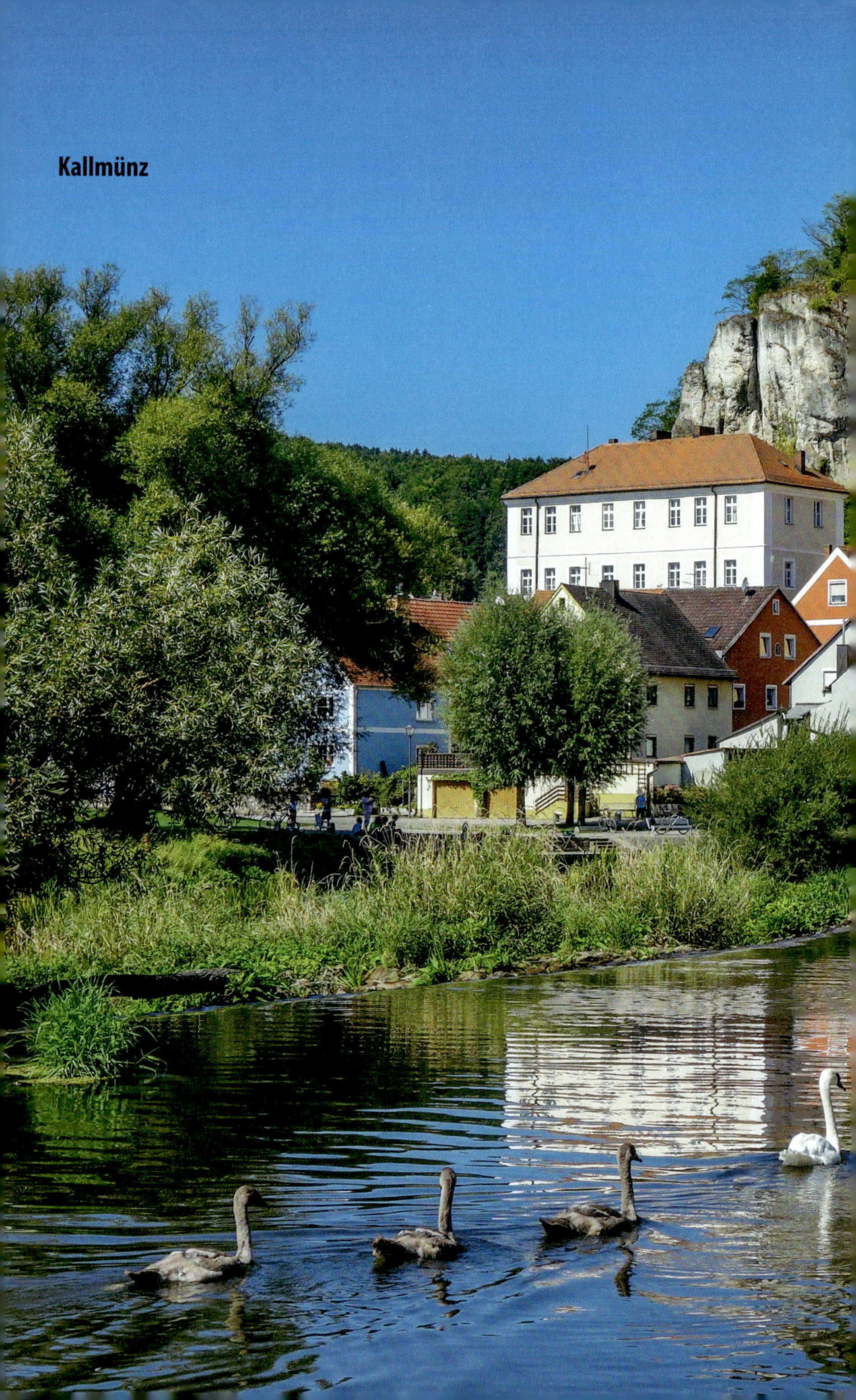

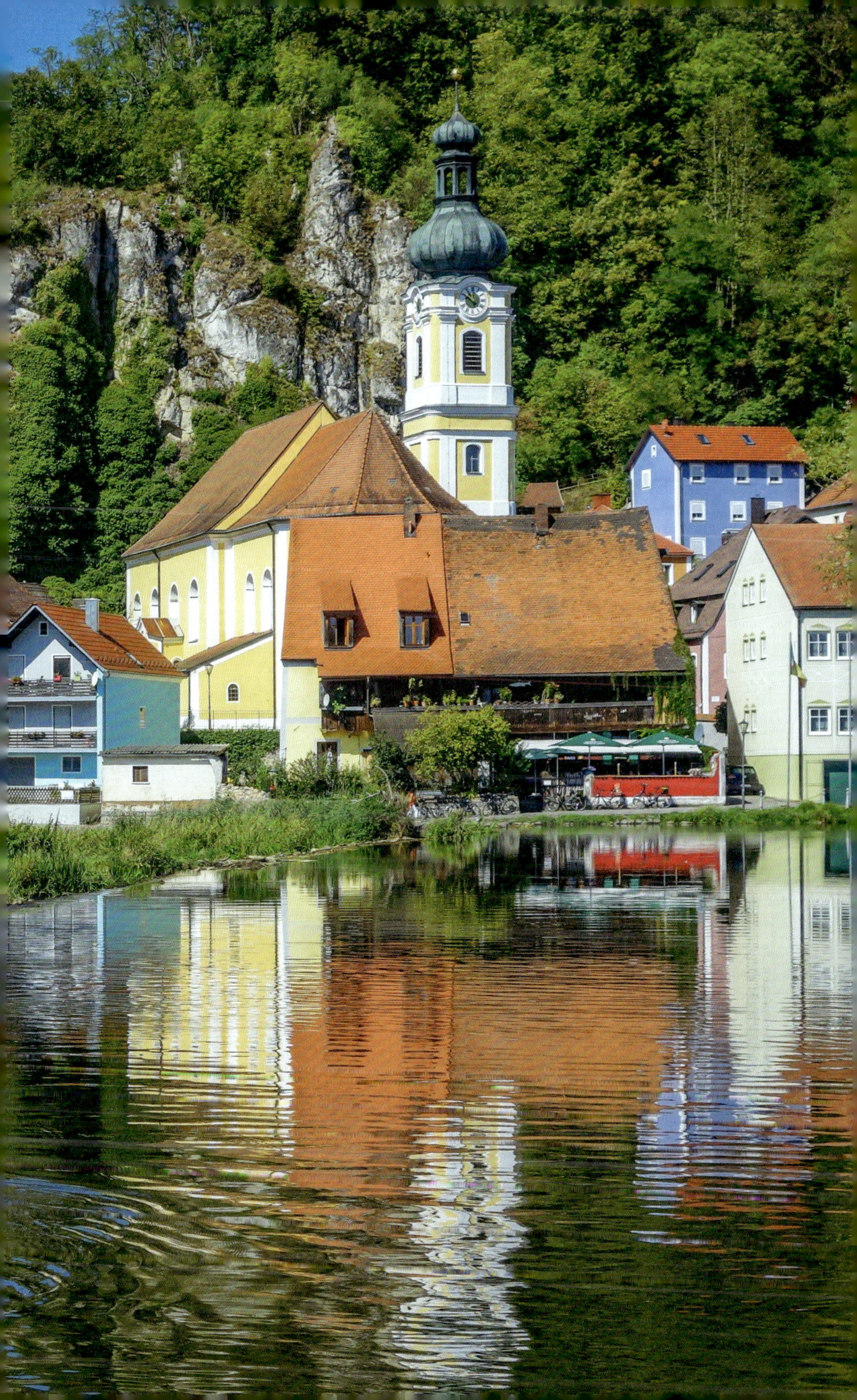

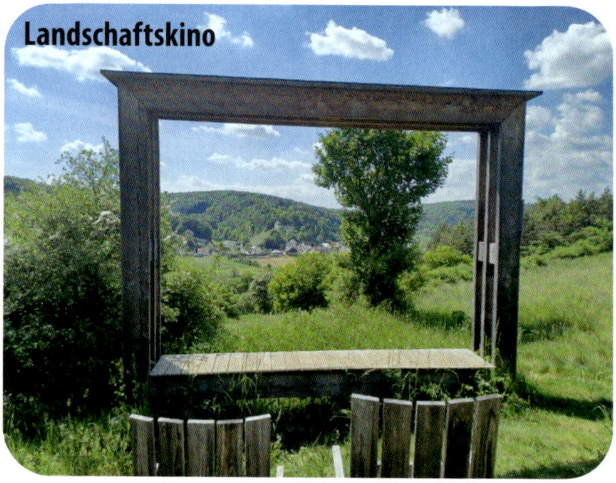

Die **Bergkirche** steht gewissermaßen auf dem Burgstall Rohrbach. Im 11. Jahrhundert thronte hier noch eine Burg mit Vor- und Kernburg, einem Halsgraben und mehreren Wällen, gefolgt von einer katholischen Wallfahrtskirche.

Am Ufer der Vils und Naab finden wir große Bestände vom **Wasserdost,** einem Korbblütler, an dem besonders gern die „Spanische Flagge" (Schmetterling) nascht. Sie gehört mit dem Biber zu den faunistischen Besonderheiten des FFH-Gebietes.

Berghang. Die musikalische Untermalung besteht aus Bienengesumm, Vogelgesang und Blätterrauschen. Die Kinoleinwand ist begehbar und fordert zum Mitspielen auf.

Wir überqueren die **Vils** bei Rohrbach und biegen links (Süden) mit der Markierung „blaues Andreaskreuz" ab. Das wird uns zuverlässig entlang der Vils bis nach Kallmünz zurückbegleiten.

Entspannt geht es an dem Flüsschen entlang, teils im Schatten des Waldrandes, teils am Ufer, teils durch Feuchtwiesen. Im Ortsteil Traidendorf fällt das **Schloss Traidendorf** 5 auf. Es handelt sich, wie oft in der Oberpfalz, um ein Hammerschloss aus dem Mittelalter, das zu Glasschleife und Polierwerk umgebaut wurde. Nach einigen Jahren als Tagungsort ist es jetzt in Privatbesitz einer Lebensraum eG. Sonntags ist die Gastwirtschaft ab 12 Uhr geöffnet – aber wir sind an einem Werktag unterwegs und müssen leider weiter.

In der nächsten Flussbiegung taucht wieder die Burgruine Kallmünz auf und nach wenigen 100 Metern überqueren wir ein weiteres und letztes Mal die Vils. Wir verabschieden uns von dem friedlichen Wasserlauf, den wir aus so vielen Perspektiven kennenlernen durften, wünschen ihm alles Gute in und mit der Naab.

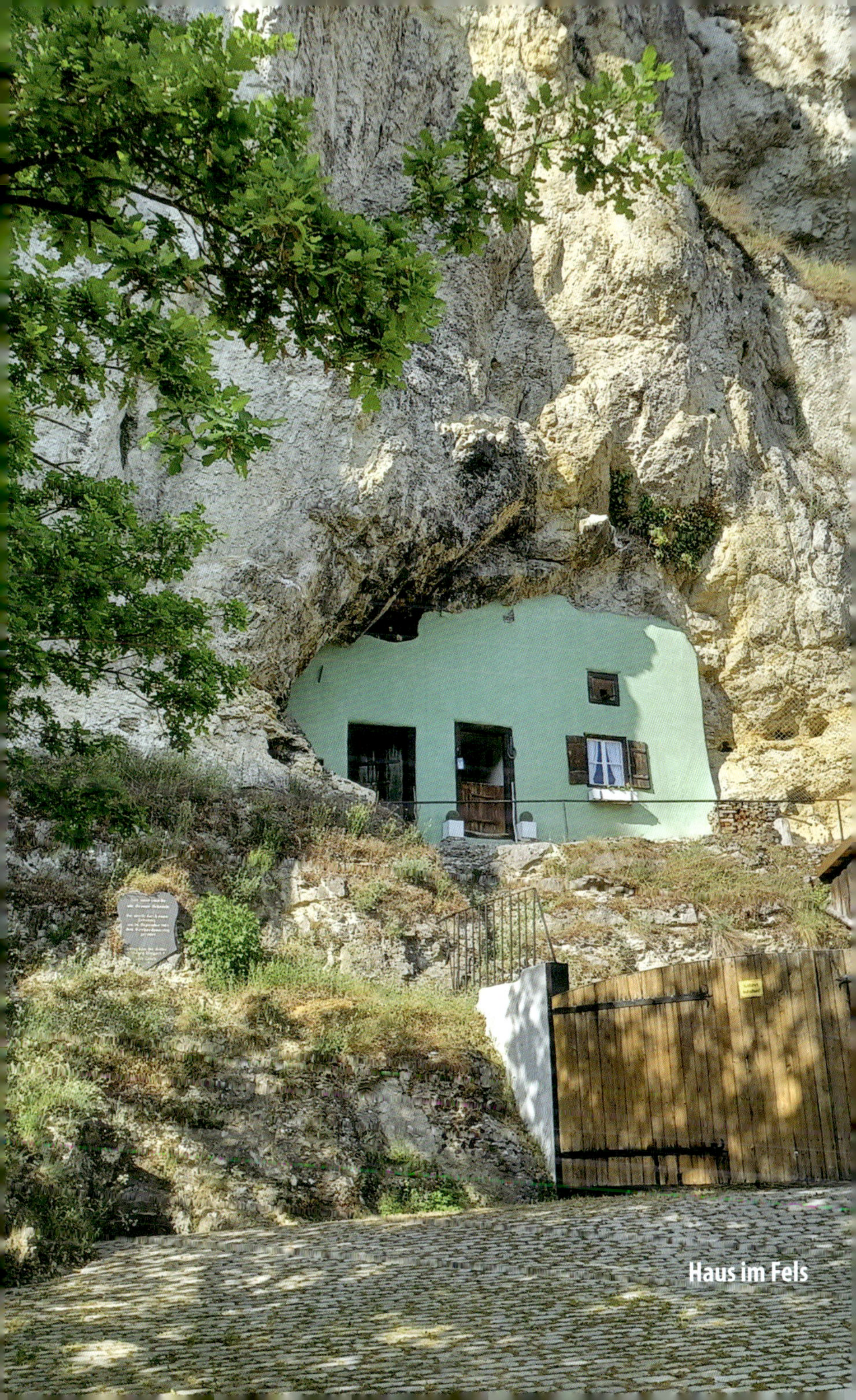

Haus im Fels

Erfrischungstour 20

Wir spazieren durch das malerisch-bunte **Kallmünz** und kommen zum grünen **Haus im Fels 6,** einem der beliebtesten Fotomotive. Es handelt sich um eine Höhlenwohnung im Massiv des Schlossberges. Der Erbauer hat vor etwa 200 Jahren schlicht eine Höhle nach vorn zugemauert, Tür und zwei Fenster rein, fertig. Innen besteht das Haus aus einem Hausgang, einem Wohnraum, zwei Lagerräumen und einer Räucherkammer. Der letzte Bewohner ist 1937 geplagt von Rheuma – die feuchte Höhlenluft! – ausgezogen.

Wir bummeln weiter durch die Gassen, versuchen die fantasievolle Fassadenmalerei zu deuten und lassen den Tag in einem der vielen Cafés gemütlich ausklingen.

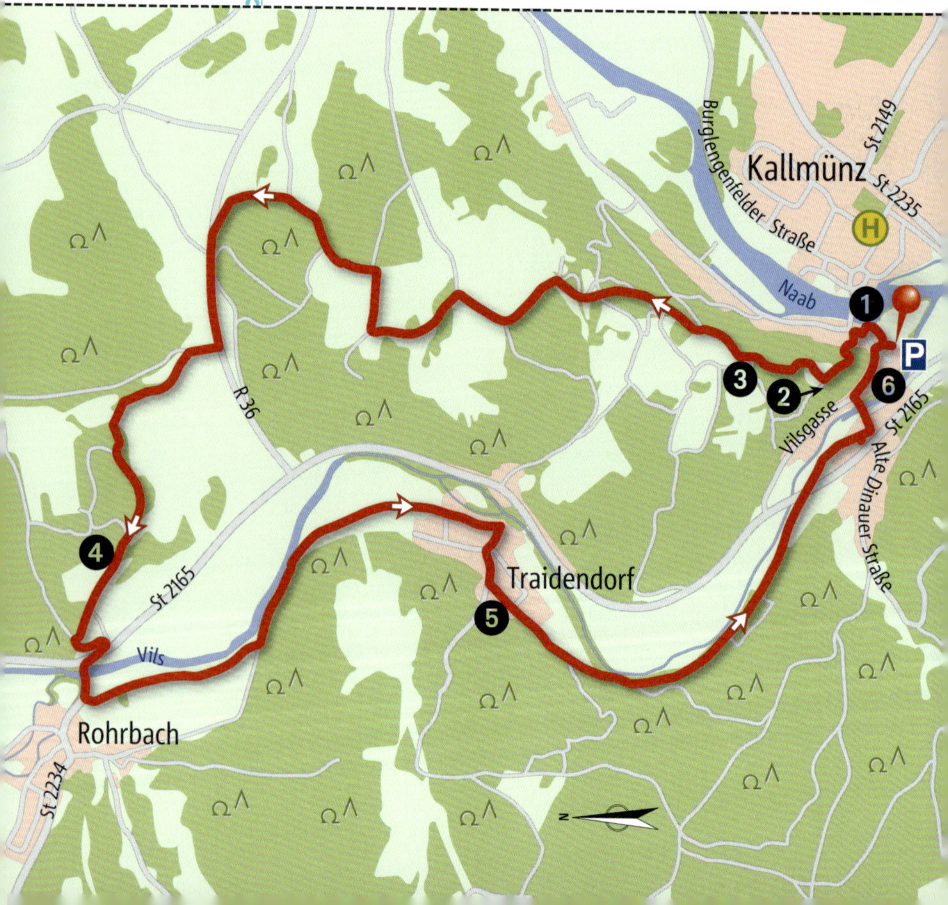

Alles auf einen Blick

WIE & WANN:

Überwiegend offene Feld- und Magerwiesenlandschaft, wenig Waldanteil, mit breiten, gut ausgeschilderten Wegen. Am schönsten im Frühjahr, Frühsommer und Herbst.

HIN & WEG:

Auto: Parkplatz am Schmiedwöhr, Keltenweg 1, 93183 Kallmünz-Traidendorf
(GPS: 49.160065, 11.952703)
ÖPNV: Bus 15 und 42 von Regensburg Hbf bis Dinauer Straße/Kallmünz

ESSEN & ENTSPANNEN:

Hammerschloss Traidendorf ❺ Schlossweg 1–3, 93183 Kallmünz-Traidendorf,
Tel. (0 94 73) 9 51 61 66
Mehrere Einkehrmöglichkeiten in Kallmünz.

ENTDECKEN & ERLEBEN:

Naab ❶
Burgruine Kallmünz ❷
FFH-Gebiet Trockenhänge bei Kallmünz ❸
Landschaftskino ❹
Haus im Fels ❻ Vilsgasse, 93183 Kallmünz

Entspannung ★★★★☆
Genuss ★☆☆☆☆
Romantik ★★★★★

Die GPS-Daten zu jeder Tour gibt es auf
www.droste-verlag.de

Konzeption: Droste Verlag, Düsseldorf
Satz: Droste Verlag, Düsseldorf
Einbandgestaltung: Britta Rungwerth, Düsseldorf, unter Verwendung von Bildern von © Fotolia.com: Andrey Kuzmin, undrey, dabost, niroworld; © www.stock.adobe.com: eshana_blue
Fotos: Daniela Reisch, außer: S. 1: Robert Ruidl/stock.adobe.com; S. 6: seramoje/stock.adobe.com; S. 10: pusteflower9024/stock.adobe.com; S. 32, 186/187: oxie99/stock.adobe.com; S. 44: Derzno, CC BY-SA 3.0 (https://commons.wikimedia.org/w/index.php?curid=32510775); S. 45: Derzno, CC BY-SA 3.0 (https://commons.wikimedia.org/w/index.php?curid=32510777); S. 51: Derzno, CC BY 3.0 (https://commons.wikimedia.org/w/index.php?curid=25638884); S. 93: Hammermühle; S. 111: Schlossbrauerei Eichhofen; S. 116: Achim Banck/stock.adobe.com; S. 125: remus20/stock.adobe.com; S. 127: Monika Wiedemann/stock.adobe.com; S. 129: Derzno, CC BY-SA 4.0 (https://commons.wikimedia.org/w/index.php?curid=48790421); S. 132: Animaflora PicsStock/stock.adobe.com; S. 150: AnKobs, CC BY-SA 4.0 (https://commons.wikimedia.org/w/index.php?curid=68957641); S. 151: jarek106/stock.adobe.com
Textlektorat: Ute König, Kitzingen
Karten: Thorsten David, Bochum
Druck und Bindung: LUC GmbH, Greven

MIX
Papier aus verantwortungsvollen Quellen
FSC® C011279
FSC
www.fsc.org

ISBN 978-3-7700-2439-1
www.droste-verlag.de